国家示范性高等职业院校课程改革教材

Qiche Dianlu yu Dianzi Xitong Jianxiu

汽车电路与电子系统检修

袁　辉　邓妹纯　主编

阳小良　主审

人民交通出版社

内容提要

本书为国家示范性高等职业院校课程改革教材。本书面向高职高专教育编写，以丰田车系为例，结合不同车型的系统电路图，采用汽车实际维修操作中工作任务驱动方式，详细介绍了汽车示廓灯不亮的检测与修复、汽车前照灯不亮的检测与修复、汽车转向信号灯不亮的检测与修复、汽车电喇叭不响故障的检修、汽车刮水器不工作故障的检修等学习情境，并将汽车电工电子基础知识融入各学习情境中。内容力求广泛，教材配备了相应的实操训练项目与工单（单独），注重理论与实践的紧密结合，既有汽车电路的基础知识、电器设备的使用、检测、维修知识，又有电路的诊断与排除知识。

本书适合高职高专汽车运用与维修、汽车检测与维修等相关专业师生使用，也可作为汽车维修人员、驾驶员、汽车行业工程技术人员阅读参考。

图书在版编目（CIP）数据

汽车电路与电子系统检修／袁辉，邓妹纯主编. —北京：人民交通出版社，2010. 8

ISBN 978-7-114-08544-4

Ⅰ. ①汽…　Ⅱ. ①袁…②邓…　Ⅲ. ①汽车－电气设备－检修－专业学校－教材②汽车－电子系统－检修－专业学校－教材　Ⅳ. ①U472. 41

中国版本图书馆 CIP 数据核字（2010）第 131921 号

国家示范性高等职业院校课程改革教材

书　　名：汽车电路与电子系统检修
著 作 者：袁　辉　邓妹纯
责任编辑：黎小东
出版发行：人民交通出版社股份有限公司
地　　址：（100011）北京市朝阳区安定门外外馆斜街 3 号
网　　址：http://www.ccpress.com.cn
销售电话：（010）59757973
总 经 销：人民交通出版社股份有限公司发行部
经　　销：各地新华书店
印　　刷：北京虎彩文化传播有限公司
开　　本：787×1092　1/16
印　　张：11. 5
字　　数：257 千
版　　次：2010 年 8 月　第 1 版
印　　次：2023 年 7 月　第 4 次印刷
书　　号：ISBN 978-7-114-08544-4
定　　价：29. 00 元

序 言

我院在长期的办学实践中，不断深化职业教育教学改革，先后与80多家大中型企业开展合作办学，探索出了"订单"培养、"秋去春回、工学交替"等人才培养模式，毕业生深受用人单位的欢迎，实现了学校、企业、学生等"多赢"。在校企合作中，我们深刻体会到，要真正实现"技能训练与岗位要求对接、培养目标与用人标准对接"，就必须有一套适合"订单"教学的工学结合的教材，于是就有了与企业技术骨干一起编写教材之愿望，随后几年，各种讲义便呼之欲出。

教育部《关于全面提高高等职业教育教学质量的若干意见》中指出："高等职业院校要积极与行业企业合作开发课程，根据技术领域和职业岗位(群)的任职要求，参照相关的职业资格标准，改革课程体系和教学内容。""与行业企业共同开发紧密结合生产实际的实训教材，并确保优质教材进课堂。"2007年，我院被正式列为第二批国家示范性高等职业院校建设单位，开发"工学结合特色教材"作为国家示范重要建设项目，被郑重的写入了建设任务书。

三年来，各教材主要撰写人带领教学团队成员，深入"订单"企业调研，广泛听取企业、学生、职教专家等多方人士意见，并结合国外先进的职教经验，遵循基于工作过程导向的课程开发理念，夙兴夜寐，多易其稿，进一步丰富了原讲义的内容，并付诸教学实践。正是有了各专业教学团队的辛勤耕耘，这套工学结合的系列教材才得以顺利付梓。在这里，我要道三声感谢：感谢国家示范建设项目的实施给我们提供了千载难逢的参与机会，感谢各位领导、省内外职教专家的悉心指导，感谢各位老师、主要撰稿人为之付出的劳动。

诚然，由于我们课程开发的理论功底不深，深入实践的时间有限，教材中错误也在所难免。正如著名职教专家姜大源在国家示范性高等职业院校建设课程开发案例汇编《工作过程导向的高职课程开发探索与实践》序言中所说："这只是一部习作。习者，蹒跚学步也"。它"虽显稚嫩，却是新起点"。诚恳希望各位同行、专家批评指正。

工学结合是职业教育永恒的主题。即将颁布和实施的《国家中长期教育改革和发展规划纲要(2010～2020)》对大力发展职业教育做出了许多重大举措,特别提出了制定校企合作法规,调动企业参与职业教育的积极性。可以说,职业教育将迎来又一个新的春天。欣逢盛世,责任重大。我们将一如既往地加强与企业的合作,积极探索多种形式的职业教育模式,开发适应企业和市场需求的专业教材,努力培养更多的高技能人才,为实现我国从人力资源大国到人力资源强国的转变作出应有的贡献。

路漫漫其修远兮,吾将上下而求索。

是为序。

王章华

2010 年 3 月于岳麓山下

(王章华为湖南交通职业技术学院院长、教授,中南大学硕士生导师)

前　言

随着汽车工业的不断发展，电子技术在汽车上的应用几乎涵盖了所有的控制系统。为了适应汽车电子技术的发展和应用，加强高职院校汽车运用技术与汽车电子技术专业学生的职业能力培养，本书打破了传统的电子技术理论教材模式，将理论完全渗透于实际运用中。

本书共分为5个学习情境：学习情境1为汽车示廓灯不亮的检测与修复；学习情境2为汽车前照灯不亮的检测与修复；学习情境3为汽车转向信号灯不亮的检测与修复；学习情境4为汽车电喇叭不响故障的检修；学习情境5为汽车刮水器不工作故障的检修。学习情境附有实训指导与实操工单。本书可作为高职院校汽车类专业的教材，亦可作为汽车维修企业培训教材和自学用书。

本书由湖南交通职业技术学院袁辉、邓妹纯担任主编。具体编写分工是：袁辉编写学习情境4；邓妹纯编写学习情境1、实训指导与实操工单；湖南交通职业技术学院段春艳编写学习情境2、学习情境3；湖南交通职业技术学院黄鹏编写学习情境5。湖南交通职业技术学院阳小良担任本书主审。在本书的编写过程中得到了湖南交通职业技术学院领导和系部领导以及社会同仁的大力支持与帮助，在此表示衷心的感谢！

由于编者水平有限，书中难免有错误和疏漏，恳请广大读者批评指正。

编　者

2010年6月

目　录

学习情境1 汽车示廓灯不亮的检测与修复

××××××汽车维修有限公司

维修委托书

工单号 No: 200811556

客户名称：张三　车牌号：×××0088　购车日期：2005年3月6日　联系电话：××××××××××××

联系人：张三　车　型：丰田威驰　Vin No.: L T V B A 4 2 3 X 5 0 0 9 4 0 7 5

送修日期：2008年 11月 10日　交付日期：2008年 11月 12日　行驶里程：1 0 0 0 0 0

报修症状故障描述	左后尾灯不亮	交接物品	无
提车要求	付款方式：☑现金 □刷卡 □支票 其他：	其他	洗车 是☑ 否□ 带走旧件 是☑ 否□

序号	报　修　项　目
1	更换左后尾灯
2	
3	
4	
5	
6	
	小计：400元

	维修检查及施工情况详细见《维修检查·施工单》					
备注	旧件检查	空罐		旧件		油量 E 1/4 1/2 3/4 F

第一联：客户（取车凭证，请注意保管）

全车外观检查

车身如有变形、油漆划痕、玻璃、灯具裂痕等损伤，请在示意图中的方格内标注“√”。

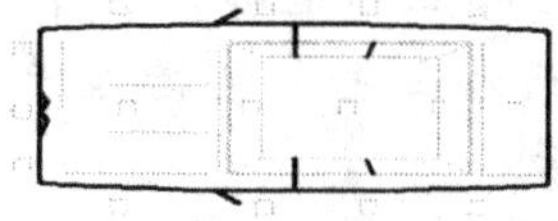

维修委托书细则

甲方：（客户）

乙方：××××××汽车维修有限公司

维修细则：

1. 甲方已确认无包括现金在内的贵重物品遗留在车上。
2. 甲方已阅读并理解了本委托书及对应的《维修检查·施工单》上的所有内容，同意按乙方所列的维修项目和价格进行维修，甲方愿意支付相关的维修服务费及零件费。
3. 乙方同意甲方对维修车辆进行维修试车，包括场地试验或路试。
4. 如果甲方同意不带走旧件，乙方可以在甲方提车后对旧件进行处理。
5. 甲方确认并理解乙方已经充分告知的的关于车辆检测或维修的相关情况，同时乙方有权采取必要的措施（包括但不限于拆解车辆的机械、电路及发动机等）进行检测或维修。同意乙方在对车辆进行进一步检测或维修时不再另行通知甲方。
6. 如因乙方过失致使维修车辆或部件损坏，乙方赔偿的范围仅限于维修或更换损坏车辆的部件，甲方同意不再提出其他赔偿要求。
7. 甲方应事先备份维修车辆上安装的所有软件或可存储数据信息。无论如何，维修车辆上安装的所有软件或可存储数据信息的损坏或丢失，乙方不作赔偿。
8. 甲方应在乙方通知提取车辆之日起壹个月内提取车辆，逾期不取，乙方有权按政府公布的停车费价格收取保管费用。

本人确认已经清楚理解并接受以上维修细则。

甲方(客户)签名
张三
日期：2008年11月10日

公司地址：××××××

救援热线：××××××××××××　服务热线：020-××××××××　传真：020-××××××××

开户行：××××××××　账号：××××××××××××××　乙方代表(接待员)：李先生

有一客户开来一辆威驰轿车，尾灯不亮，要求给予维修。

要完成这个工作任务，首先我们得知道汽车示廓灯（含尾灯）的构成及其工作过程，并且须掌握一些电工方面的基础知识，下面就分步来完成本学习情境的学习任务。

任务一　汽车示廓灯装置的识别

一、照明系统的组成

汽车照明系统由电源、照明灯具、控制装置等组成。其作用主要是夜间道路照明、车厢内部照明、车辆宽度标示、仪表与夜间检修等。**车外照明灯有：前照灯、雾灯、牌照灯等。车内照明灯有：顶灯、仪表灯、阅读灯等。工作灯有：发动机罩灯、行李箱灯、外接工作灯插座等。**具体介绍如下：

（1）前照灯

又称大灯、头灯，其任务是夜间运行时照明道路，功率为40~60W。灯光为白色，包括远光灯和近光灯两种。

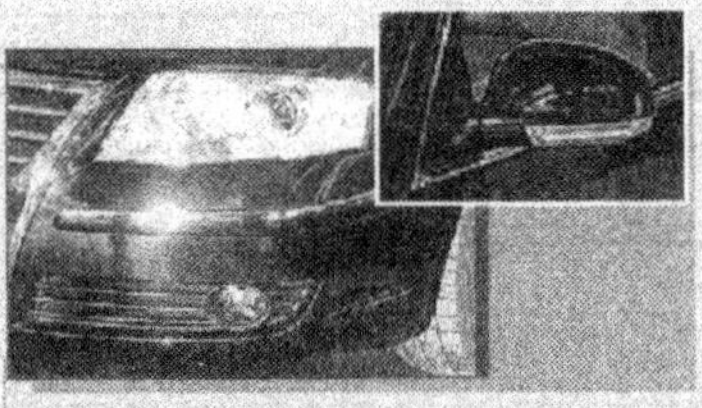

（2）示廓灯

又称驻车灯、示廓灯，其任务是汽车夜间行车或停车时，标示其轮廓或存在，前示廓灯为白色，后示廓灯为红色，功率为5～10W。

（3）牌照灯

安装在汽车尾部的牌照上方，灯光为白色，其作用是夜间照亮汽车牌照，功率为5～15W。

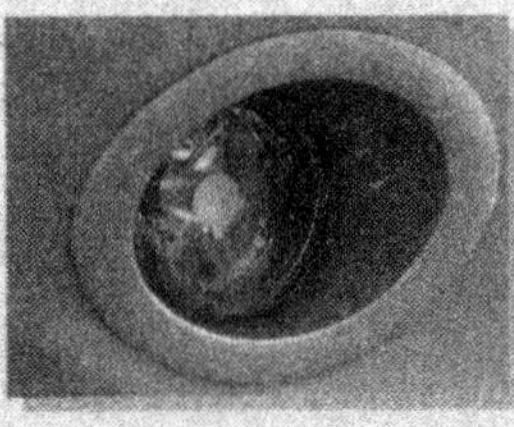

（4）雾灯

其作用是雨、雾天气用来照明，灯光为黄色，因为黄色有良好的透雾性，功率为35～55W。

（5）倒车灯

其作用有两个，一个是向其他的车辆和行人发出倒车信号，另一个是夜间倒车照明，灯光为白色，功率为20W。

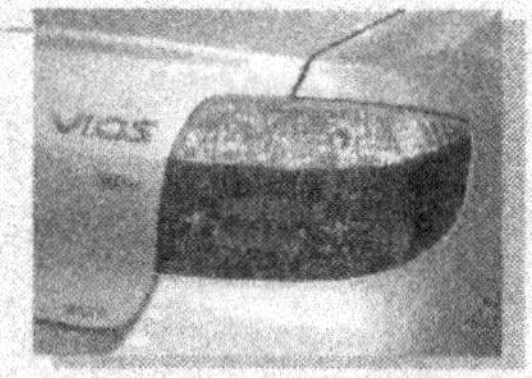

（6）尾灯

装在汽车的尾部，夜间行驶时，用来警示后面的车辆，以便保持一定的距离。目前多将汽车的尾灯、后转向信号灯、制动灯、倒车灯等组合起来称为组合尾灯。

（7）顶灯

安装在驾驶室的顶部，其作用是驾驶室内部照明，灯光为白色，功率为5~8W。

（8）指示灯

指示某一系统是否处于工作状态，灯光为红色，功率为2W。如远近光指示灯、转向指示灯、雾灯工作指示灯、空调工作指示灯、驻车制动指示灯、收放机工作指示灯、自动变速器挡位指示灯等。

（9）仪表灯

安装在汽车仪表上，用于夜间照亮仪表，灯光为白色，功率为2~8W。

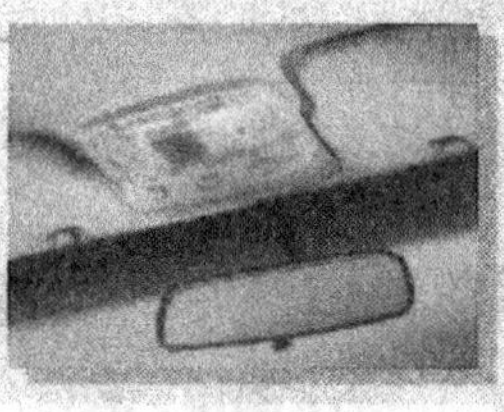

（10）阅读灯

装于乘员席前部或顶部，聚光时乘员看书不会使驾驶员产生眩目现象，照明范围小，有的还有光轴方向调节机构。

（11）行李舱灯

装于轿车或客车行李舱内，当开启行李舱盖时，自动发亮。

丰田威驰轿车照明电路原理如图1-1~图1-6所示。

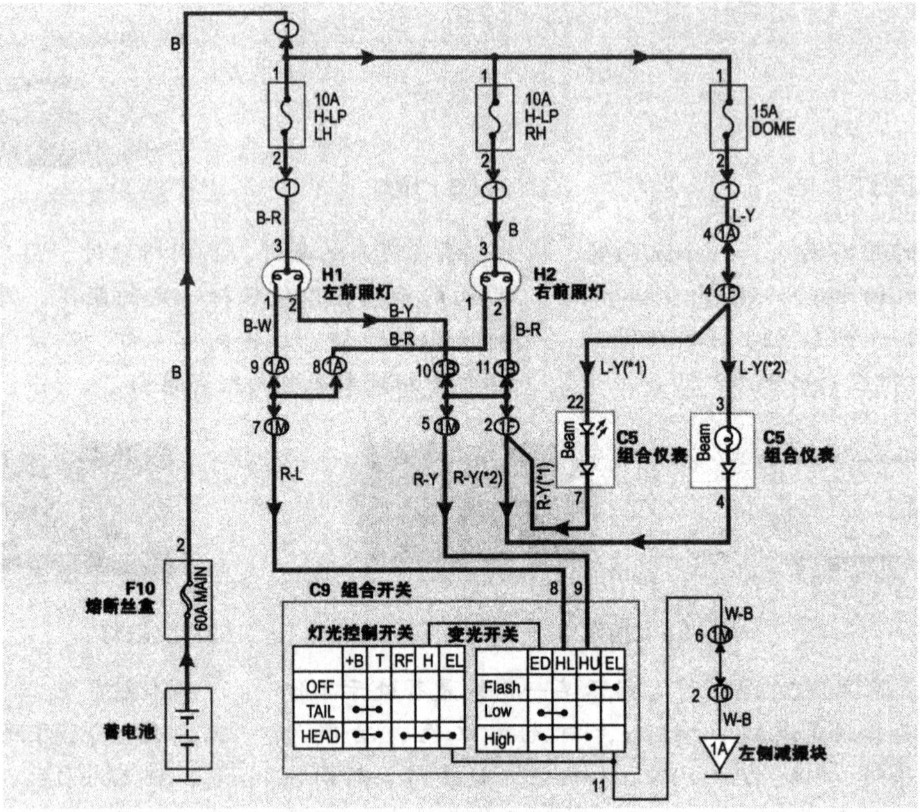

图1-1 前照灯电路

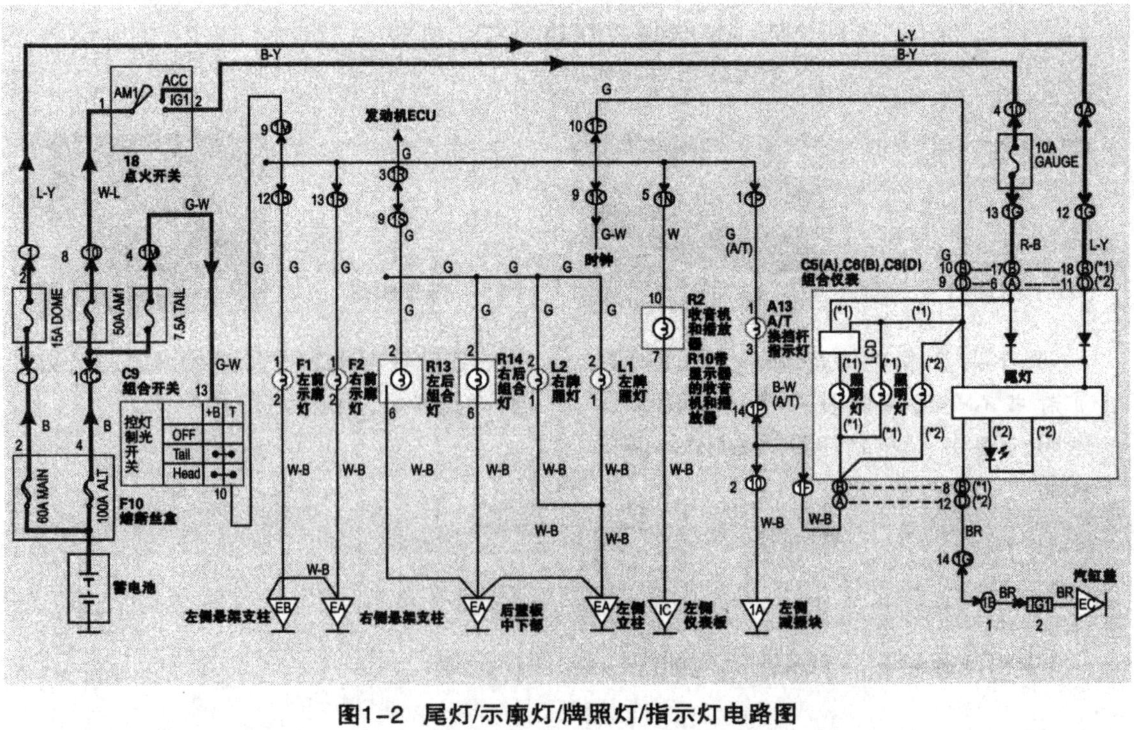

图1-2 尾灯/示廓灯/牌照灯/指示灯电路图

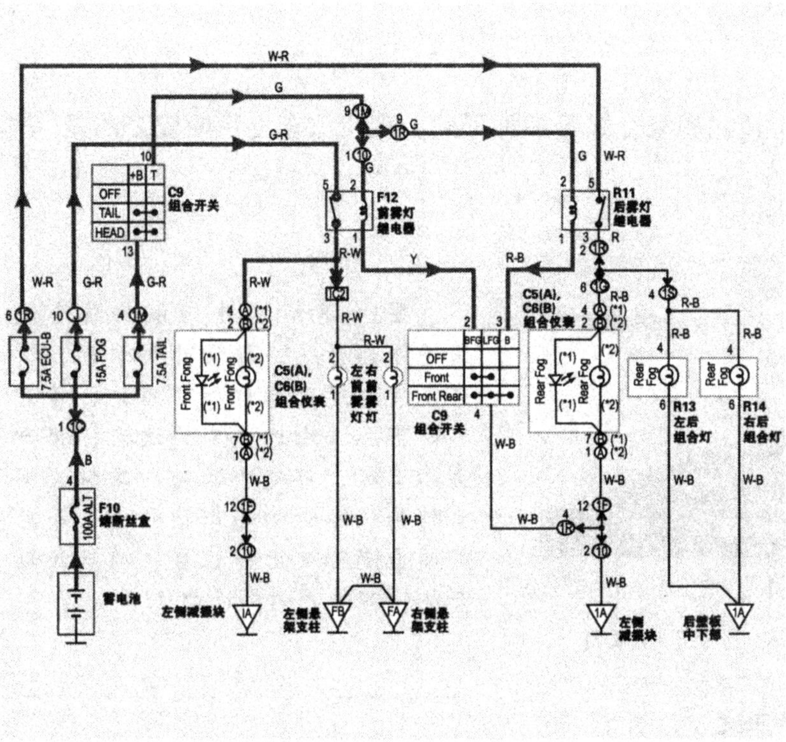

图1-3 前/后雾灯电路图

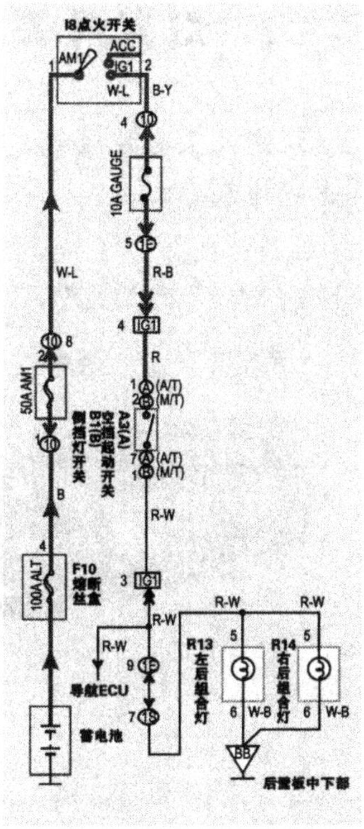

图1-4 倒车灯电路图

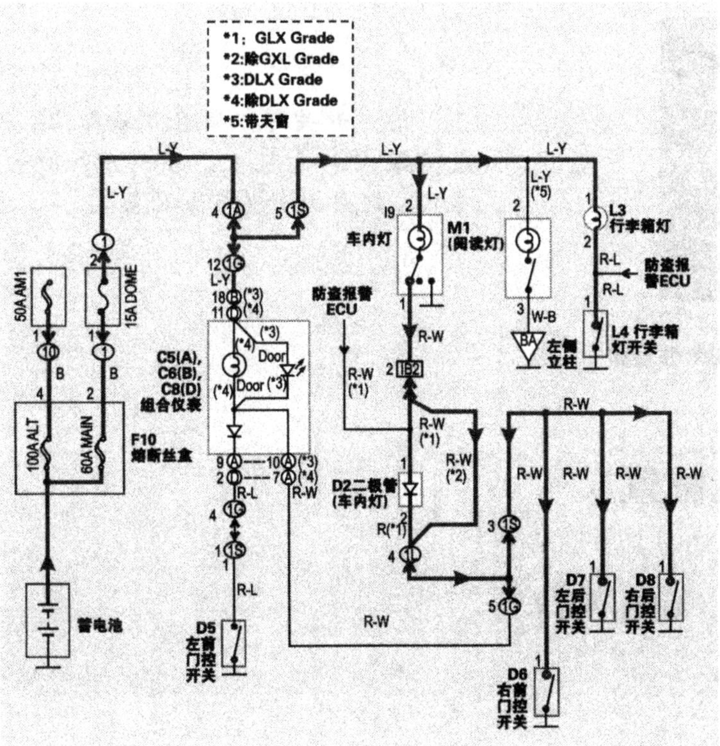

图1-5 车内灯电路图

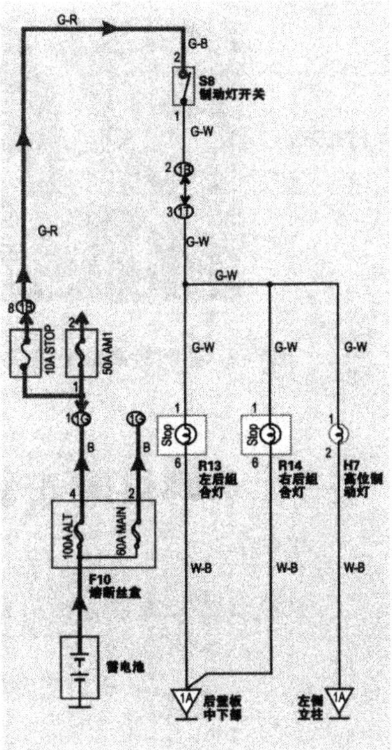

图1-6 制动灯电路图

二、灯光开关

灯光开关有拉杆式、旋转式和组合式等多种形式，现代汽车上用的较多的是一体式组合开关。

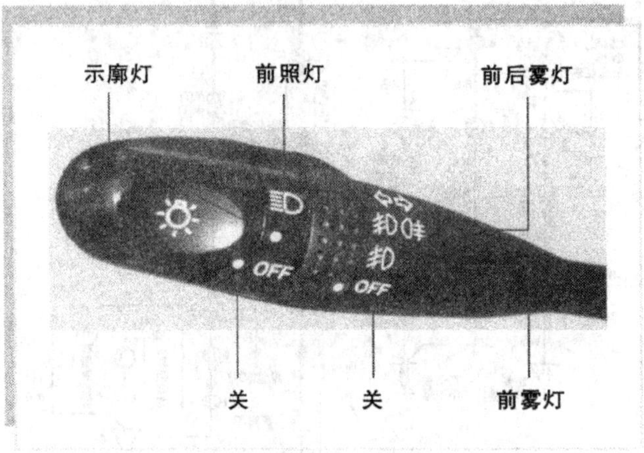

图1-7 组合开关

图1-7所示为丰田威驰汽车使用的组合开关，转动开关端部，便可依次接通示廓灯和前照灯，将开关向下压，由近光变为远光，将开关向上扳，可变为远光。此位置用来作为行车时的超车信号，松手后开关自动弹回近光位置，前后扳动开关，可使左右转向灯工作。

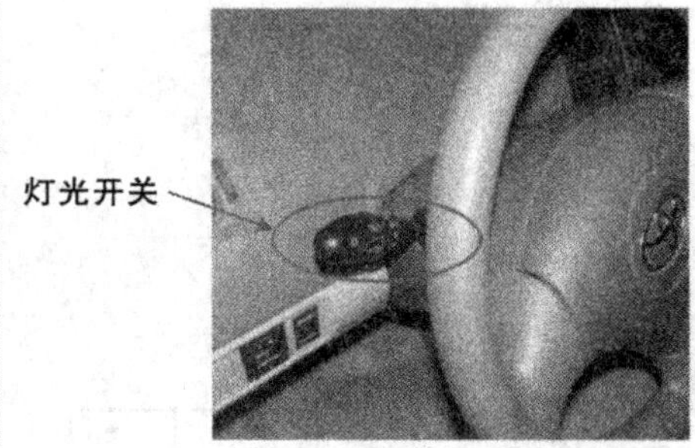

图1-8 威驰轿车灯光开关安装位置图

灯光开关可以装在仪表板上，也可装在转向柱上，图1-8所示为丰田威驰灯光开关安装位置图。

三、示廓灯的安装位置

丰田威驰示廓灯安装位置，如图1-9所示。

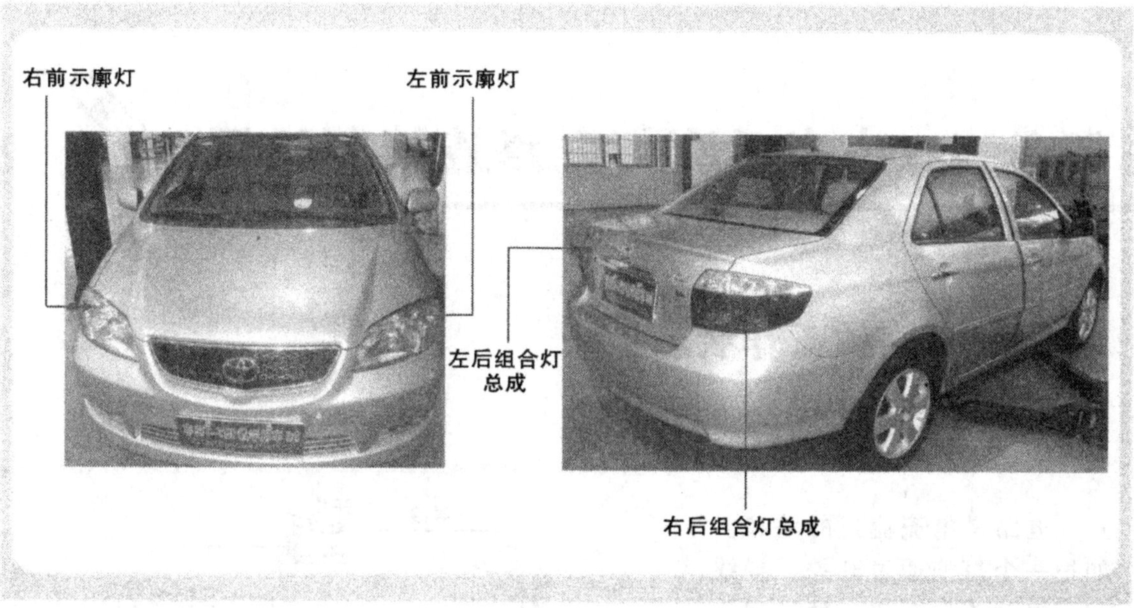

图1-9　丰田威驰示廓灯

任务二　汽车示廓灯电路连接与检测

一、电路的工作状态

1. 电路

电路是电流流过的路径。如把一个灯泡通过开关、导线和干电池连接起来，就组成了一个照明电路，如图1-10所示。任何一个完整的实际电路，不论其结构和作用如何，通常都是由电源、负载和中间环节（导线和开关）三部分组成的。

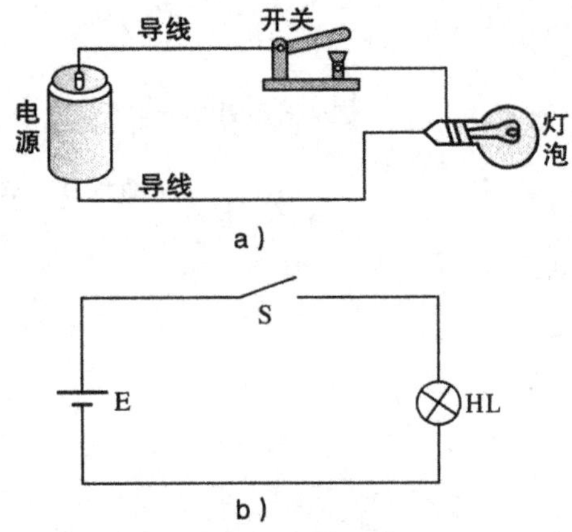

图1-10　简单电路
a）实际电路；b）电路原理图

（1）电源

电源是电路中产生电能的设备。如汽车上的发电机、蓄电池都是电源。发电机是将机械能转换成电能，蓄电池是将化学能转变成电能。

（2）负载

负载是将电能转换成其他形式能量的装置。电灯泡、电炉、电动机等都是负载。电灯泡是将电能转变成光能，电炉是将电能转变成热能，电动机是将电能转变成机械能。

（3）导线和开关

导线是用来连接电源和负载的元件。开关是控制电路接通和断开的装置。

2. 直流电路图

图1-10a）所示是用电气设备的实物图形表示的实物图，图1-10b）所示为电路原理图，简称电路图，它是将实际电路中的各器件用规定的图形符号表示之后所画出的图。

3. 汽车电路常用电工符号

国家颁布了统一的图形符号来规范电路图，表1-1所示为汽车电路常用电工符号。

汽车电路常用电工符号　表1-1

图形符号	名称	图形符号	名称	图形符号	名称
	开关		电阻器		接机壳
	电池		电位器		搭铁
Ⓖ	发电机		电容器	○	端子
	线圈	Ⓐ	电流表		连接导线 不连接导线
	铁芯线圈	Ⓥ	电压表		熔断器
	插头线圈		二极管	⊗	灯

4. 电流

电荷的定向运动形成电流。电流是矢量，它的单位是安培（A）、毫安（mA）等，电流通常用字母I来表示。正电荷运动的方向为电路中电流的方向。在实际电路中可选定参考方向，若实际方向与参考方向相同，电流为正值；若实际方向与参考方向相反，电流为负值。

例：如图1-11所示，若I= 2A，则电流从 a 流向 b；若I = -2A，则电流从 b 流向 a 。

提示： 汽油发动机启动电流为200～600A，有些柴油机启动电流达1000A。

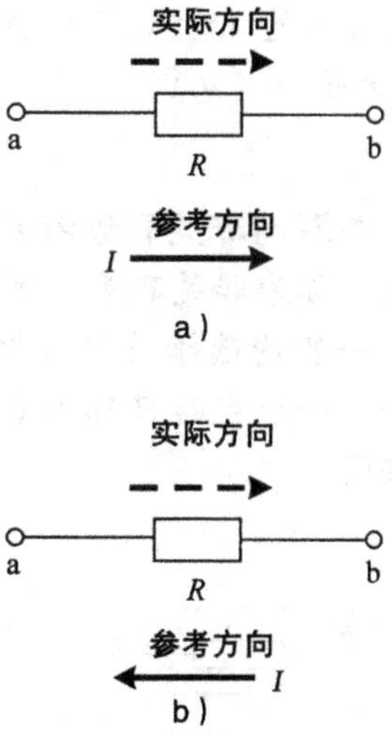

图1-11　电流的参考方向

a）$I>0$；b）$I<0$

5. 电位与电压

电位：如果在电路中任选一点为参考点，那么电路中某点的电位等于电场力将单位正电荷从该点移动到参考点所做的功。用字母E表示，电位的单位是伏特（V）。

电压：就是电路中两点间的电位差。通常用字母U来表示。一般规定电压的参考方向为高电位（“+”极性）端指向低电位（“−”极性）端，即电压的方向为电位降低的方向。

在电路图中所标电压的方向一般都是参考方向，它们的实际值为正值还是负值，视选定的参考方向而定。电压的参考方向有两种表示方法：

①用箭头表示，由假定的高电位指向低电位端，如图1–12所示。

②用双下标字母表示，如U_{ab}中，前一个下标字母a表示假定的高电位点，后一个下标字母b表示假定的低电位点。

当实际方向与参考方向一致，电压值为正值；当实际方向与参考方向相反，电压值为负值。

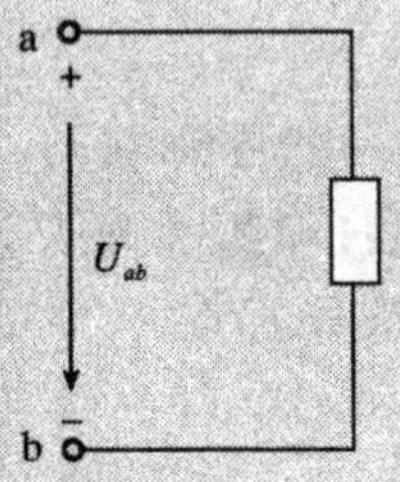

提示：汽车电气系统的额定电压有12V和24V两种。

图1–12 电压的参考方向

例1–1：如图1–12中若U_{ab}= 2V，则电压的实际方向从a指向b；若U_{ab}= −2V，则电压的实际方向从b指向a。

电压是矢量（有大小也有方向的量），它的大小取决于电路中两点的选择。电压的单位为伏特（V）。

关联与非关联参考方向：当电压与电流参考方向一致时，称为关联参考方向；若不一致，称为非关联参考方向。

一般均选择关联参考方向，因为这种表示方法更简单。如图1–13中c）、d）的标注方法，一个支路只标出电流（或电压）的参考方向，就默认电压（或电流）参考方向与其相同。

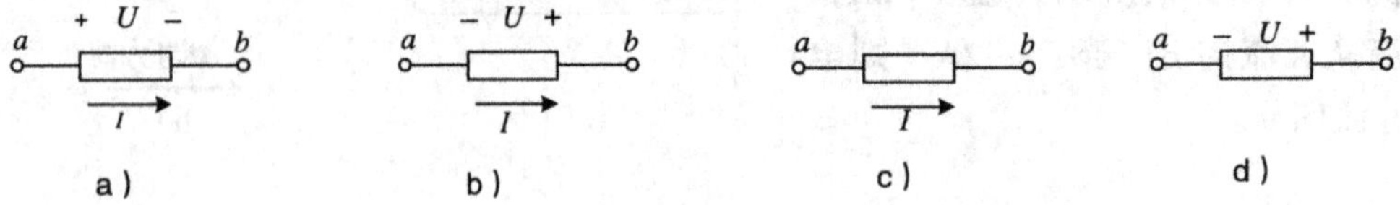

图1–13 关联、非关联参考方向标注法示意图

a）关联参考方向；b）非关联参考方向；c）简化参考方向；d）简化参考方向

6. 电阻

（1）电阻的定义

在绝缘体（通常为陶瓷）上涂上一层导电材料，形成一层膜，根据涂层的厚薄就形成阻值大小不同的电阻。电阻是汽车电气、电子设备中使用最多的基本元件之一，主要用于控制和调节电路中的电流和电压，或用作消耗电能的负载。电阻在电路中用字母“*R*”表示。

电阻的单位有：Ω（欧姆）、kΩ（千欧）、MΩ（兆欧）
1kΩ=1000Ω，1MΩ=1000kΩ

（2）电阻的分类

电阻有不同的分类方法。按阻值是否可变，电阻有固定电阻和可变电阻（可变电阻常称为电位器）之分；按材料分有碳膜电阻、金属膜电阻和线绕电阻等不同；按安装方式来分有插件式电阻和贴片式电阻。各种电阻外形如图1–14所示。

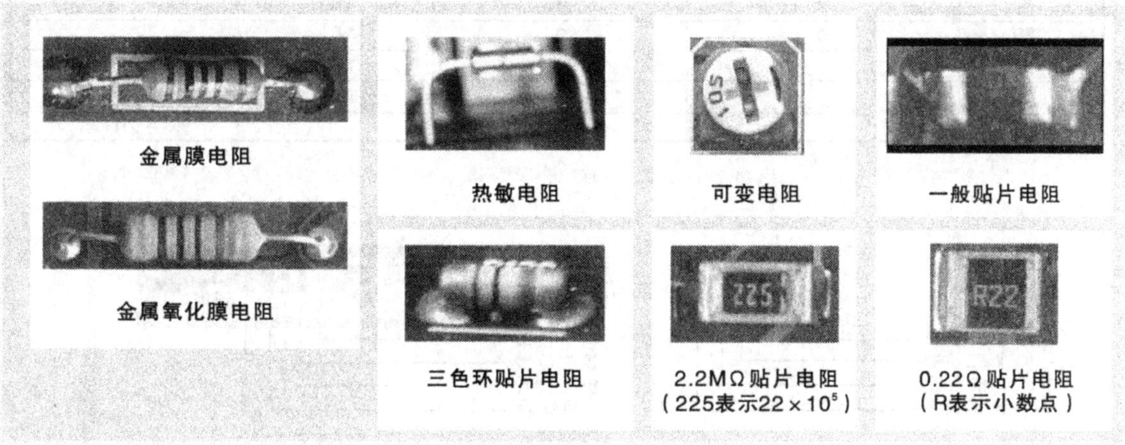

图1–14 各种电阻实物图

（3）电阻的标识

①直标法

所谓直标法，就是在电阻器上直接印出阻值。

对于插件式电阻器可直接读数，如：

3Ω3 Ⅰ 表示电阻值为3.3Ω，允许误差为±5%。

1k8 Ⅲ 表示电阻值为1.8kΩ，允许误差为±20%；电阻器上印有“2.2k”或“2 k2”字样，表示电阻值为2.2kΩ。

5M1 Ⅱ表示电阻值为5.1MΩ，允许误差为±10%。

对于贴片电阻，其读数原则为：前两位是有效数字，第三位表示0的个数，例如：452即阻值为$45\times10^2=4500\Omega$；若阻值小于10Ω，则用“R”表示，且R代表小数点，如2R2即阻值为2.2Ω；R22即阻值为0.22Ω。

②色标法

将不同颜色的色环涂在电阻上来表示电阻的标称值及允许误差，各种颜色所对应的数值见表1–2。固定电阻色环标志读数识别规则，如图1–15所示。

电阻色环符号意义　　表1–2

颜色	有效数字第一位数	有效数字第二位数	倍乘数	允许误差(%)
棕	1	1	10^1	±1
红	2	2	10^2	±2
橙	3	3	10^3	
黄	4	4	10^4	

续上表

颜色	有效数字第一位数	有效数字第二位数	倍乘数	允许误差(%)
绿	5	5	10^5	±0.5
蓝	6	6	10^6	±0.2
紫	7	7	10^7	±0.1
灰	8	8	10^8	
白	9	9	10^9	
黑	0	0	10^0	
金			10^{-1}	±5
银			10^{-2}	±10
无色				±20

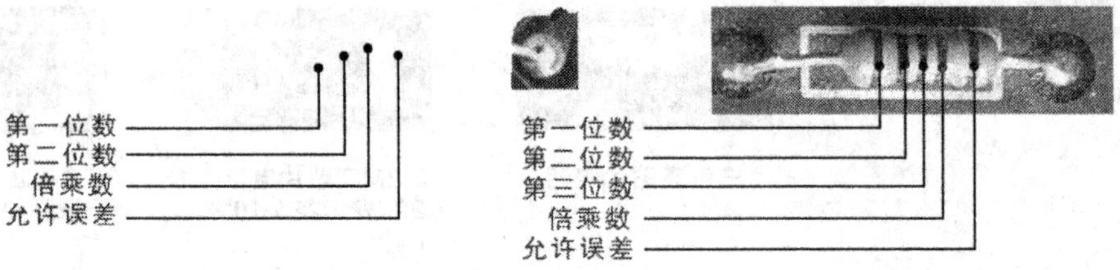

图1-15 固定电阻色环标志读数识别规则

7. 电路的三种工作状态（通路、断路、短路）

（1）通路

是指从电源的一端沿着导线经过负载最终回到电源另一端的闭合电路。如图1-16所示的为一个通路。

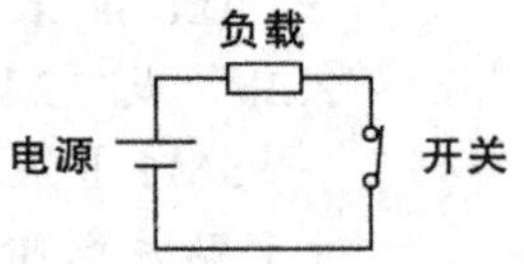

图1-16 通路

（2）断路

也叫开路，断开开关，电源不构成回路，此时电路中的电流为零。如图1-17所示的状态为断路。

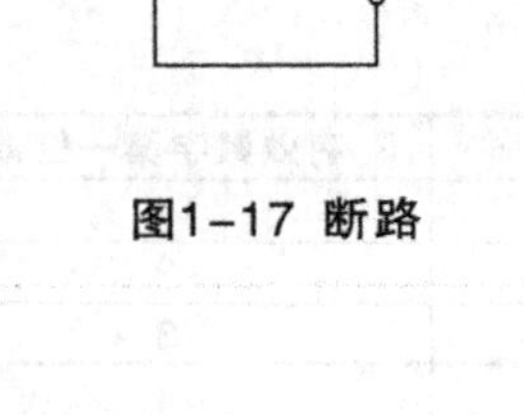

图1-17 断路

（3）短路

负载被导线直接短接或负载内部击穿损坏，电荷没有经过负载，直接从正极到达负极，此时流过电路的电流很大，如图1-18所示。

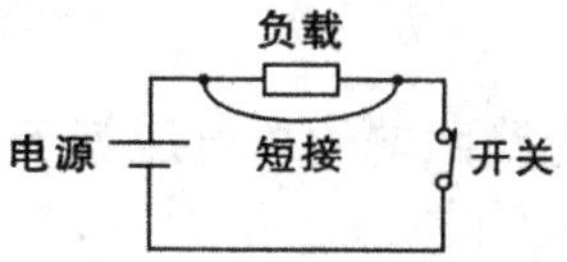

图1-18 短路

二、电阻的串联、并联

1. 电阻的串联

在电路中有两个或更多个电阻首尾顺序地相连，并且在这些电阻中流过同一电流，这种连接方法称为电阻的串联，如图1-19所示。

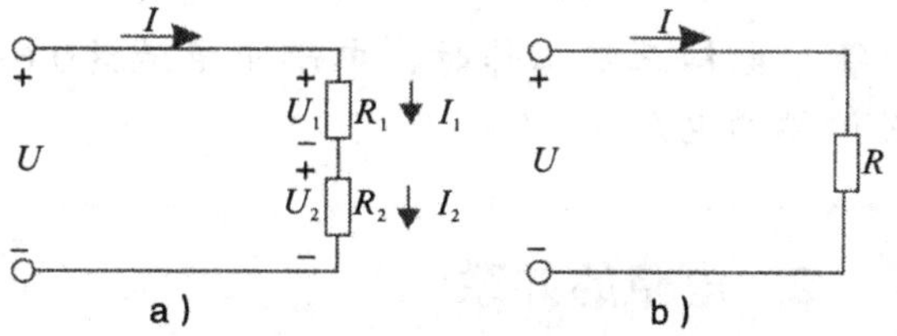

图1-19 电阻的串联及等效电阻
a）串联电路；b）串联等效电路

在图1-19中，两个串联电阻的电阻值分别为R_1和R_2，设等效电阻的电阻值为R，R_1、R_2两端的电压分别为U_1和U_2，串联部分两端的电压为U。通过R_1、R_2的电流分别为I_1、I_2，由欧姆定律可知：

$$U=IR，U_1=I_1R_1，U_2=I_2R_2$$

从串联电路总电压与分段电压的关系：$U=U_1+U_2$，得$IR=I_1R_1+I_2R_2$

因串联电路中的电流处处相等，即$I=I_1=I_2$，所以：

$$R=R_1+R_2$$

对于多个电阻（R_1、R_2、R_3、…、R_n）串联，同样可以得到：

$$R=R_1+R_2+R_3+\cdots+R_n$$

串联电路的特点：

①电路的总电阻（等效电阻）等于各电阻之和，即：

$$R=R_1+R_2+\cdots+R_n$$

②流过各电阻的电流都相等且等于总电流，即：

$$I=I_1=I_2=\cdots=I_n$$

③电路两端的总电压等于各电阻两端电压之和，即：

$$U=U_1+U_2+\cdots+U_n$$

例1-2：电路如图1-20所示，将一个阻值为10Ω的电铃与一个滑动变阻器串联后，接在电压为15V的电源的两端，当滑动变阻器的阻值为15Ω时，电铃恰好正常工作，此时电路中电流I和电铃两端电压U_1各多大？

解：$R=R_1+R_2=10\Omega+15\Omega=25\Omega$

$$I=\frac{U}{R}=\frac{15V}{25\Omega}=0.6A，U_1=IR_1=0.6A\times10\Omega=6V$$

答：电铃正常工作时，电路中电流为0.6A，电铃两端的电压为6V。

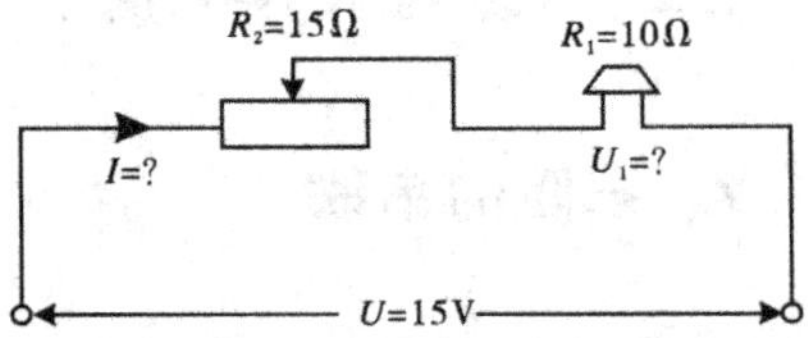

图1-20 电路图

2. 电阻的并联

电路中有两个或多个电阻连接在两个公共的节点之间，承受同一个端电压，这些电阻的连接关系称为并联，如图1-21所示。

在图1-21中，两个并联电阻的电阻值分别为R_1和R_2，设等效电阻的电阻值为R，R_1、R_2两端的电压分别为U_1和U_2，并联部分两端的电压为U。通过R_1、R_2的电流分别为I_1、I_2。

干路中的电流：$I=I_1+I_2$ （1）

又通过每个电阻器的电流分别为：

$$I_1=\frac{U_1}{R_1} \quad (2)$$

$$I_2=\frac{U_2}{R_2} \quad (3)$$

把式（2）、（3）代入式（1）中，考虑到$U=U_1=U_2$，化简后可得：

$$\frac{1}{R}=\frac{1}{R_1}+\frac{1}{R_2}$$

对于多个电阻（R_1、R_2、R_3、…、R_n）并联，同样可以得到：

$$R=\frac{1}{R_1}+\frac{1}{R_2}+\frac{1}{R_3}+\cdots+\frac{1}{R_n}$$

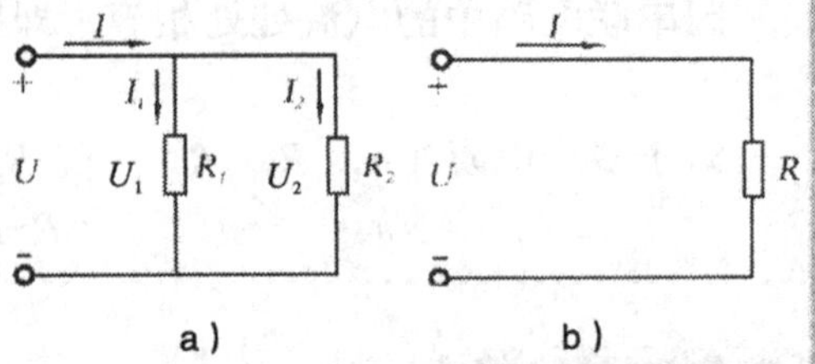

图1-21 电阻的并联以及等效电阻

a）并联电路；b）并联等效电路

并联电路的特点：

①并联电阻两端的电压相等，并等于总电压，即：$U=U_1=U_2=\cdots=U_n$

②总电流等于各电阻分电流之和，即：$I=I_1+I_2+\cdots+I_n$

③电路的总电阻（等效电阻）的倒数等于各分电阻倒数之和，即：

$$\frac{1}{R}=\frac{1}{R_1}+\frac{1}{R_2}+\cdots+\frac{1}{R_n}$$

例1-3： 电路如图1-22所示，其中$R_1=20\Omega$，$R_2=30\Omega$，$R_3=60\Omega$，$U=30V$，求电路中的总电流I？

解： 设电路中的总电阻为R。

则：

$$\frac{1}{R}=\frac{1}{R_1}+\frac{1}{R_2}+\frac{1}{R_3}=\frac{1}{20}+\frac{1}{30}+\frac{1}{60}=\frac{1}{10}$$

所以： $R=10\Omega$

电路中的总电流： $I=\frac{U}{R}=\frac{30}{10}=3A$

答： 电路中的总电流为3A。

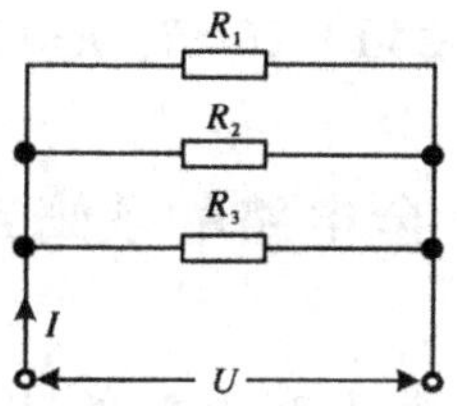

图1-22　电路图

三、电路基本定律

1. 部分电路的欧姆定律

不含电源的一段电路称为部分电路，如图1-23所示。实验证明：流过电阻的电流I与电阻两端的电压U成正比，与电阻R成反比。用公式表示为：

$$R=\frac{U}{I}$$

也可表示为：

$$U=IR$$

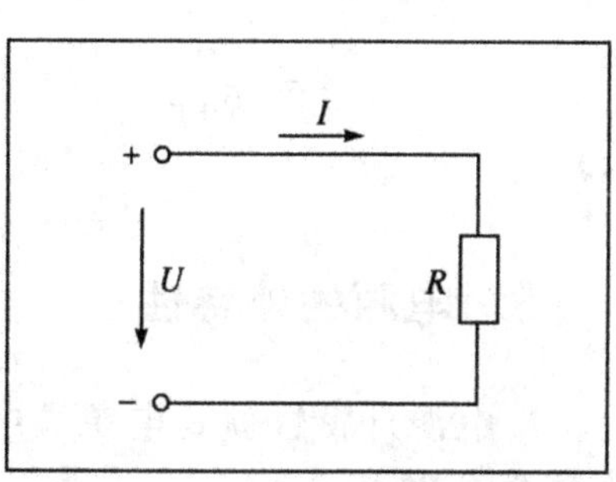

图1-23　部分电路示意图

例1-4：计算图1-24中的电阻值。

提示：应用欧姆定律要注意电压、电流的参考方向，如果二者方向一致，$U=IR$；如果二者参考方向不一致，$U=-IR$。

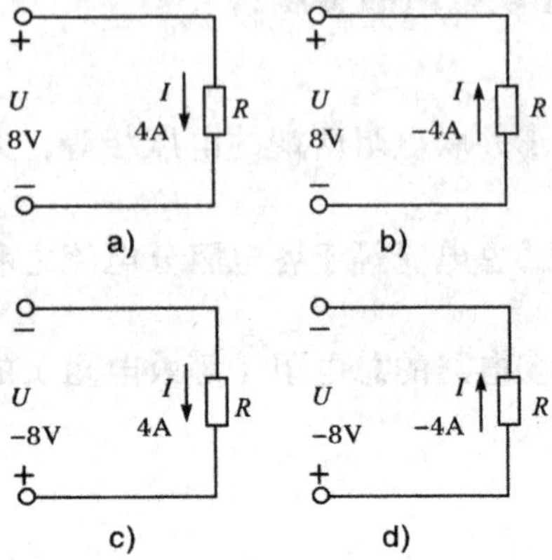

图1-24 欧姆定律的应用

解：图1-24a）$U=IR$，$R=U/I=8V/4A=2\Omega$

图1-24b）$U=-IR$，$R=-U/I=-[8V/(-4A)]=2\Omega$

图1-24c）$U=-IR$，$R=-U/I=-(-8V)/4A=2\Omega$

图1-24d）$U=IR$，$R=U/I=(-8V)/(-4A)=2\Omega$

2. 全电路的欧姆定律

一个含有电源的闭合电路称为全电路，如图1-25所示。图中的点画线框内代表一个实际的电源。电源的内部一般都是有电阻的，这个电源的内电阻用字母r表示。实验证明：通过全电路的电流与电源电动势的大小成正比，与电路的总电阻成反比。这就是全电路的欧姆定律，用公式表示为：

$$I=\frac{E}{R+r}$$

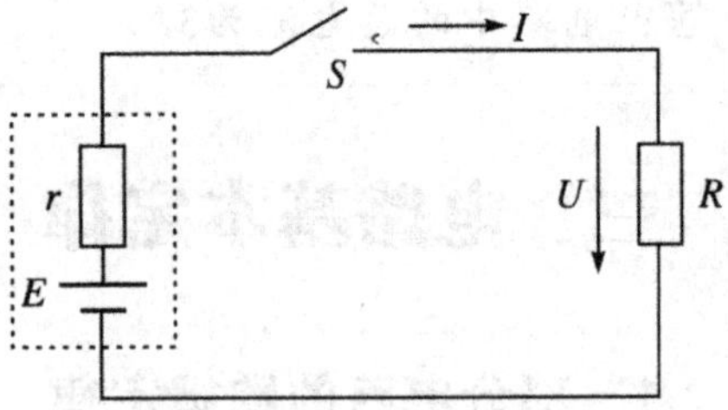

图1-25 全电路

3. 电源的外特性

电源外特性就是电源端电压与输出电流之间的关系。可以用电压源模型或电流源模型来表示。

（1）电压源

用一个恒定电动势E与内阻r串联表示的电源称为电压源。电压源的符号如图1-26所示。大多数电源，如干电池、蓄电池、发电机等都可以这样表示。当电压源向负载R输出电压时，电源的端电压U总是小于它的恒定电压E，如图1-27所示。端电压U与输出电流I之间有如下关系：

$$U=E-Ir$$

式中E、r均为常数。所以，随着I的增加，内阻r上的电压降增大，输出电压就降低，因此要求电压源的内阻越小越好。

如果内阻$r=0$时，那么，不管负载变动时输出电流I如何变化，电源始终输出恒定的电压E，把内阻$r=0$的电压源称为理想电压源，其符号如图1-28所示。理想电压源的输出电压不随负载R变化，也不受输出电流的影响。实际上理想电压源是不存在的，但如果电源的内阻远小于负载电阻，则可忽略内阻的存在，认为是一个理想电压源。在应用中，稳压电源、新电池或内阻r远小于负载电阻R的电源，都可看作是理想电压源。

当n个电压源串联时，可以合并为一个等效电压源，如图1-29所示。等效电压源的E，等于各个电压源的代数和，即：

$$E=\sum_{k=1}^{n}E_k \tag{1-1}$$

在式（1-1）中，凡方向与E相同的取正号，反之取负号。等效电压源的内阻等于各串联电压源内阻之和，即：

$$R=r_1+r_2+\cdots+r_n \tag{1-2}$$

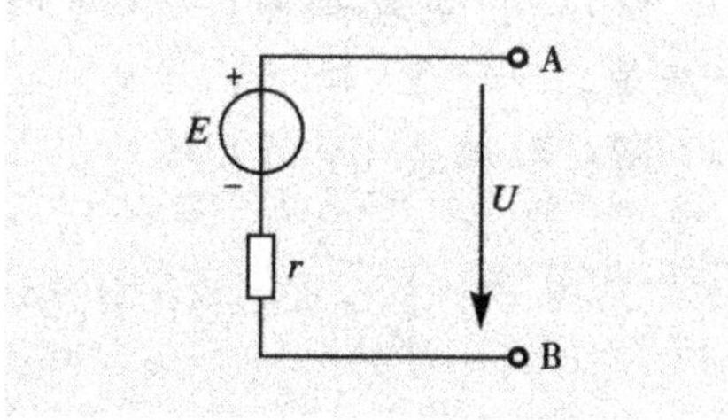

图1-26 电压源的符号

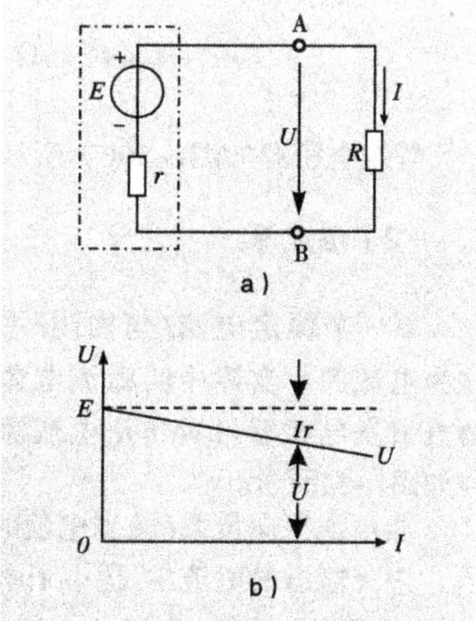

图1-27 实际电压源模型

a）电压源与外电路联结；b）外特性曲线

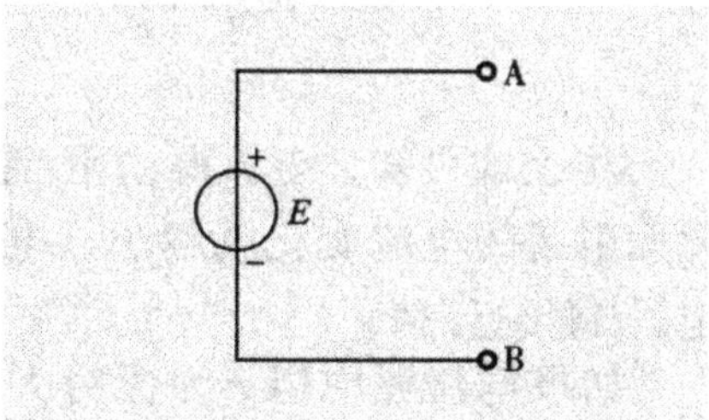

图1-28 理想电压源信号

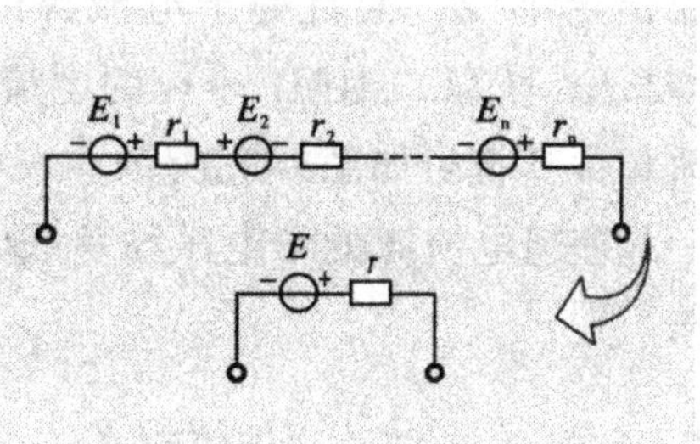

图1-29 串联电压源合并

例1-5：电路如图1-30a）所示，求其等效电压源。

解：根据式（1-1）得：

$$E=E_1-E_2=10-4=6\text{V}$$

根据式（1-2）得：

$$R=r_1+r_2=4+2=6\Omega$$

等效电压源如图1-30b）所示。

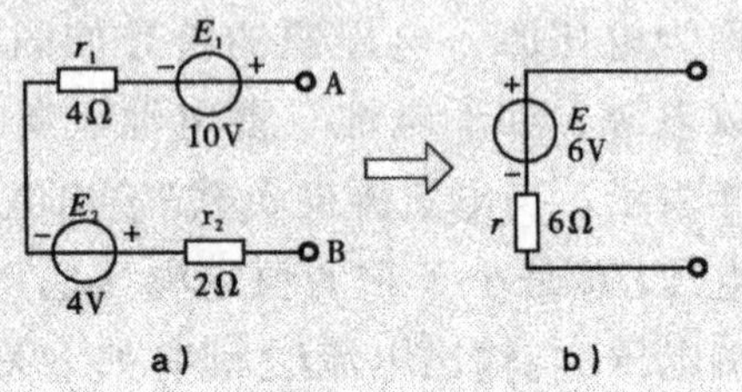

图1-30

（2）电流源

用一个恒定电流I_S与内阻r并联表示的电源称为电流源。实际中的稳流电源、光电池、串励直流发电机等可看作是电流源。电流源的符号如图1-31所示。

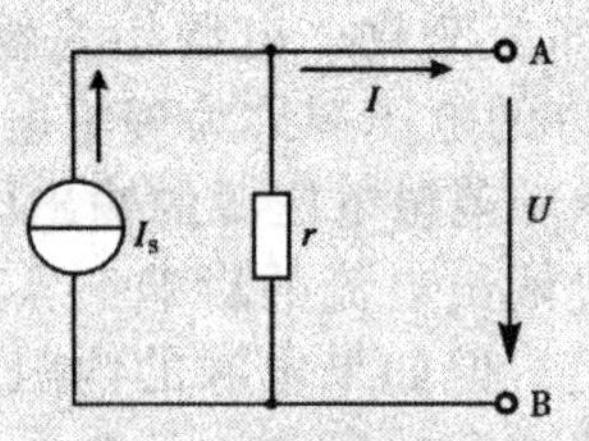

图1-31 电流源符号

当电流源向负载R输出电流时，如图1-32所示。它所输出的电流I总是小于电流源恒定电流I_S。电流源的端电压U与输出电流I的关系为：

$$I=I_S-\frac{U}{r}$$

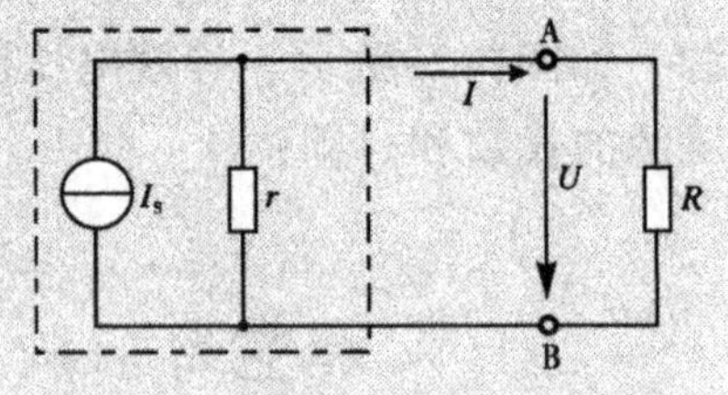

图1-32 电流源与外接电路连接

由上式可知，电流源内阻r越大，则负载变化而引起的电流变化就越小，电流源输出越稳定，I越接近I_S值。

如果电流源内阻 r 为无穷大，则不论由负载变化引起的端电压如何变化，它所输出的电流恒定不变，而且等于电流源的恒定电流I_S，即$I=I_S$。所以，内阻$r\rightarrow\infty$的电流源称为理想电流源，其符号如图1-33所示。

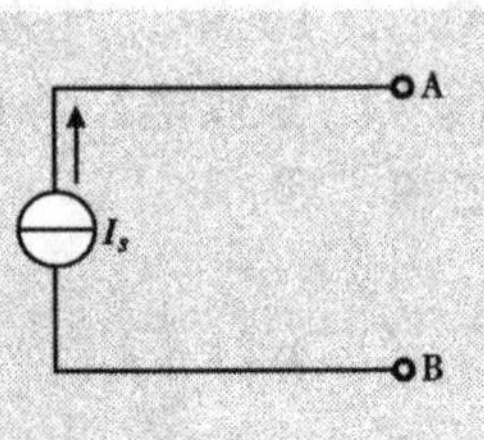

图1-33 电流源与外接电路连接

理想电流源的端电压与负载电阻R的大小有关，即：

$$U=IR=I_SR$$

可见，负载电阻R越大，U也越大。实际上理想电流源是不存在的，因为电源内阻不可能为无穷大。

当n个电流源并联时，可以合并为一个等效电流源。如图1–34所示，等效电流源的电流I_S等于各个电流源的电流的代数和，即：

$$I_S=\sum_{k=1}^{N} I_{sk} \qquad (1-3)$$

式中，凡参考方向与I_S相同的电流取正号，反之取负号。等效内阻r的倒数等于各并联电流源内阻的倒数之和，即：

$$\frac{1}{r}=\frac{1}{r_1}+\frac{1}{r_2}+\cdots+\frac{1}{r_n} \qquad (1-4)$$

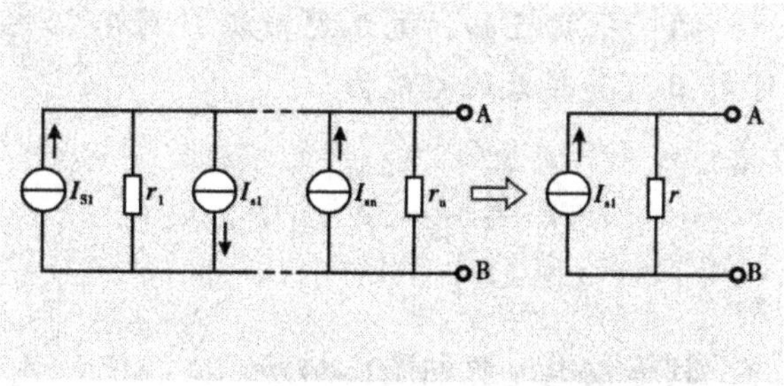

图1–34　并联电流源的等效电流源

例1–6：电路如图1–35a）所示，求出其等效电流源。

解：根据式（1–3）得：

$$I_S=I_{S1}-I_{S2}=20-10=10\text{A}$$

根据式（1–4）得：

$$r=\frac{r_1r_2}{r_1+r_2}=\frac{2\times2}{2+2}=1\Omega$$

等效电流源如图1–35b）所示。

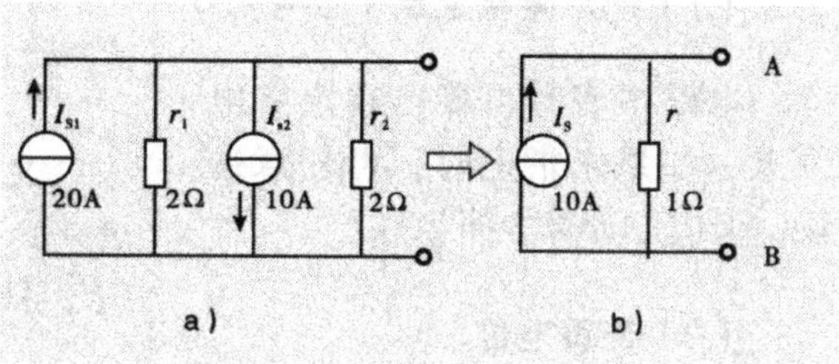

图　1–35
a）电路；b）等效电流源

（3）电压源和电流源的等效变换

当一个电压源与一个电流源的外特性是相同时，对于外电路来说，这两个电源是等效的。即在满足一定条件时，电压源与电流源之间可以相互等效变换。

由电压源的U与I的关系$U=E-Ir$可得：

$$I=\frac{E}{r}-\frac{U}{r}$$

又由电流源的U与I的关系 $I=I_S-\frac{U}{r}$ 可知，电压源与电流源之间的等效变换条件是内阻r相等，且满足 $I_S=\frac{E}{r}$，如图1–36所示。

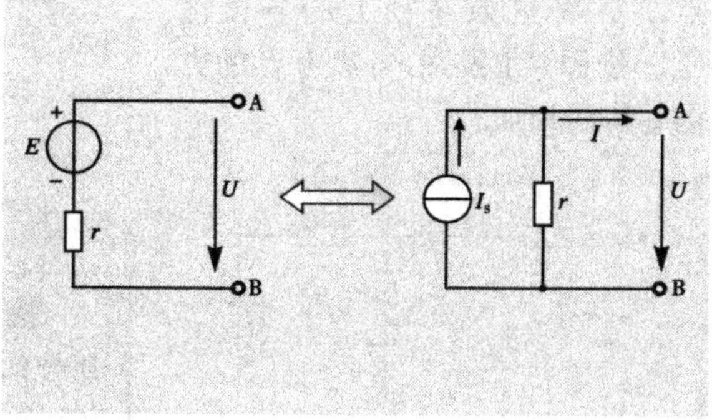

图1–36　电压源与电流源的等效变换

电压源和电流源作等效变换时应注意以下三点：

①电压源和电流源参考方向在变换前后应保持对外电路等效。即电压源的正极与电流源输出电流的一端相对应。

②电源的等效变换仅对外电路而言，对电源内部是不等效的。

③理想电压源和理想电流源不能互相进行等效交换。

例1-7： 已知电压源E=8V，r=4Ω，求与其等效的电流源。

解： 根据已知的电压源数据，利用$I_S=\frac{E}{r}$，可求出与其等效的电流源。

$$I_S=\frac{E}{r}=\frac{8}{4}=2\text{A}$$
$$r=4\Omega$$

其等效电流源如图1-37所示。

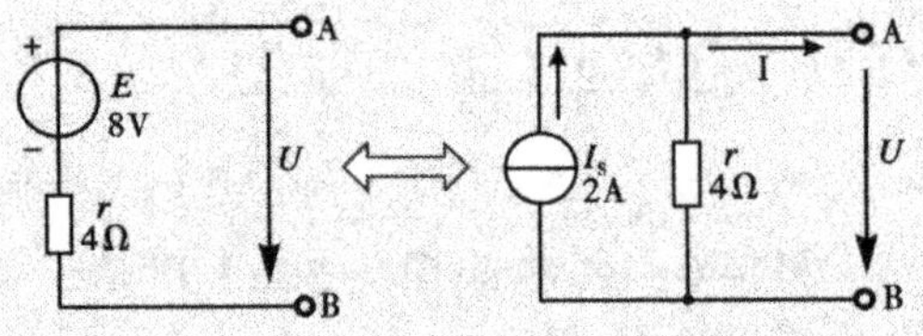

图1-37 等效电流源

4. 电路中的电位计算

（1）选定零电位点（参考点）

电路中有时可能已指定零电位点，如果未指定时，可任意选取，但应以计算方便为好。

（2）计算电位

参考点选好以后，要计算某点的电位，可从这点出发，经电路中任意路径到参考点（零电位点），将这条路径上的各段电压，按照从该点指向参考点的方向，依次相加。

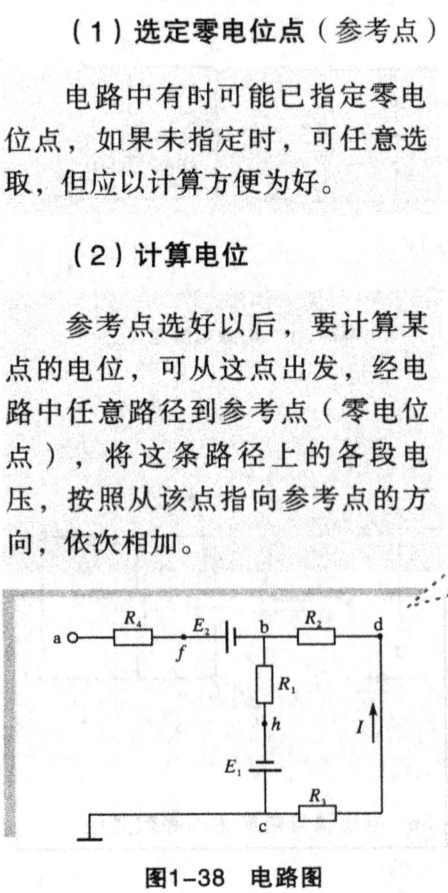

图1-38 电路图

例1-8： 如图1-38中，已知E_1=40V，E_2=20V，$R_1=R_3=R_4=5\Omega$，$R_2=10\Omega$，求a、b、c三点电位。

（1）分析

电阻R_4上无电流通过，所以也无电压。但$E_1\rightarrow R_3\rightarrow R_2\rightarrow R_1\rightarrow E_1$形成闭合回路，电流方向如下所示，根据全电路欧姆定律：

$$I=\frac{E_1}{R_1+R_2+R_3}=\frac{40}{5+10+5}=2\text{A}$$

（2）求电位

$$V_C=0\text{（c点为参考点）}$$
$$V_b=U_{bd}+U_{dc}=-I\times R_2-I\times R_3=-I\times(R_2+R_3)=-2\times(10+5)=-30\text{V}$$

或

$$V_b=U_{bh}+U_{hc}=I\times R_1-E_1=2\times5-40=-30\text{V}$$
$$V_a=U_{af}+U_{fb}+U_{bc}=0+E_2+V_b=0+20+(-30)=-10\text{V}$$

提示： 电路中电位相同的点称为等电位点或同电位点。等电位点之间的无分支纯电阻电路可有可无，对整个电路无影响。也可将零电位点之间用导线（连线）直接连接，也不影响整个电路的工作状态。

（3）电路中两点间的电压计算

电路中任意两点间的电压可由电位来求。如电路中有两点a、b，在任意选择参考点后，分别求出V_a、V_b，根据电压等于电位之差的关系，求出a、b间的电压U_{ab}。

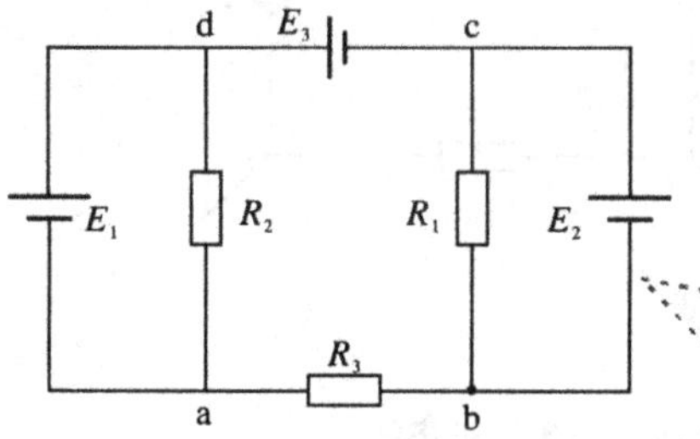

图1-39　电路图

例1-9：在图1-39中，已知E_1=5V，E_2=20V，E_3=10V，R_3=5Ω，求流过电阻R_3的电流。

解：先求a、b两点间的电位。设d点为参考点，那么：

$$V_a=-5V，V_b=-20-10=-30$$

设流过R_3电流为I_{ab}

$$I_{ab}=\frac{U_{ab}}{R_3}=\frac{V_a-V_b}{R_3}=\frac{-5-(-30)}{5}=5A$$

提示：选择参考点时要选计算比较方便的点作为参考点。但不管参考点如何选择，虽然各点电位值会发生变化，但两点间的电压是不变的。

5. 基尔霍夫定律

（1）基尔霍夫电流定律

电路中流过同一电流的每一电路分支叫支路，支路中流过的电流叫支路电流；电路中，三个或三个以上的支路相交的点称为节点。由于电流的连续性，在任一瞬时，流向某一节点的电流之和等于由该节点流出的电流之和，即任一瞬时，一个节点上电流的代数和为零。这就是基尔霍夫电流定律。

例1-10：在图1-40中，I_1=1A，I_2=5A，I_3=8A，计算I_4。

解：由基尔霍夫电流定律可列出

$$I_1+I_3=I_2+I_4$$

代入数值计算出

$$I_4=4A$$

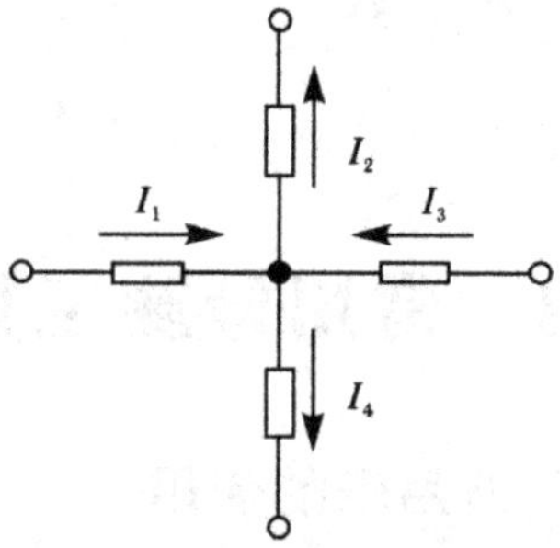

图1-40　基尔霍夫电流定律实例

提示：

●基尔霍夫电流定律是对复杂电路多支路电流而言的，分析时注意节点的选取。

●电流是矢量，分析时不但要注意大小，而且要注意方向，一般规定流入节点电流为正值，流出节点电流为负值。

(2) 基尔霍夫电压定律

电路中，根据能量守恒定律，在任一瞬时，沿任一回路循环（顺时针或逆时针方向），回路中各段电压的代数和为零，这就是基尔霍夫电压定律。

例1-11：有一闭合回路如图1-41所示，各支路的元件是任意的，已知：U_{AB}=6V，U_{BC}=－3V，U_{DA}=－8V。试求：（1）U_{CD}；（2）U_{CA}。

解：（1）由基尔霍夫电压定律可列出

$U_{AB}+U_{BC}+U_{CD}+U_{DA}=0$

即 $6V+(-3V)+U_{CD}+(-8V)=0$

得 $U_{CD}=5V$

（2）ABCA不是闭合回路，也可应用基尔霍夫电压定律列出

$U_{AB}+U_{BC}+U_{CA}=0$

即 $6V+(-3V)+U_{CA}=0$

得 $U_{CA}=-3V$

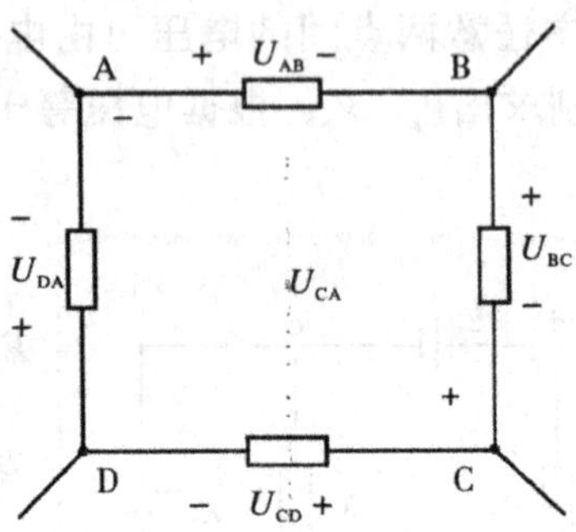

图1-41 闭合回路图

提示：

●基尔霍夫电压定律是对复杂电路中单一回路电压而言，分析时注意回路的选取。同一回路中不同电路分支的电流可以不同。

●电压是矢量，分析时不但要注意大小，而且要注意方向，一般规定沿回路电压降为正值，沿回路电压升为负值。

四、常用检测工具的使用

1. 万用表的使用

数字式万用表主要由数字电压表、测量电路、量程转换开关等组成。图1-42为DT-9208A型数字万用表面板。前面板装有液晶显示屏、量程转换开关、输入插口、h_{FE}插口及电源开关。后面板附有电池盒。

DT-9208A型数字万用表的使用操作，首先请注意检查9V电池，将ON-OFF钮按下，如果电池不足，则显示屏左上方会出现 符号，还要注意测试笔插孔之旁符号，这是警告要留意测试电压和电流不要超出指示数字。此外在使用前要先将量程放置在你想测量的挡位上。

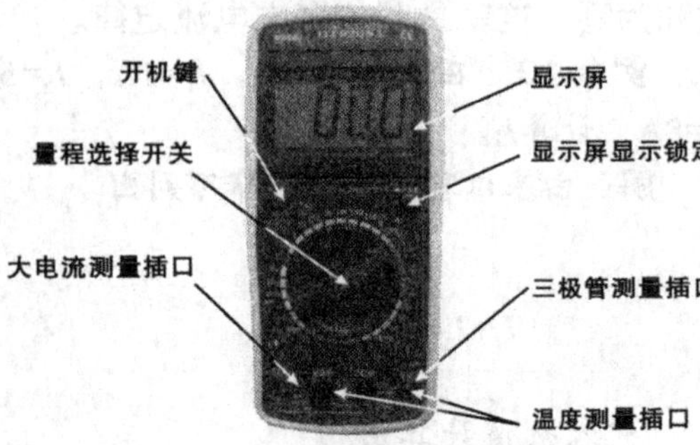

图1-42 DT-9208A型数字万用表

（1）电压测量

①将黑表笔插入COM插孔，红表笔插入VΩ插孔。

②测DCV时，将功能开关置于DCV量程范围（测ACV时则应置于ACV量程范围）并将测试表笔并接到被测负载或信号源上，在显示电压读数时，同时会指示出红表笔的极性，见图1-43。

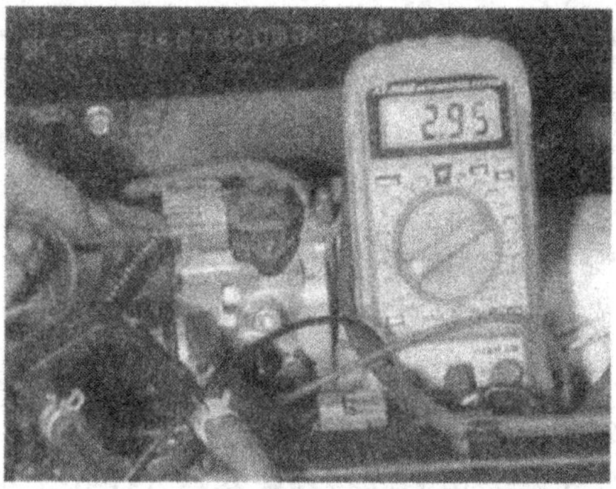

图1-43 万用表电压检测示意图

（2）电流测量

①将黑表笔插入COM插孔，当被测电流在0.2A以下时红表笔插A插孔；如被测电流在0.2~2A之间，则红表笔移至10A插孔。

②将功能开关置于DCA或ACA量程范围，测试笔串入被测电路中。

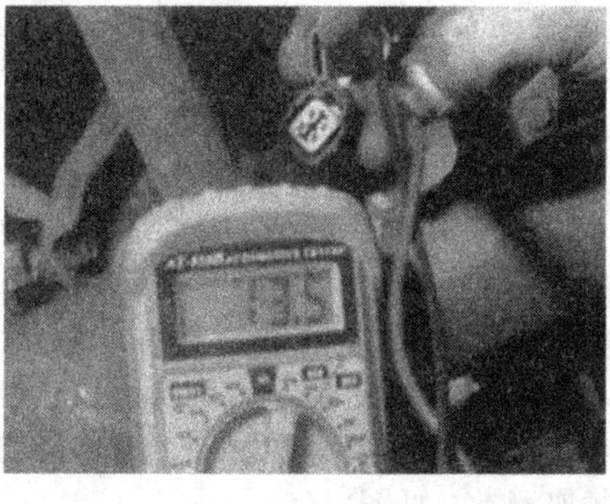

图1-44　用万用表测量氧传感器电阻

（3）电阻测量

①将黑表笔插入COM插孔，红表笔插入VΩ插孔（注意红表笔极性为"+"）。

②将功能开关置于所需Ω量程上，将测试笔跨接在被测电阻上，见图1-44。

注意：

①当输入断路时，会显示过量程状态"1"。

②如果被测电阻超过所用量程时，则会指示出过量程"1"，须换用高挡量程。当被测电阻在1MΩ以上时，需数秒后方能稳定读数，对于高电阻测量这种现象是正常的。

③检测在线电阻时，须确认被测电路已关去电源后，方能进行测量。

④当使用200MΩ量程进行测量时须注意。在此量程，二表笔短接时读数为1.0，这是正常现象，此读数是一个固定的偏移值。如被测电阻为100MΩ时，读数为101.0，正确的阻值是显示值减去1.0，即101.0−1.0＝100.0。

测量高阻值时应尽可能将电阻直接插入“VΩ”和“COM”插孔中，长线在高阻抗测量时容易感应干扰信号，使读数不稳。

（4）电容测量

①接上电容器以前，显示可以缓慢地自动校零，但在2nF量程上剩余10个字以内无效是正常的。

②把测量电容连接到电容输入插孔（不用试捧）有必要时注意极性连接。

注意：

①测试单个电容器时，把脚插进位于面板左下边的两个插孔中（插进测试孔之前电容器务必放尽电，以免损坏仪表）。

②测试大电容时，注意在最后指示之前会存在一个滞后的时间。

③单位：1μF=1000nF；1nF=1000pF。

④不要把一个外部电压或已充好电的电容器（特别是大电容器）连接到测试端。

（5）温度测量

测量温度时，将热电偶传感器的冷端（自由端）插入温度测试孔中，热电偶的工作端（测量端）置于待测物上面或内部，可直接用通过表笔插座测量，见图1-45。

注意：此表设计为当热电偶插入温度测试孔后，自动显示被测温度，当热电偶传感器开路时，显示常温。

本表随机所附WRNM-010裸露式接点热电偶极限温度为250℃（短期内为300℃）。

图1-45 万用表测量温度示意图

（6）音频电信号测量

①将黑表笔插入COM插孔，红表笔插入VΩ插孔。

②将功能开关置于Hz挡，将测试笔接入被测电路，读取显示值。

注意：不得大于250V的有效值供给输入端，电压高于100V有效值虽可显示出来，但会影响准确度。

（7）测试数据保持

按下保持开关，显示“H”符号，显示数字保持测量数据，恢复保持开关符号“H”消失，显示数字为测量状态。

（8）二极管测量

①将黑表笔插入COM插孔，红表笔插入VΩ插孔。

②将功能开关置于“·)) —▶|—”挡，将测试笔跨接在被测二极管上，显示为正向压降伏特值，当二极管反接时，显示为过量程状态。输入端开路时，显示为过量程状态即最高位显示“1”。

注意：正向直流电流约1mA，反向直流电压约3V。

（9）晶体三极管的测量

①将功能开关置于h_{FE}挡。

②确认三极管是NPN型还是PNP型，然后将三极管三脚分插入测试插座E、B、C插孔中。

③显示读数为晶体三极管的h_{FE}近似值，测试条件：基极电流为10μA，电压U_{ce}约3V。

（10）蜂鸣通断测试

①将黑表笔插入COM插孔，红表笔插入VΩ插孔。

②将量程开关置于“·)) —▶|—”插位。

③将表笔跨接在欲测线路之两端，当两点之间的电阻值小于50Ω蜂鸣器便会发出声响。

注意：当输入端开路时，仪表会显示过量状态。

被测电路必须在切断电源状态下检查通断。因为任何负载信号都可能会使蜂鸣器发声，导致错误判断。

2. 汽车专用万用表的使用

(1) 汽车数字专用万用表的功能

汽车万用表是一种具有特殊用途的专用型数字万用表，如图1-46所示，它除了具备普通数字万用表所有的功能外，还具有汽车专用项目的测试功能，**是检测汽车微机控制系统的智能化专业仪表。**

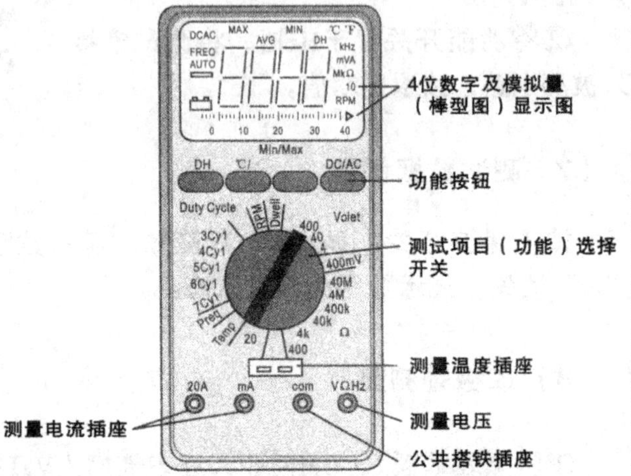

图1-46 汽车专用数字式万用表

(2) 汽车专用数字万用表使用方法

①信号频率的检测。将功能选择开关转至频率挡（Freq），公用插座（COM）的测试线搭铁，VΩHz插座的测试线接被测的信号线，此时在显示器上即可读取被测信号的频率。

②温度的检测。将功能选择开关置于温度挡（Temp），把温度探针插入温度检测插座，按动温度测量单位选择钮℃/°F，再把温度探针接触所测物体的表面，显示器即显示出所测的温度。

③闭合角的检测。将功能选择开关转至相应发动机汽缸数的闭合角测量位置（DWell），公用插座（COM）的测试线搭铁，VΩHz插座的测试线接点火线圈负极“–”接线柱，在发动机运转时显示器即能显示出点火线圈初级电流增长的时间（即闭合角，也叫导通角）。

④占空比的检测。将功能选择开关转至占空比测量位置（Duty Cycle），公用插座（COM）的测试线搭铁，VΩHz插座的测试线接被测的信号线，显示器即显示出被测电路一个工作循环（周期）中脉冲信号所保持时间的相对百分数，即占空比。

⑤**转速的测量**。将功能选择开关置于转速挡（RPM），将转速测量的专用插头插入公用插座和VΩHz插座，再将感应式转速传感器的夹子夹到某一缸的高压分线上，在发动机工作时显示器即显示出发动机的转速。

⑥**启动机启动电流的检查**。将功能选择开关置于400mV挡（1mV相当于1A），把霍尔效应式电流传感器的夹子夹在蓄电池的电源线上，按动最小/最大按钮（Min/Max），拆除点火线圈上的低压线插头，并转动发电机曲轴2～3s，显示器即能显示出启动电流。

⑦**氧传感器的检测**。首先拆下氧传感器线束，将功能选择开关置于4V挡，按动DC/AC按钮并置于DC状态；再按Min/Max按钮，使COM插座的测试线搭铁，VΩHz插座的测试线与氧传感器的跨接线相连，让发动机运转至快怠速（约2000r/min），此时氧传感器的工作温度可达360℃以上，排气浓时，氧传感器的输出电压约为0.8V；排气稀时，输出电压在0.1～0.2V之间。可是，当氧传感器的工作温度低于360℃时，则无电压信号输出。

⑧**喷油器喷油脉宽的测量**。先将功能选择开关转至占空比（Duty Cycle）位置。测量出喷油器喷油的占空比后，再将功能选择开关置于频率挡（Freq），测量出喷油器的工作频率。按照下列公式即可计算出喷油器喷油的脉冲宽度（即喷油时间）：

喷油脉宽（s）=占空比（%）/工作频率

五、蓄电池的识别

1. 认识蓄电池

蓄电池（俗称“电瓶”）是一种将化学能转换为电能的装置，是可逆的低压直流电源。蓄电池放电时，将其储存的化学能转换为电能；充电时，将电能转换为化学能储存起来，直到化学能储存满时充电结束。蓄电池实物如图1-47所示。

图1-47　蓄电池

2. 蓄电池的型号

按照行业标准《铅酸蓄电池型号编制办法》（JB/T 2599—1993）的规定，蓄电池产品型号包含三部分，如图1-48所示，其排列及含义如下：

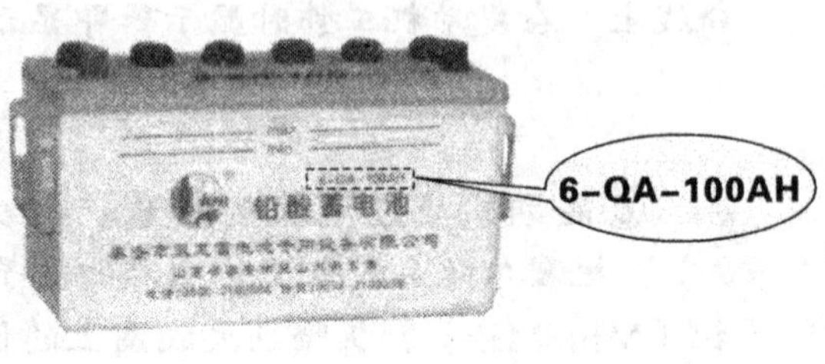

图1-48 蓄电池的型号

□——□□——□□

第一部分　第二部分　第三部分

第一部分

表示串联的单格蓄电池数，用阿拉伯数字表示，其额定电压为这个数字的2倍。比如：

3-表示3个单格，额定电压6V。

第二部分

表示蓄电池的类型和特征，用2个汉语拼音字母表示。如第一个字母是Q表示启动用铅蓄电池，M表示摩托车用。第二个字母为蓄电池的特征代号，无字母则表示为普通式铅蓄电池。如：A-干荷电式；W-免维护式；H-湿荷电式；M-密封式；S-少维护；J-胶体电解质。

第三部分

表示蓄电池额定容量和特殊性能，我国目前规定采用20h放电率的额定容量，单位为A·h，用数字表示，特殊性能用字母表示：

G-表示高启动率；

S-表示塑料槽；

D-表示低温启动性能好。

举例：如蓄电池型号为6-QA-100S，表示该蓄电池由6个单格组成，额定电压12V，额定容量为100A·h，是采用了塑料整体式外壳的启动干荷式蓄电池。

六、安全注意事项

1. 电流对人体的危害

人体接触或接近带电体所引起的人体局部受伤或死亡的现象称为触电。根据人体受到伤害的程度不同，**触电可分为电伤和电击两种。**

实践证明 常见的50～60Hz工频电流的危险性最大，高频电流的危害性较小。人体通过工频电流1mA时就会有麻木的感觉，10mA为摆脱电流，人体通过50mA的工频电流时，中枢神经就会遭受损害，从而使心脏停止跳动导致死亡。

（1）电伤

电伤是指在电弧作用下或熔断丝熔断时飞溅的金属沫对人体外部的伤害，如烧伤、金属溅伤等。

（2）电击

电击是指电流通过人体，使内部器官组织受到损伤，是最危险的触电事故。如受害者不能迅速摆脱带电体，则最后会造成死亡事故。大量触电事故资料的分析和实验证明，电击所引起的伤害程度，由人体电阻的大小、通过人体的电流强度、电流通过人体的途径、作用于人体的电压及电流通过人体的时间长短等因素决定。

若电流流过大脑，会对大脑造成严重损伤；电流流过脊髓，会造成瘫痪；电流流过心脏，会引起心室颤动甚至心脏停止跳动。总之，以电流通过或接近心脏和脑部最为危险。通电时间愈长，触电的伤害程度就越严重。

（3）安全电压和人体电阻

人体电阻主要集中在皮肤，一般为40～80kΩ，皮肤干燥时电阻较大，而皮肤潮湿、有汗或皮肤破损时人体电阻可下降到几十至几百欧姆。根据触电危险电流和人体电阻，可计算出安全电压为36V。但电气设备环境越潮湿，安全电压就越低，在特别潮湿的场所中，必须采用不高于12V的电压。

2. 安全用电常识

①在任何情况下都不得用手来鉴定导体是否带电。

②更换熔断器时应先切断电源，不得带电操作。

③拆开或断裂的暴露在外部的带电接头，必须及时用绝缘物包好并悬挂到人身不会碰到的高处，防止有人触及。

④工厂车间内一般只允许使用36V的照明灯；在特别潮湿的场所只允许使用12V以下的照明灯。

⑤遇有人触电时，应迅速切断电源；或尽快用干燥绝缘体（如棍棒）打断电线或拔开触电者，切勿直接用手去拉触电者。当触电者脱离电源后，根据具体情况，实施救治。

提示 汽车用电安全主要与维护蓄电池时的安全有关，着手维护蓄电池或在蓄电池旁边作业之前，必须掌握安全预防措施。连接蓄电池电缆时要注意极性，不能接反；拆蓄电池电缆时要先拆负极（搭铁）电缆；接蓄电池电缆时要后接负极电缆；维护蓄电池时，不要戴首饰或手表等良导电体，若不小心将蓄电池正极桩与搭铁连上，电流流过导体，会造成严重灼伤；千万不可在蓄电池上方传递工具，如碰巧跌落在两极桩上，造成蓄电池短路会引起爆炸。

3. 更换灯泡时的注意事项

①当卤素灯泡（前照灯和前雾灯）表面被机油弄脏后，在灯泡打开发热时，它的工作寿命会缩短。

②由于卤素灯泡（前照灯和前雾灯）内部的压力很高，要小心操作，一旦灯泡掉落会造成爆炸，玻璃碎片会飞溅起来。

③如果车灯玻璃和灯泡一起被拆下很长时间，玻璃会被灰尘和水蒸气弄脏。所以更换灯泡时要随手准备一块新的玻璃。

④更换时，始终采用相同功率的灯泡。

⑤安装灯泡后，要插紧插座。否则，玻璃会模糊或者有水蒸气泄漏。

任务三　汽车示廓灯电路故障检修

一、电路图识读说明

由于各汽车制造公司的传统习惯和国家法规的不同，所以，绘制的电路原理图风格各异。因此，我们在识读电路图之前，都需要了解该车系电路图的识读说明，下面以丰田威驰轿车为例进行介绍。威驰轿车灯光电路常见图形符号如图1-49所示：

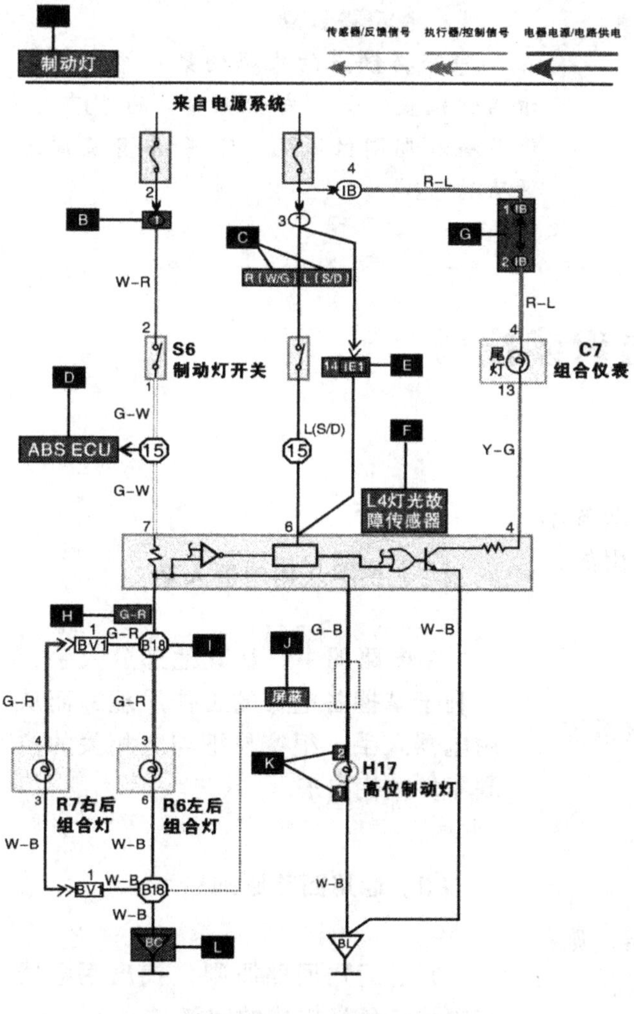

图1-49　威驰轿车灯光电路常见图形符号

电路说明

A：系统名称。

B：表示继电器盒，无阴影表示只给出继电器盒号以区别接线盒。

C：当车辆型号、发动机类型或规格不同时，用（　）来表示不同的配线和连接器。

D：表示相关系统。

E：表示线束和线束连接器，带插头端子的线束用箭头（ˇ）表示外侧数字为引脚号。每个线束和线束连接器代码的第一个字母表示组件位置，如“发动机室”的“E”，仪表板和周围区域的“I”和车身区域的“B”。当两个以上的代码第1和第2个字母相同时，就增加数字（如IH1、IH2），表示它们是相同的线束和线束连接器。

F：表示零件（所有零件用天蓝色表示），此代码与零件位置图中所用的代码相同。

G：接线盒（圆圈中的号码是

接线盒号，连接器代码写在它旁边）。接线盒加阴影以明显区别于其他零件。如下：

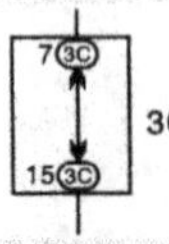

H：表示导线的颜色。导线的颜色用字母代码表示：

B =黑　W=白　BR=棕　L=蓝

SB=浅蓝　R=红　G=绿　LG=浅绿

P =粉红　Y=黄　GR=灰　V=紫

第一个字表示基色，第二个字母表示条纹颜色。例如：L-Y。

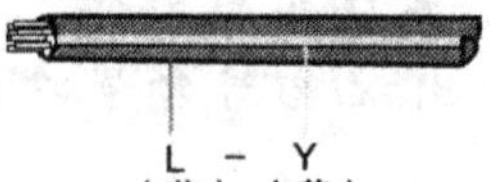

I：表示配线接点（发动机室的代码为"E"，仪表板的代码为"I"，车身的代码为"B"）。

J：表示屏蔽电缆。

K：表示连接器引脚编号。这个编号系统对于插头和插座连接器是不同的。如下：

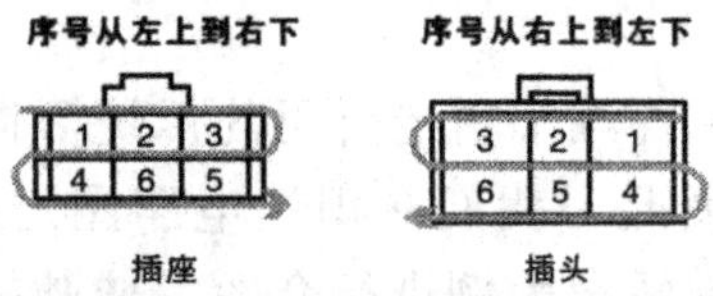

L：表示搭铁点。

每个搭铁点的代码的第一个字母表示组件位置，如"发动机室"的"E"，仪表板和周围区域的"I"和车身及周围区域的"B"。

二、电路图识读方法与识读技巧

1. 电路图的识读方法

尽管不同车系，不同系统电路原理各不相同，但识读电路原理图的方法是通用的，可从以下三个方面入手：

(1) 判断该电气系统的控制方式

若属于电子控制系统，则要把该系统的线路分成三部分，即：

①电控单元与电源的连接电路。

②信号输入电路。

③ 执行器工作电路。

若该用电器电路中使用了继电器，则要区分主电路及控制电路。注意，无论主电路还是控制电路，往往都不止一条。

(2) 识图从用电器入手

在电路图中，从其他部分入手，不利于掌握各电器的工作原理，而从用电器入手，很容易把与之相关的控制器件查找出来。

(3) 运用回路原则

通过运用回路原则，找出用电器与电源正负极构成的回路。

2. 电路图识读技巧

①电路按其作用来分，可分为电源电路、搭铁电路、信号电路、控制电路。

②直接连接在一起的导线（也可经由熔断丝、绞结点连接）必具有一个共同的功能，如都为电源线、搭铁线、信号线、控制线等。即凡不经用电器而连接的一组导线若有一根接电源或搭铁，则该组导线都是电源线或搭铁线。与电源正极连接的导线在到达用电器之前是电源电路；与接地点连接的导线在到达用电器之前为搭铁电路。

③在分析各条电路（电源电路、信号电路、控制电路、搭铁电路等）的作用时，经常会用到排除法判断电路，即对不易判断功能的电路，通过排除其不可能的功能来确定其实际功能。如分析某一具有三根导线的传感器电路时，已经分析出其电源电路、搭铁电路，则剩余的电路必然为信号电路。

④注意各元器件的串、并联关系，特别要注意几个元器件共用电源线、共用搭铁线和共用控制线的情况。

⑤传感器经常共用电源线、搭铁线，但决不会共用信号线。执行器会共用电源线、搭铁线、控制线。

三、示廓灯电路的检测

1. 前示廓灯、尾灯、牌照灯电路检测

电路如图1-50所示。从图中我们可以看出，前示廓灯、尾灯、牌照灯均受灯光控制开关的控制，它们并连接入灯光控制开关的10脚。对于前示廓灯、尾灯、牌照灯故障来说，检修方法基本是相同的。不同之处在于灯光控制开关到各灯后，再到搭铁端的那段电路。下面以前示廓灯的检修为例：

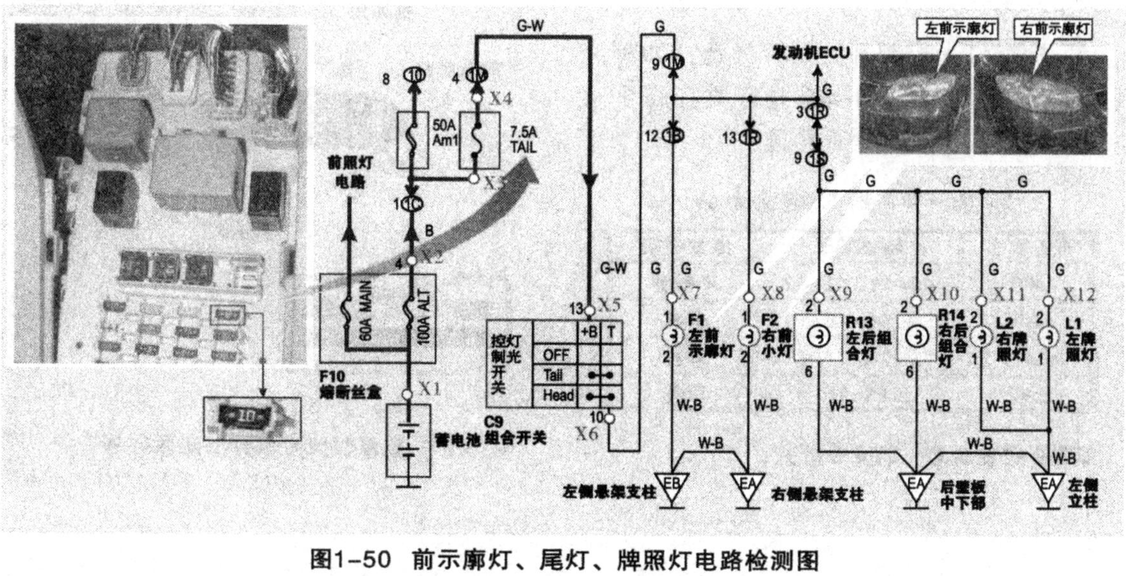

图1-50　前示廓灯、尾灯、牌照灯电路检测图

对于前示廓灯故障可按表1-3所示进行，表中数字表示了最可能产生故障的先后顺序。按照所列的顺序检查每个部件。如果有必要，则修理或者更换这些部件。

前示廓灯电路故障检查表 表1-3

症 状	可能的部位	诊断及排除方法
只有一侧前示廓灯亮	（1）灯泡。 （2）线束	（1）更换灯泡。 （2）如左侧前示廓灯不亮，则检测X6到X7之前的线路有无断路；左前小灯2脚到EB搭铁点之间的线路有无断路。如右侧前小灯不亮，则检测X6到X8之前的线路有无断路；右前小灯2脚到EA搭铁点之间的线路有无断路
两侧前示廓灯都不亮（前照灯正常）	（1）灯光控制开关。 （2）TAIL熔断丝、ALT熔断丝。 （3）线束	（1）如后尾灯、牌照灯均不亮，则可能是灯光控制开关、TAIL熔断丝、ALT熔断丝故障，可通过测量X2、X3、X4、X5、X6电压进行判断，灯光开关位于TAIL挡，正常时均为蓄电池电压。 （2）如后尾灯、牌照灯均亮，则为左、右前示廓灯泡损坏，或左、右前示廓灯电路有断路，这种情况出现的机率很小
两侧前示廓灯都不亮（前照灯不正常）	（1）前照灯控制开关或蓄电池。 （2）线束	检测前照灯控制开关、蓄电池、蓄电池与熔断丝盒之间的连接

2. 前照灯组合开关总成中灯光控制开关的检查

检查灯光控制开关是否导通，如图1-51所示。按照表1-4检查开关在每个位置时各端子之间是否导通。

灯光控制开关各端子导通测试 表1-4

开关动作	测试端子	规定状态
OFF	10-11、12-13	不导通
TAIL	10-13	导通
HEAD	10-13、11-12	导通
HEAD	11-12	导通

如果不符合规定，则更换开关。

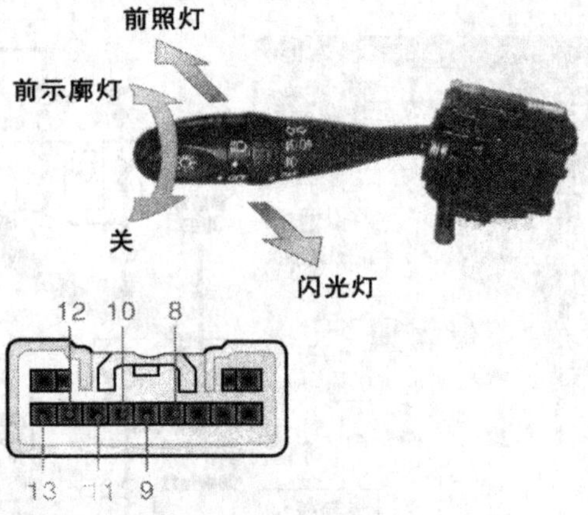

图1-51 检查灯光控制开关是否导通

四、示廓灯的拆装

1. 左前示宽灯（左前示廓灯）的拆装

左前示廓灯安装位置如图1-52所示。

①拆下散热器护栅附属总成。

②拆下前保险杠盖。

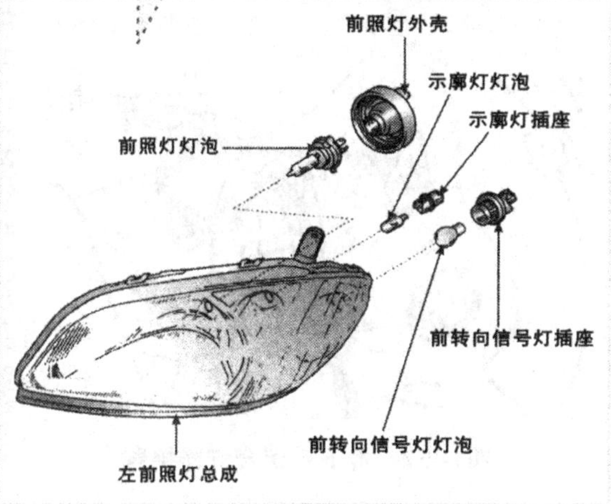

图1-52　左前示廓灯安装位置图

（1）拆下左前照灯总成。

①拆下3个螺钉，如图1-53所示。

②拆下连接器。

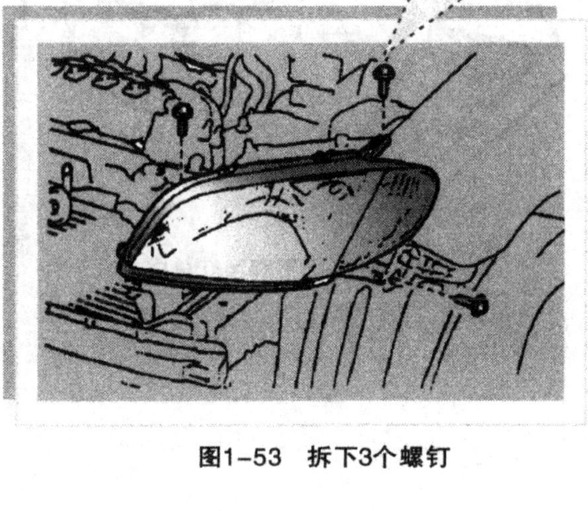

图1-53　拆下3个螺钉

③向前拉出前照灯总成，如图1-54所示。

④拆下前照灯总成。

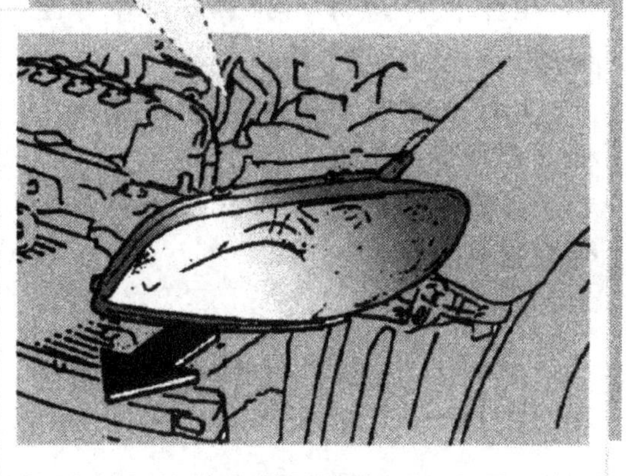

图1-54　拉出前照灯总成

（2）拆下示廓灯泡。

①如图1-55所示，连同示廓灯插座一起，拆下示廓灯。

②从示廓灯插座上拉出示廓灯。

（3）按拆卸相反的顺序进行安装。

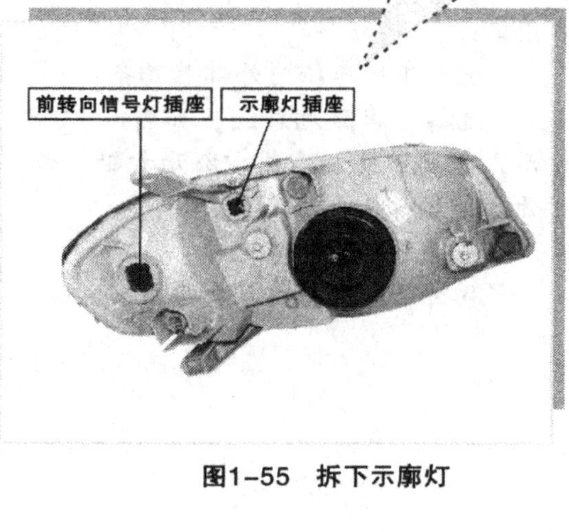

图1-55　拆下示廓灯

2. 左侧后组合灯总成的拆装

①拆除行李舱内部装饰条。用扳手拆下2个卡钳并拆除左侧行李舱装饰条，如图1-56所示；

②拆下左侧后组合灯总成：

a.拆下3个螺母，拆下后组合灯连接器，如图1-57所示；

b.向车辆后方拉出组合灯总成，拆下后组合灯总成；

③按与拆卸相反的顺序安装后组合灯总成。

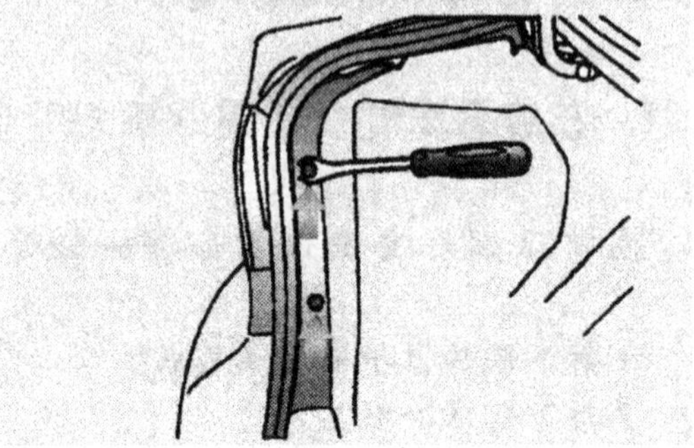

图1-56 拆除左侧行李舱装饰条

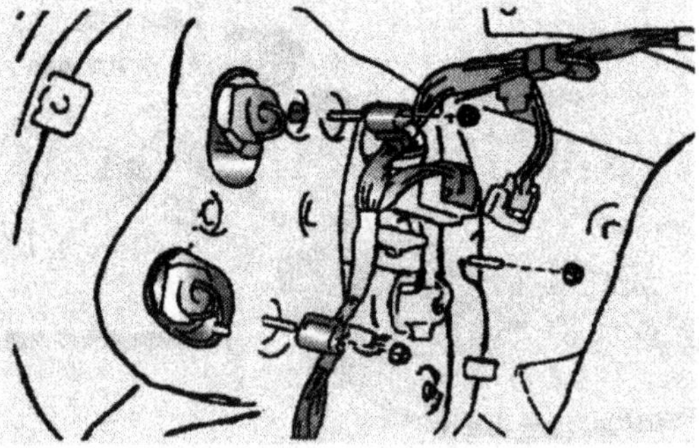

图1-57 拆下后组合灯连接器

3. 牌照灯的拆装

①拆下行李舱锁止缸或者用钥匙设定；

②拆下行李舱门外部装饰条；

③拆下牌照灯总成，如图1-58所示，拉出牌照灯总成，松开卡钳，断开连接器；

④拆下牌照灯灯泡；

⑤拆下牌照灯插座和导线。

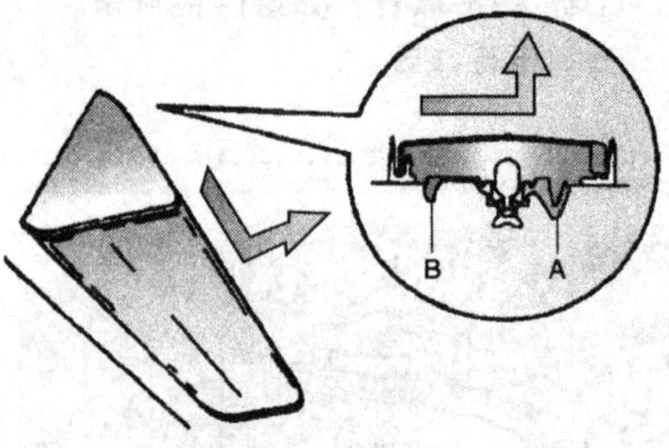

图1-58 拆下牌照灯总成

任务四　汽车雾灯故障的检修

一、雾灯电路的检测

以丰田威驰雾灯电路为例进行检测。威驰雾灯电路如图1–59所示。

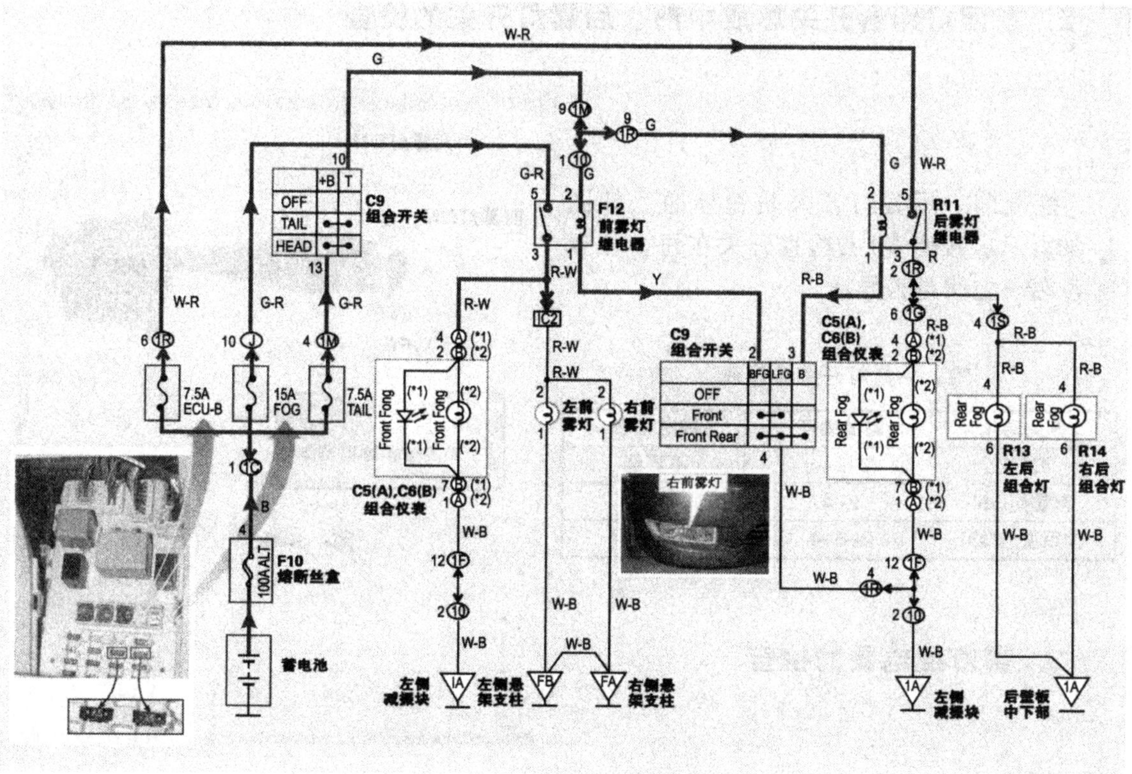

图1–59　前/后雾灯电路图

1. 雾灯电路故障检测表

对于雾灯电路故障，可按表1–5、表1–6所示进行检测。

（1）前雾灯系统

前雾灯系统，如表1–5所示。

前雾灯电路故障检测表　　表1–5

症　状	可能部位
灯光控制开关在HEAD位置时前雾灯不亮(前照灯正常)	（1）雾灯熔断丝。（3）前雾灯开关。 （2）前雾灯继电器。（4）线束
只有一侧前雾灯不亮	（1）灯泡。 （2）线束

（2）后雾灯系统

后雾灯系统，如表1-6所示。

后雾灯电路故障检测表　　表1-6

症　状	可能部位
灯光控制开关在HEAD位置时后雾灯不亮（前照灯正常）	（1）灯泡。（2）ECU-B熔断丝。（3）后雾灯继电器。（4）后雾灯开关。（5）线束
灯光控制开关在HEAD位置时后雾灯不亮（前照灯不工作）	（1）组合开关。（2）线束
只有一侧后雾灯不亮	（1）灯泡。（2）线束

2. 前照灯组合开关总成中前、后雾灯开关的检查

检查前、后雾灯开关是否导通，如图1-60所示。按照表1-7检查开关在每个位置时各端子之间是否导通。

前、后雾灯开关检查表　　表1-7

开关动作	测试端子	规定状态
OFF	2-3-4	不导通
前雾灯ON	2-4	导通
前后雾灯ON	2-3-4	导通

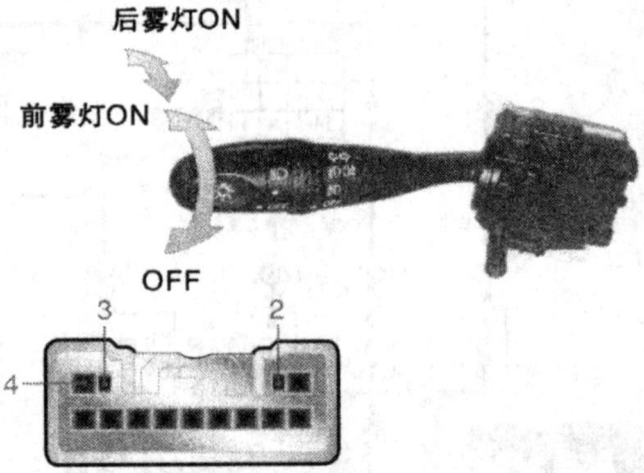

图　1-60

3. 雾灯继电器的检查

（1）前雾灯继电器的检查

检查前雾灯继电器是否导通。

①检查端子之间是否导通，如图1-61和表1-8所示。

前雾灯继电器检查　　表1-8

测试端子	规定状态
1-2	导通
3-5	不导通

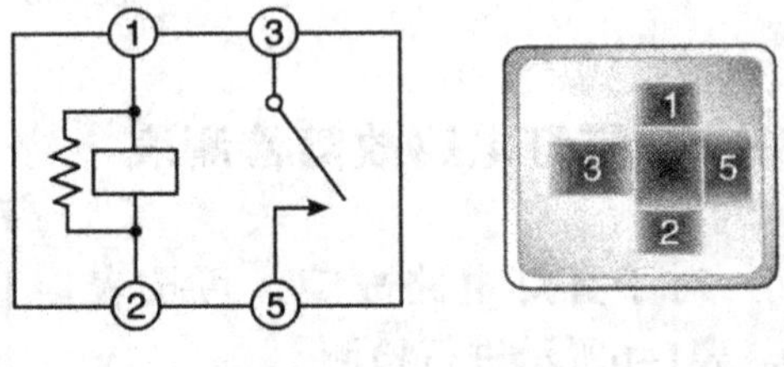

图　1-61

如果不符合规定，则要更换继电器。

②在端子1和2之间加上蓄电池电压，然后检查端子3和5之间是否导通。标准：导通。如果不导通，则更换继电器。

（2）后雾灯继电器的检查

检查后雾灯继电器是否导通。

①检查端子之间是否导通，如图1-62和表1-9所示。

后雾灯继电器检查　　表1-9

测试端子	规定状态
1-2	导通
3-5	不导通

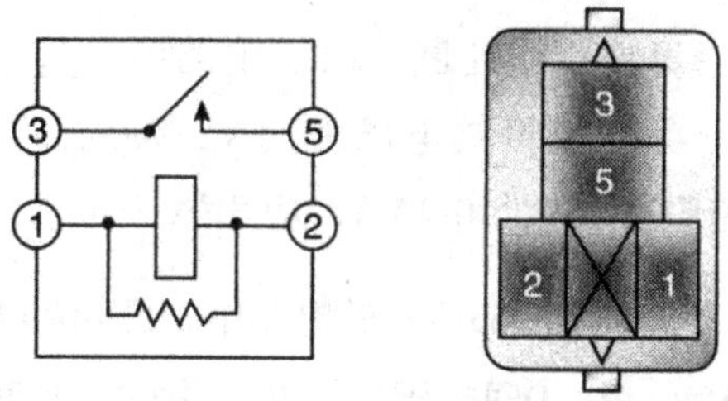

图1-62　继电器的检查

如果不符合规定，则要更换继电器。

②在端子1和2之间加上蓄电池电压，然后检查端子3和5之间是否导通。标准：导通。如果不导通，则更换继电器。

二、雾灯的拆装

①拆下散热器护栅附属总成；

②拆下前保险杠；

③拆下左侧雾灯总成；

a.断开连接器；

b.松开4个卡钳，拆下左侧雾灯总成，如图1-63所示；

④拆下雾灯灯泡；

⑤调整车辆状态；

a.轮胎压力在标准值内；

b.启动发动机；

⑥调整雾灯光束。转动修正螺钉可以在垂直方向上调整雾灯光束，如图1-64所示。

注意：逆时针转动螺丝刀使光束朝上，顺时针转动螺丝刀使光束朝下。

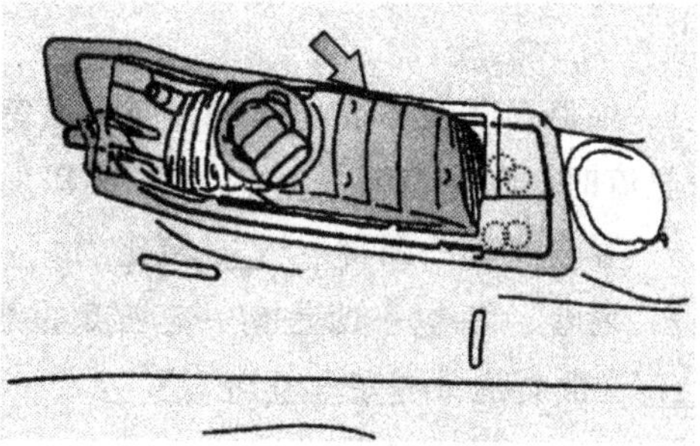

图1-63　雾灯的拆装
○ 卡钳

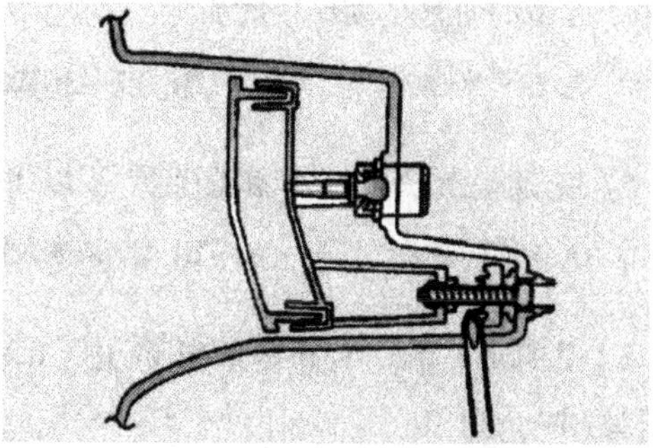

图1-64　调整雾灯光束

思考与练习

一、填空题

1. 开路：线路断开时，电路中______（有或没有）电流。

2. 某电路两端电压为12 V，接入一个电阻后电流为0.75 A，该电阻阻值是________，要使电路中电流减至0.25 A，应串联一个________Ω的电阻。

3. 在如图1-65所示的电路中，已知$R_2=R_4$，A、C间电压$U_{AC}=10V$，B、D间电压$U_{BD}=8V$，则A、E间U_{AE}=________。

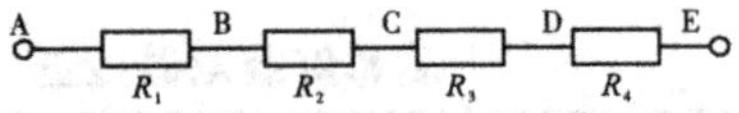

图1-65 电路图

4. 在图1-66中，$R_1=R_2=R_3=2\Omega$，当K接通时，电压表读数为1V，K断开时，电压表读数为0.8V，则电源电动势为________。

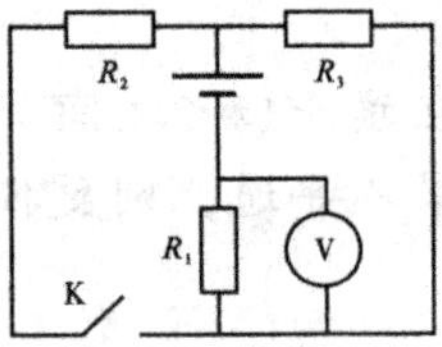

图1-66 线路断开电路图

5. 在用万用表测量电压时，应将表笔________（并或串）接到被测负载或信号源上；当测量电流时，应将表笔________（并或串）接到被测电路中。

6. 蓄电池是一种将________转化为________的装置，是可逆的低压直流电源。

7. 触电：触电一般是指一定强度的电流通过人体所引起的伤害事故，事实表明，不高于______V的电压才是安全电压。

二、选择题

1. 示廓灯灯泡的功率一般为（　　）。

A. 5~10W　　B. 20~30W　　C. 30~40W　　D. 40W以上

2. 接通灯光开关“示廓灯挡”，以下哪些灯亮起（　　）。

A. 前示廓灯　　B. 后示廓灯　　C. 转向灯　　D. 仪表灯

3. 电阻R_1、R_2、R_3串联在电路中。已知$R_1=6\Omega$、$R_3=4\Omega$，R_1两端的电压为6V，R_2两端的电压为10V，则（　　）。

A. 电路中的电流为1A　　B. 电阻R_2的阻值为10Ω

C. 三只电阻两端的总电压为20V　　D. 电阻R_3消耗的电功率为3.6W

4. 在已接电源的闭合电路里，关于电源的电动势、内电压、外电压的关系应是（　　）。

A.如外电压增大，则内电压增大，电源电动势也会随之增大

B.如外电压减小，内电阻不变，内电压也就不变，电源电动势必然减小

C.如外电压不变，则内电压减小时，电源电动势也随内电压减小

D.外电压增大，则内电压减小，电源的电动势始终为二者之和，保持恒量

5. 下列说法中错误的是（　　）。

A.电阻A与阻值无穷大的电阻B并联，电阻不变

B.电阻A与导线B（不计电阻）并联，总电阻为零

C.并联电路中任一支路的电阻都大于总电阻

D.并联电路某一支路开路，总电阻为无穷大

6. 丰田威驰轿车灯光控制开关在HEAD位置时前雾灯不亮（前照灯正常），此时可能的故障原因是（　　）。

A. 雾灯熔断丝　　B. 前雾灯继电器　　C. 前雾灯开关　　D. 蓄电池

三、计算题

如图1-67所示的电路中，已知四个电阻的阻值为$R_1=1\Omega$、$R_2=4\Omega$、$R_3=4\Omega$、$R_4=6\Omega$，电源电动势$E=5V$，内阻$r=0.1\Omega$，试求：

（1）S闭合时，通过R_1和R_2的电流之比I_1/I_2；

（2）电路中的总电流I。

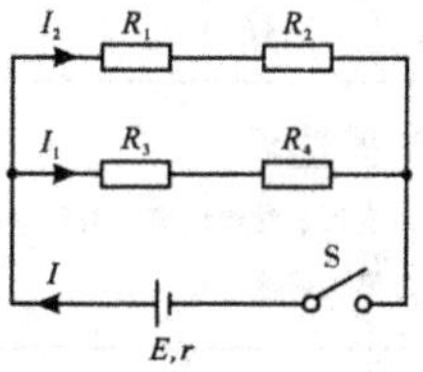

图1-67　线路闭合电路图

学习情境2 汽车前照灯不亮的检测与修复

××××××汽车维修有限公司

维修委托书

工单号 No: 200811686

客户名称: 张三　车牌号: ×××0088　购车日期: 2005年3月6日　联系电话:×××××××××××

联系人: 张三　车　型: 丰田威驰　Vin No.: L T V B A 4 2 3 X 5 0 0 9 4 0 7 5

送修日期: 2008年 11月 20日　交付日期: 2008年 11月 20日　行驶里程: 1 0 0 0 0 0

故障描述 报修症状	右前照灯不亮	交接物品	无
提车要求	付款方式: ☑现金　☐刷卡　☐支票　其他:	其他	洗车 是☑ 否☐　带走旧件 是☑ 否☐

序号	报修项目
1	更换右前照灯
2	
3	
4	
5	
6	

小计: 500元

	维修检查及施工情况详细见《维修检查·施工单》					
备注	旧件检查	空罐		旧件		油量　E 1/4 1/2 3/4 F

第一联: 客户(取车凭证, 请注意保管)

全车外观检查

车身如有变形、油漆划痕、玻璃、灯具裂痕等损伤, 请在示意图中的方格内标注"√"。

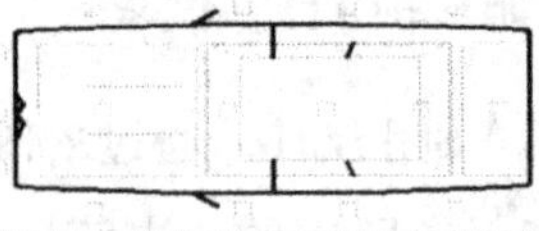

维修委托书细则

甲方: (客户)

乙方: ××××××汽车维修有限公司

维修细则:

1. 甲方已确认无包括现金在内的贵重物品遗留在车上。
2. 甲方已阅读并理解了本委托书及对应的《维修检查·施工单》上的所有内容, 同意按乙方所列的维修项目和价格进行维修, 甲方愿意支付相关的维修服务费及零件费。
3. 乙方同意甲方对维修车辆进行维修试车, 包括场地试验或路试。
4. 如果甲方同意不带走旧件, 乙方可以在甲方提车后对旧件进行处理。
5. 甲方确认并理解乙方已经充分告知的的关于车辆检测或维修的相关情况, 同时乙方有权采取必要的措施(包括但不限于拆解车辆的机械、电路及发动机等)进行检测或维修。同意乙方在对车辆进行进一步检测或维修时不再另行通知甲方。
6. 如因乙方过失致使维修车辆或部件损坏, 乙方赔偿的范围仅限于维修或更换损坏车辆的部件, 甲方同意不再提出其他赔偿要求。
7. 甲方应事先备份维修车辆上安装的所有软件或可存储数据信息。无论如何, 维修车辆上安装的所有软件或可存储数据信息的损坏或丢失, 乙方不作赔偿。
8. 甲方应在乙方通知提取车辆之日起壹个月内提取车辆, 逾期不取, 乙方有权按政府公布的停车费价格收取保管费用。

本人确认已经清楚理解并接受以上维修细则。

甲方(客户)签名
张三
日期: 2008年12月15日

公司地址: ××××××

救援热线: ×××××××××××　**服务热线:** 020-××××××××　**传真:** 020-××××××××

开户行: ××××××××　**账号:** ×××××××××××××　**乙方代表(接待员):** 李先生

近日，接到一部威驰右前照灯不亮而报修的轿车。要对右前照灯进行维修，首先得知道汽车前照灯的结构及工作过程，并且须掌握一些电工与电子技术方面的基础知识。下面就分步来完成本学习情境的学习任务。

任务一 汽车前照灯的识别

一、前照灯的结构

前照灯主要用于夜间行车道路照明，有些车型也兼作超车信号灯。灯光为白色，有两灯制和四灯制两种配置方式，功率一般为40～60 W。前照灯有较特殊的光学结构，因为它既要保证夜间车前道路100m以上有明亮而均匀的照明，又要具有防眩目装置。避免夜间两车交会时造成对方驾驶员眩目而发生事故。

前照灯**主要由灯泡、反射镜和配光镜三部分组成**。图2-1所示为威驰轿车前照灯实物图。

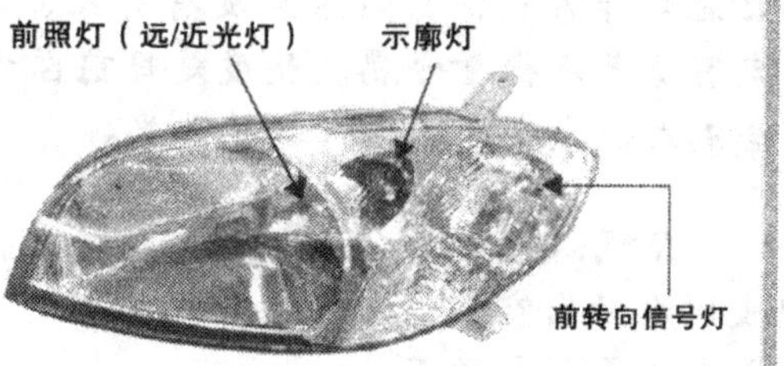

图2-1 威驰轿车前照灯实物

（1）反射镜

反射镜一般用薄钢板冲压而成，近年来已有用热固性塑料制成的反射镜。反射镜的表面形状呈旋转抛物面，如图2-2所示。其内表面镀银、镀铝或镀铬，然后抛光。

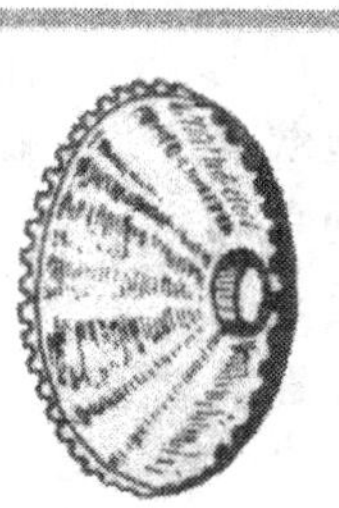

图2-2 反射镜

反射镜的作用就是将灯泡的光线聚合并导向前方。灯丝位于焦点F上，灯丝的绝大部分光线（ω范围内），经反射镜反射后变成平行光束射向远方，亮度增强几百倍甚至上千倍，使车前150m，甚至400m内的路面照得足够清楚。其余少部分光线向两侧和上、下方散射，如图2-3所示。

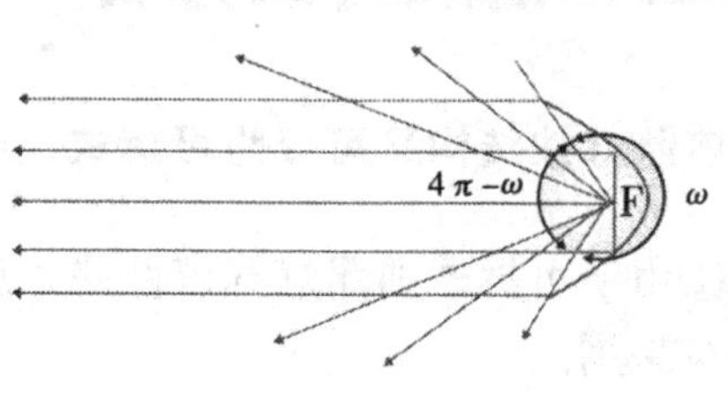

图2-3 反射镜的聚光作用

(2) 配光镜

配光镜又称散光玻璃，用透光玻璃压制而成，是很多特殊棱镜和透镜的组合体。外形一般为圆形或矩形，如图2-4所示。配光镜的作用是将反射镜反射出的平行光束进行折射，以扩大光线的照射范围。

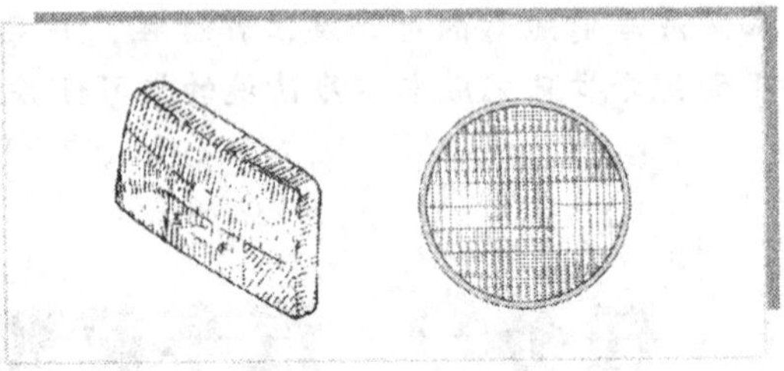

图2-4 配光镜

(3) 灯泡

灯泡有充气灯泡、卤钨灯泡和新型高压放电氙灯等几种类型，如图2-5所示。

新型高压放电氙灯由弧光灯组件、电子控制器和升压器三大部件组成，光色和日光灯非常相似，灯泡里没有灯丝、取而代之的是装在石英管内的两个电极，管内充有氮气及微量金属。亮度是目前卤素灯泡的3倍左右，克服了传统钨灯的缺陷，完全满足汽车夜间高速行驶的需要。

充气灯泡是从玻璃泡抽出空气，再充以氩和氮的混合惰性气体制成的，可以减少钨的蒸发，延长灯泡的使用寿命。

卤钨灯泡就是在充入灯泡的气体中掺入某一卤族元素，如氟、氯、溴、碘等。

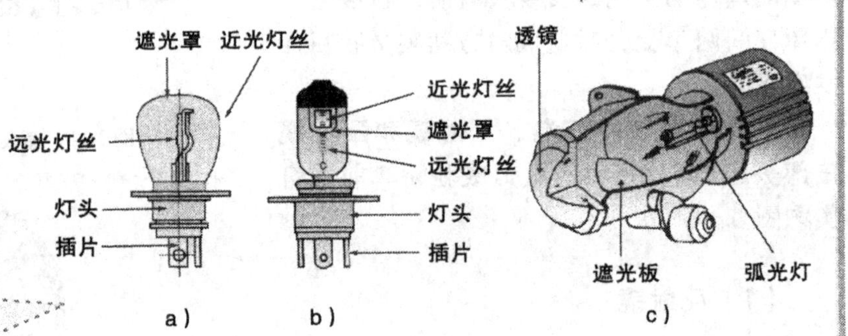

图2-5 前照灯的灯泡构造

a) 充气灯泡；b) 卤钨灯泡；c) 高压放电氙灯

二、前照灯的分类

前照灯按结构又可分为可拆式、半封闭式、封闭式、投射式。

①由于可拆式前照灯气密性差，反射镜易受湿气和尘埃污染而降低反射能力，目前已很少采用。

②**半封闭式前照灯**的配光镜靠卷曲反射镜边缘上的牙齿而紧固在反射镜上，二者之间垫有橡皮密封圈，灯泡可从反射镜后端拆装，维修方便，是目前汽车上前照灯应用最为广泛的一种。结构如图2-6所示。

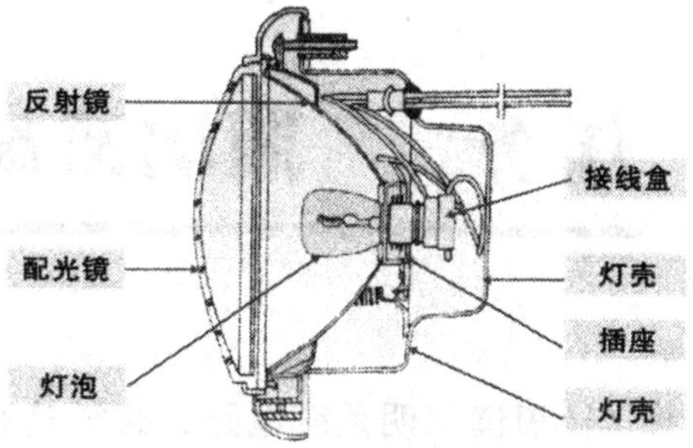

图2-6　半封闭式前照灯

③**封闭式前照灯又称真空灯，**反射镜和配光镜玻璃制成一体，形成灯泡，里面充以惰性气体。灯丝焊在反射镜底座上，如图2-7所示。封闭式前照灯完全避免了反射镜被污染以及遭受大气的影响，因此反射效率高，照明效果好，使用寿命长，但当灯丝损坏后，需要更换整个总成，成本高。

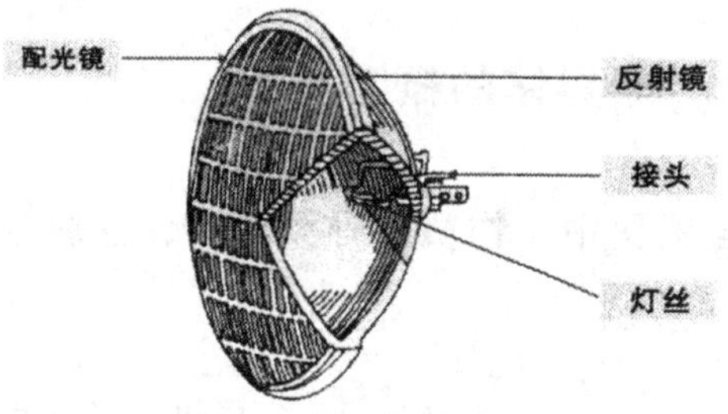

图2-7　封闭式前照灯

④**投射式前照灯**装用很厚的无刻纹的凸形散光镜，由于反射镜是近似圆形的，所以外径很小，结构如图2-8所示。

投射式前照灯采用卤素灯泡，它的反射镜有两个焦点。在第一焦点处放置灯泡，第二焦点在灯光中形成。凸形散光镜的焦点与第二焦点是一致的。来自灯泡的光利用反射镜聚成第二焦点，再通过散光镜将聚集的光投射到前方。

在第二焦点附近设有遮光板，可遮挡向上的光线，形成明暗分明的配光。

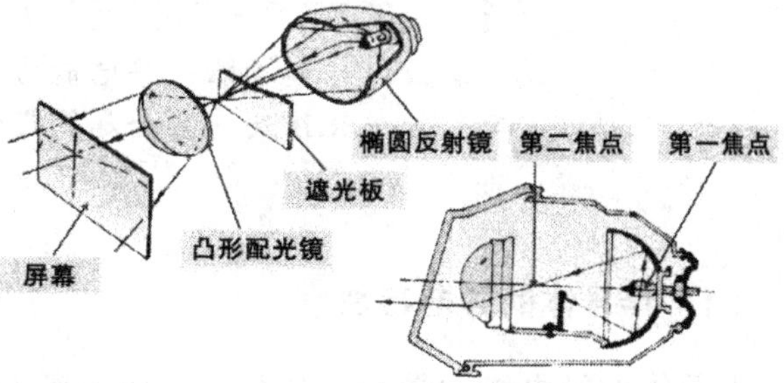

图2-8　投射式前照灯的构造

任务二 照明系统电路图的识读

要想学会识读照明系统电路，必须具有基础的电工与电子技术知识，本任务在学习二极管、三极管及灯光继电器之后，将向你介绍照明系统电路图的识读方法。

一、二极管的特性及应用

1. 半导体的概念

自然界中，物质的种类繁多，性质各异。根据物质导电性能不同，可将物质分为三类。

物质 —按导电性能不同可分为→

- **导体：**是导电性能良好的物质，如银、金、铜、铁等。
- **绝缘体：**是几乎不能导电的物体，如塑料、陶瓷、玻璃、橡胶等。
- **半导体：**导电能力介于导体和绝缘体之间，如硅、锗、砷化镓及一些金属氧化物等。

(1) 半导体的导电特性

半导体的导电能力受光、温度、杂质的影响很大，主要体现如下：

①**热敏性：**环境温度对半导体的导电能力影响很大，当环境温度升高时，导电能力显著增强。基于半导体的这种热敏性，可做成温度敏感元件，如热敏电阻等。

②**光敏性：**当受到光照时，导电能力明显变化 。基于半导体的这种光敏性，可做成各种光敏元件，如光敏电阻、光敏二极管、光敏三极管、光电池等。

③**掺杂性：**往纯净的半导体中掺入某些杂质，导电能力明显改变。可做成各种不同用途的半导体器件，如二极管、三极管和晶闸管等。

（2）本征半导体

原子由带正电荷的原子核和围绕原子核运动的带负电荷的电子组成，电子分布在不同的电子层上，离原子核越远的电子的势能越大。最外层的电子称为价电子，原子的化学特性主要由价电子决定。

完全纯净的、具有晶体结构的半导体，称为本征半导体。

如图2-9是Si晶体的晶格结构，每个Si原子周围有4个相临的Si原子，中间Si原子分别与相临的4个Si原子共享一对价电子，形成共价键，共价键的结合力使晶体中的Si原子处于固定的位置上，从而形成晶体结构。

图2-10所示为Si硅单晶中的共价键结构，当$T=0°$ K（相当于-273℃）时，每个电子都处于最低能量状态，所有的电子都被束缚在共价键中，整个晶体中没有可以导电的自由电子，所以，绝对零度时的半导体如同绝缘体一样。

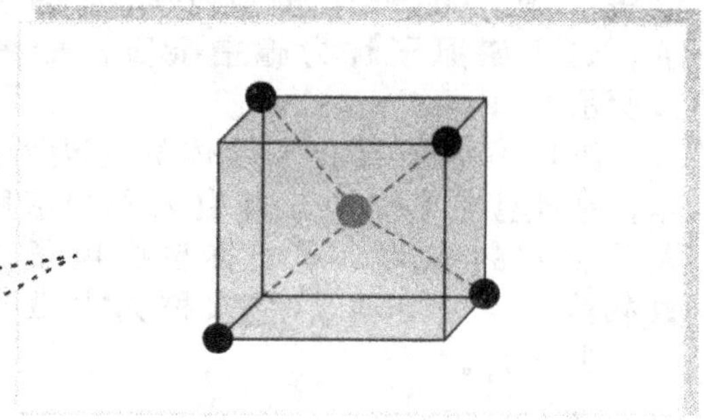

图2-9　Si单晶的晶体结构

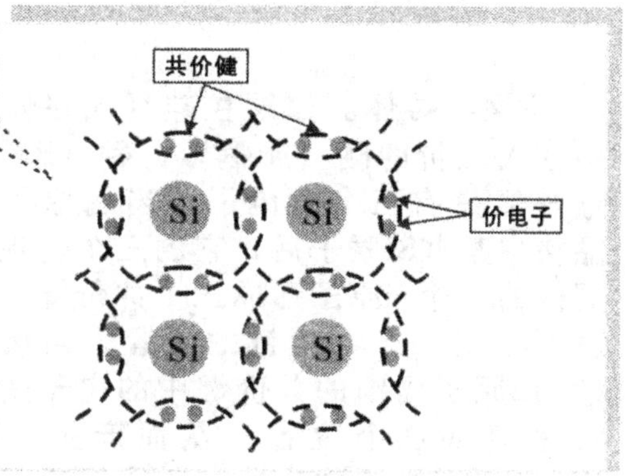

图2-10　硅单晶中的共价键结构

如果温度上升，价电子将得到热能，如果价电子所得到的能量足够大，它就可以摆脱共价键的束缚脱离最初的位置而成为自由电子，并且在原来的位置上形成带正电荷的空穴，见图2-11。当受到电场的作用时自由电子就会定向移动而形成电流，我们称自由电子为载流子。

本征半导体中不但自由电子可以形成电流，空穴吸引附近的束缚电子来填充，形成新的空穴，而新的孔穴又会吸引附近的束缚电子来填充，这样就好象是空穴在移动，所以空穴在外力的作用下也可以形成电流。因此在本征半导体中有浓度相等的两种载流子——带负电荷的自由电子和带正电荷的空穴。

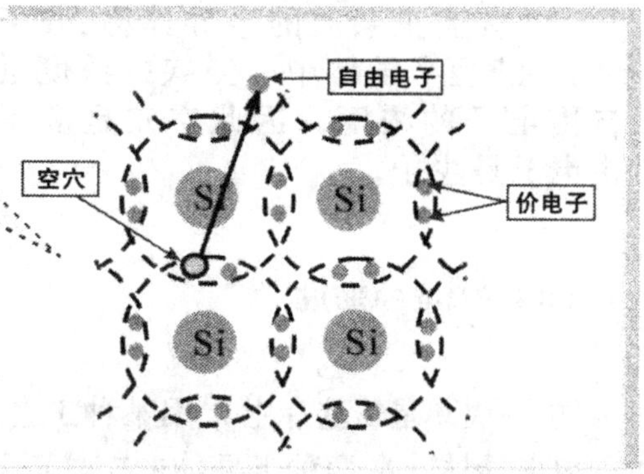

图2-11　本征半导体中的自由电子和空穴

（3）N型和P型半导体

在本征半导体中的电子和空穴的浓度相对小，所以只能形成很小的电流，但是我们可以用掺杂的方法来控制载流子的浓度。

——**N型半导体**。如果在硅（或锗）单晶中注入五价的磷（或锑），磷（P）原子取代某些位置的Si原子后，最外层五个价电子中的四个与四个相邻的Si原子形成共价键，剩下的一个价电子成为自由电子，这个磷原子称为施主杂质，如图2-12所示。

含有施主杂质的半导体称为N型半导体，在N型半导体中，自由电子的浓度远大于空穴的浓度，因此称自由电子是多数载流子（多子），空穴称为少数载流子（少子）。

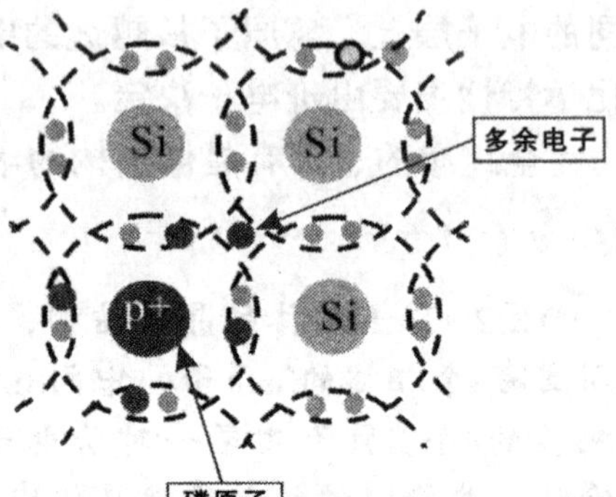

图2-12 N型半导体的晶体结构

——**P型半导体**。如果在硅（或锗）单晶中注入三价的硼（或铟），硼（B）原子最外层只有三个价电子，当硼原子取代晶格中某些Si原子后，它的三个价电子与周围的三个Si原子形成三个共价键，这样就留下了一个共价键的位置。常温下掺杂的B原子周围的共价键中的电子受激发会来填补这个位置，从而产生一个空穴，这个B原子称为受主杂质，参见图2-13。

含有受主杂质的半导体称为P型半导体，在P型半导体中，空穴的浓度远大于自由电子的浓度，因此空穴是多子，自由电子是少子。

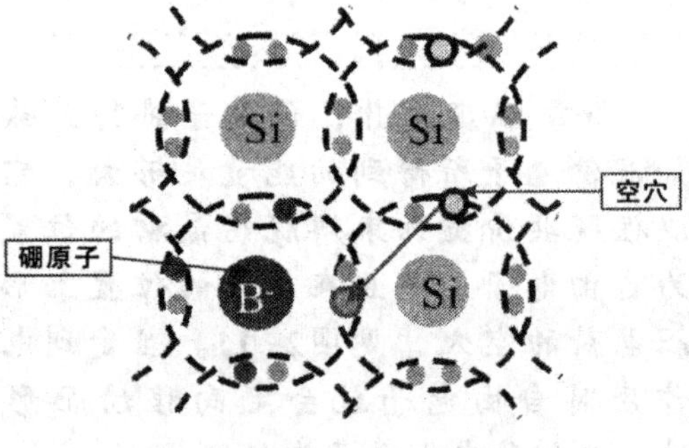

图2-13 P型半导体的晶体结构

（4）PN结的形成

在一块单晶Si基片上，用某种工艺进行掺杂，使其一边形成P型半导体，另一边形成N型半导体，在两种半导体的交界面处就形成了PN结。

两种半导体相接触后，由于界面两边的多子和少子的浓度相差很大，P区中的空穴和N区中的电子必然向对方运动，由于浓度的差别所形成的载流子的运动称为扩散运动。P区中的空穴向N区扩散，到达N区后与N区中的自由电子复合；N区中的电子向P区扩散，到达P区后与P区中的空穴复合。这样在交界面附近多数载流子的浓度迅速下降，出现了由不能移动的带电荷的原子组成的空间电荷区。在交界面的P区一侧，是负电荷区，N区一侧是正电荷区。如图2-14所示。

由于交界面两边正负电荷的存在，形成方向从N区到P区的电场，称为内电场。空间电荷区越宽，内电场越强。内电场的存在势必阻止多子的扩散运动，另一方面，在内电场的作用下，N区中的空穴（少子）和P区中的自由电子（少子）向对方运动，称为漂移运动。扩散运动和漂移运动分别由多子和少子形成，扩散运动的结果是增加空间电荷区的厚度，漂移的结果是减少空间电荷区的厚度。最终在平衡状态下，扩散电流等于漂移电流，空间电荷区的厚度保持不变。

在没有其他外部原因作用的情况下，PN结处于平衡状态，没有电流流过空间电荷区，内电场为恒定值。空间电荷区内没有载流子，所以也称其为耗尽层。

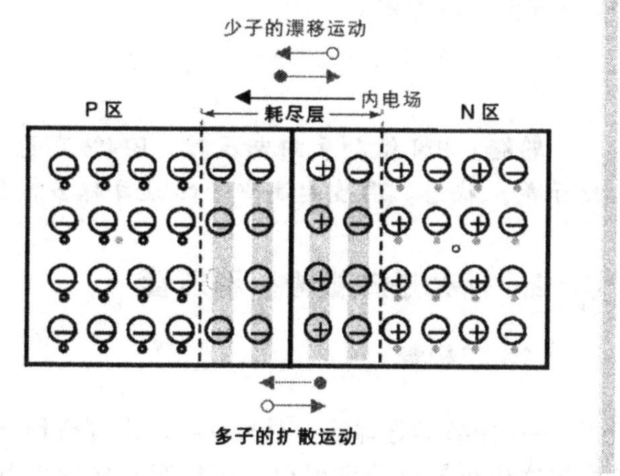

图2-14 平衡状态的PN结

(5) PN结单向导电性

PN结加正向电压（正向偏置）。如果PN结的P区加正电压，N区加负电压，称为PN结正向偏置，如图2-15所示。外电场的方向与内电场相反，内电场被削弱，多子的扩散运动增强，少子的漂移运动被抑制，空间电荷区宽度减少。

总结：PN结加正向电压时，PN结变窄，正向电流较大，正向电阻较小，PN结处于导通状态。

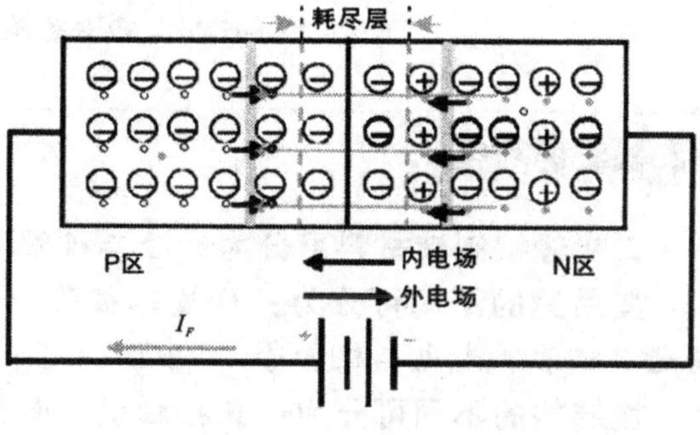

图2-15 PN结的正向偏置

—— **PN结加反向电压（反向偏置）。** 如果PN结的P区加负电压，N区加正电压，称为PN结反向偏置，如图2-16所示。此时外电场的方向与内电场相同，加强了内电场，使耗尽层变宽。结果阻止多子的扩散，促进了少子的飘移运动。但是少子的浓度很低，只能形成很小的电流。

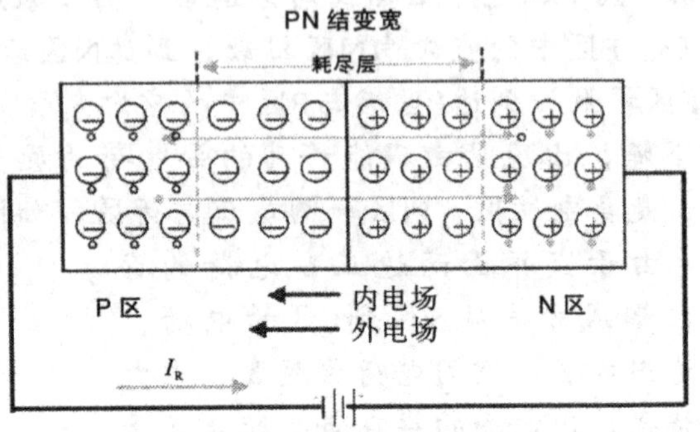

图2-16 PN结的反向偏置

总结： PN结加反向电压时，PN结变宽，反向电流较小，反向电阻较大，PN结处于截止状态。温度越高少子的数目越多，反向电流将随温度增加。

2. 什么是二极管、稳压管

（1）二极管

一块P型半导体和一块N型半导体有机地结合在一起，形成一个PN结，用两金属导体将这块半导体分别引出，用绝缘物质封装起来便构成一个二极管，如图2-17所示。

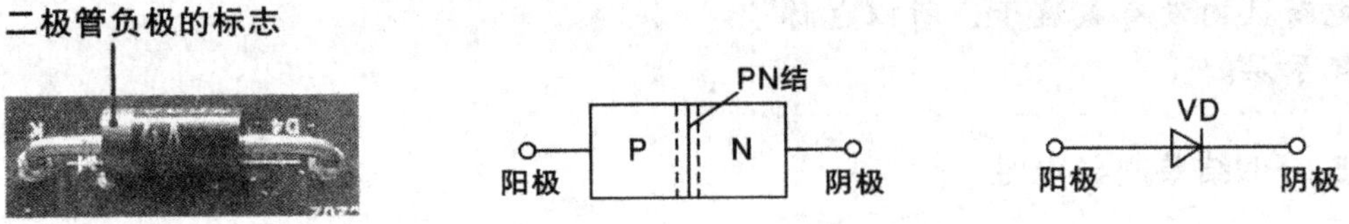

图2-17 二极管的实物、结构及其符号

二极管的种类

二极管按制造材料可分为： 硅二极管、锗二极管。

按用途的不同可分为： 检波二极管、整流二极管、稳压二极管、开关二极管、发光二极管、光电二极管等。

按结构的不同可分为： 点接触型、面接触型和平面型二极管。如图2-18所示。

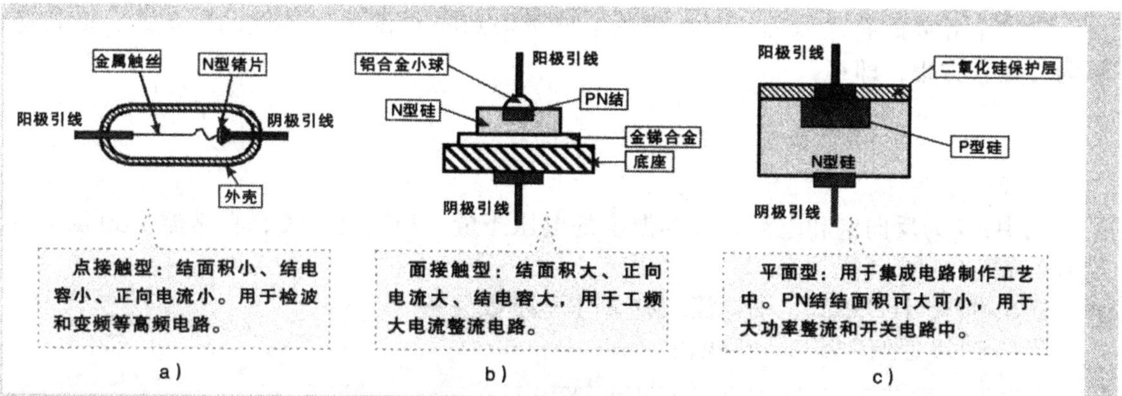

图2-18　不同结构的半导体二极管
a）点接触型；b）面接触型；c）平面型

二极管的伏安特性

流过二极管的电流随着加在二极管上的电压变化而变化的性质称为二极管的伏安特性。图2-19为二极管伏安特性曲线。

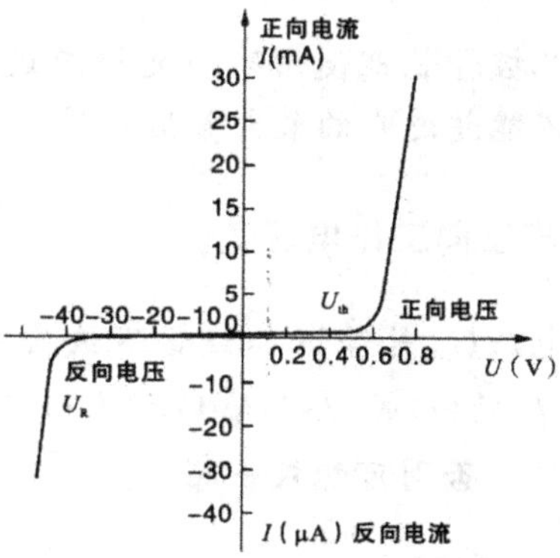

图2-19　二极管伏安特性

正向特性

从图2-19可看出，当在二极管上加上的正向电压小于某一数值U_{th}时，正向电流很小，几乎为零，二极管呈现出较大的电阻，这段区域称为“死区”。U_{th}叫做死区电压或门槛电压。硅管U_{th}=0.5V，锗管U_{th}=0.1 V。当正向电压超过U_{th}后，正向电流按指数曲线规律增长，二极管处于导通状态。硅管的导通压降为0.7 V，锗管的导通压降为0.3V。

反向特性

当二极管被加上反向电压时，流过二极管的电流很小，称为反向饱和电流I_S，硅管I_S为小于0.1μA，锗管I_S为几十微安。

反向击穿特性

当反向电压增加到某个数值U_R时，流过二极管的反向电流将急剧增大，这种现象叫反向击穿。U_R叫反向击穿电压。使用二极管时，应避免反向电压超过击穿电压，以防止二极管损坏。

根据半导体的物理原理，可从理论上分析得到PN结的伏安特性的表达式，此式通常称为二极管方程，即：

$$I=I_s(e^{U/U_T}-1)$$

式中：I_S为反向饱和电流，U_T为温度的电压当量，与温度有关，在常温（300K）下，$U_T\approx 26mV$。

当$U>0$时，且$U>>U_T$，则电流I与U基本呈指数关系。

当$U<0$时，且$|U|>>U_T$，则电流$I\approx -I_S$。

二极管的主要参数

最大整流电流 I_M

二极管长期使用时，允许流过二极管的最大正向平均电流。选用二极管时，工作电流不能超过它的最大整流电流，否则会因为结过热而损坏。

最高反向工作电压U_{RM}

电压U_{PM}是保证二极管不被击穿而给出的反向峰值电压，一般是二极管反向击穿电压U_{BR}的1/2或1/3。使用和选择二极管时，加在二极管上反向电压峰值不允许超过这一数值，否则可能被击穿。

反向电流I_R

电流I_R是指常温下反向电压一定时流过管子的反向电流，它是二极管性能好坏的重要标志，其值越小表明二极管的单向导电性越好。需要注意的是，I_R受温度影响，温度升高，I_R增大。

二极管电路分析

定性分析

判断二极管的工作状态为导通还是截止。

若二极管是理想的，正向导通时正向管压降为零，反向截止时二极管相当于断开。否则，正向管压降硅为0.6~0.7V，锗为0.2~0.3V。

分析方法

将二极管断开，分析二极管两端电位的高低或所加电压U_D的正负。

若 $V_阳>V_阴$或 U_D为正(正向偏置)，二极管导通；

若 $V_阳<V_阴$或 U_D为负(反向偏置)，二极管截止。

例2-1：电路如图2-20所示，求：U_{AB}。

解：取B点作参考点，断开二极管，分析二极管阳极和阴极的电位。

$V_{阳}=-4\ V$，$V_{阴}=-8\ V$

$V_{阳}>V_{阴}$ 二极管导通。

若忽略管压降，二极管可看作短路，$U_{AB}=-4V$；否则，考虑管压降，U_{AB}为$-4.3V$或$-4.7V$。

此例中，二极管起钳位作用。

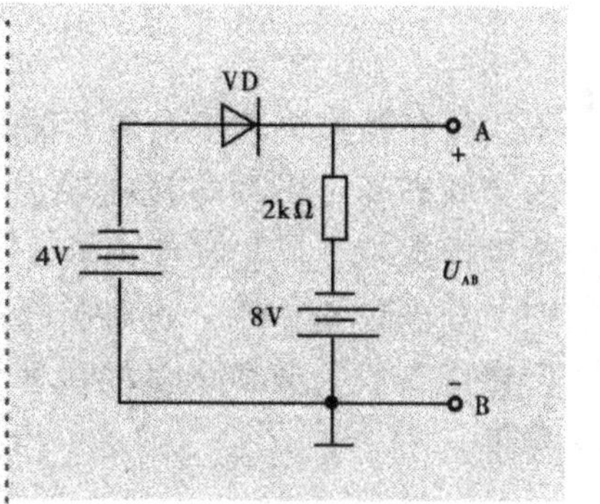

图　2-20

例2-2：电路如图2-21所示，求：U_{AB}。

解：因为两个二极管的阴极接在一起，所以可以取B点作参考点，断开二极管，分析二极管阳极和阴极的电位。

$V_{1阳}=-4\ V$，$V_{2阳}=0\ V$，$V_{1阴}=V_{2阴}=-8\ V$

$U_{D1}=4V$，$U_{D2}=8V$

$\because U_{D2}>U_{D1}$　$\therefore D_2$优先导通，D_1截止。

若忽略管压降，二极管可看作短路，$U_{AB}=0\ V$

此例中，D_2起钳位作用，D_1起隔离作用。

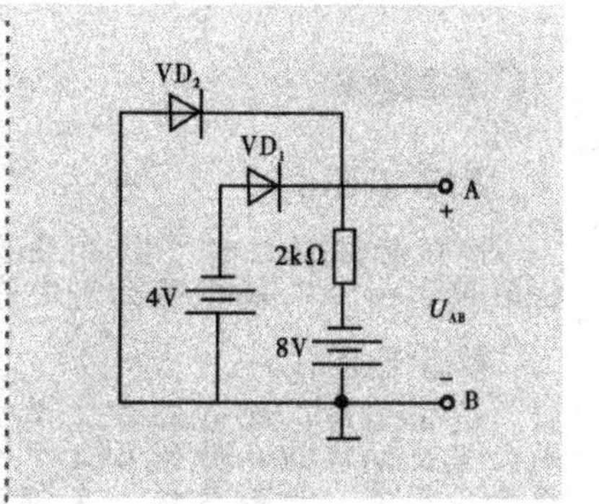

图　2-21

例2-3：电路如图2-22所示，已知$u_i=5\sin(\omega t)$ V，二极管是理想的，试画出u_0波形。

分析：二极管阴极电位为3 V，当$u_i>3V$，二极管导通，可看作短路$u_0=3V$；当$u_i<3V$，二极管截止，可看作开路　$u_0=u_i$。由此得出u_0波形如图2-23所示。

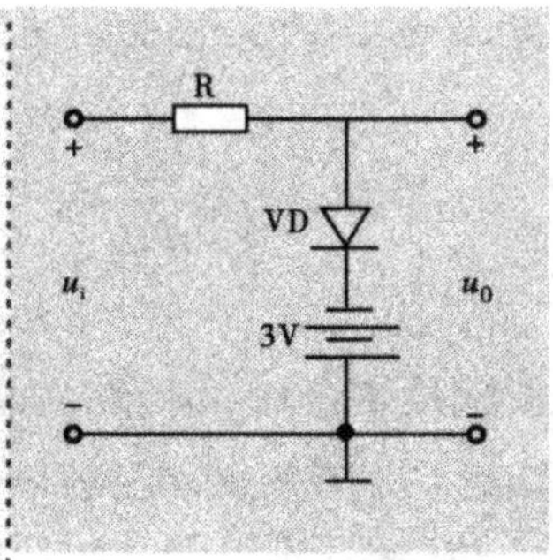

图　2-22

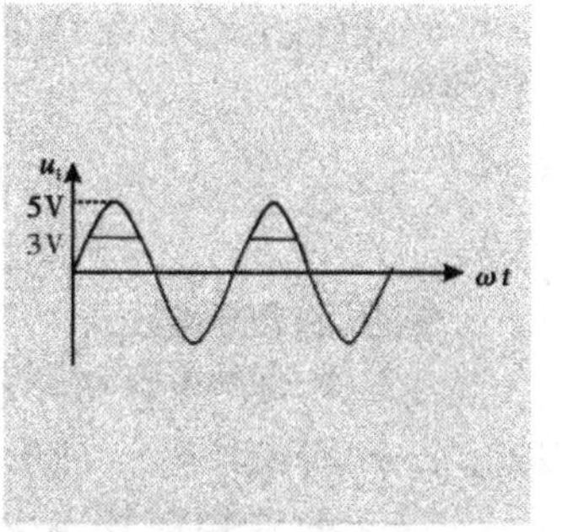

图　2-23

此例中，二极管的作用：整流、检波、限幅、钳位、开关、元件保护、温度补偿等。

（2）稳压管

稳压管是一种经过特殊工艺制造成的二极管，工作在反向击穿区，二极管的反向击穿特性曲线很陡，如图2-24所示。从反向特性曲线上可以看到，稳压管设计成能工作在击穿区（BC段），当反向电压达到击穿电压U_Z时，反向电流突然增大，稳压二极管被反向击穿。在反向击穿状态下，即使电流在较大范围内改变，其电压都基本不变，起到稳压作用。这种特性使稳压管成为调节电压的电子器件。

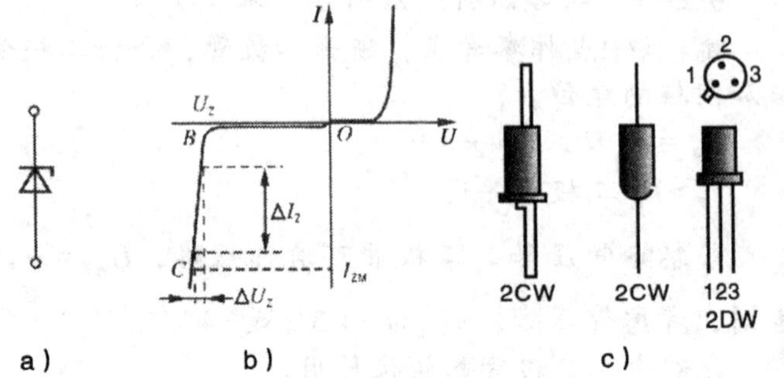

图2-24 稳压管符号及其伏安特性

A）符号；b）伏安特性；c）外形

主要参数

稳定电压U_Z

稳压管正常工作（反向击穿）时管子两端的电压。稳定电压U_Z是挑选稳压管的主要依据之一，不同型号的稳压管具有不同的稳压值。

稳定电流I_Z

是指稳压二极管正常工作时的参考电流。必须在最小工作电流和最大工作电流之间，当反向电流小于最小工作电流时，将不能稳压，大于最大工作电流时，则会烧坏稳压二极管。一般来说，工作电流较大时稳压性能较好。

动态电阻r_Z

动态电阻是指稳压管两端电压的变化量与电流的变化量之比，即r_Z越小，稳压性能越好。

$$r_Z = \frac{\Delta U_Z}{\Delta I_Z}$$

电压温度系数a_u

a_u表示当稳压管的电流保持不变时，环境温度每变化1℃所引起稳压值变化的百分比。a_u的值比较小，说明其稳定电压受温度的影响较小，性能比较稳定。

最大允许耗散功率 $P_{ZM} = U_Z I_{ZM}$

由于稳压管两端加有电压U_Z，而管子中又流过一定的电流，因此要消耗一定的功率。这部分功耗转化为热能，会使稳压管发热。最大允许耗散功率 $P_{ZM} = U_Z I_{ZM}$。

稳压二极管电路的分析计算

例2-4：设硅稳压管D_{Z1}和D_{Z2}的稳定电压分别为4V和8V，试求图2-25各分图中的输出电压V_0。已知硅稳压管的正向压降为0.7V。

解：

1.在图a）中，D_{Z1}和D_{Z2}工作在反向击穿区，因此V_0的电压值为：

$$V_0=V_{Z1}+V_{Z2}=4+8=12V$$

2.在图b）中，D_{Z1}和D_{Z2}工作在正向导通区，因此V_0的电压值为：

$$V_0=0.7+0.7=1.4V$$

3.在图c）中，考虑到$V_{Z1}<V_{Z2}$，D_{Z1}反向击穿后V_{Z1}=4V，此时D_{Z2}处于截止状态，因此V_0的电压值为：$V_0=V_{Z1}$=4V。

4.在图d）中，D_{Z2}工作在正向导通区，D_{Z1}处于截止状态，考虑因此V_0的电压值为：V_0= 0.7V。

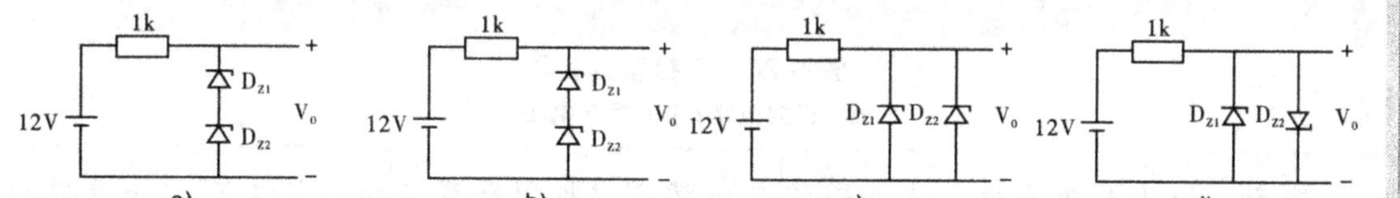

图2-25 输出电压

例2-5： 电路如图2-26所示，稳压管D_z的稳定电压V_z=5V，限流电阻R=2kΩ，设V_i=10sin（ωt）V，试画出V_0的波形。

解：

$0<V_i<V_z$（V_z=5V）时，D_z截止，$V_0=V_i$；

$V_i\geqslant V_z$时，D_z反向击穿，V_0=5V；

$-0.7V<V_i<0V$时，D_z截止，$V_0=v_i$；

$V_i\leqslant-0.7V$时，D_z正向导通，V_0=−0.7V。波形如图2-27所示。

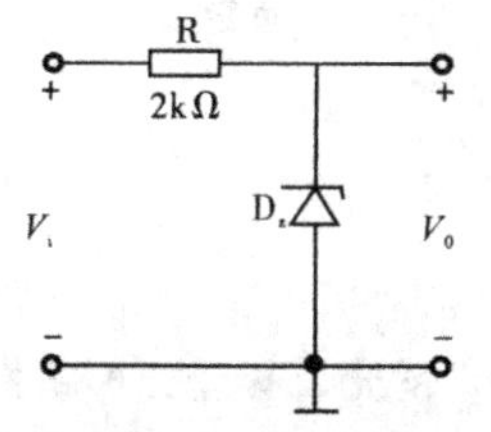

图2-26 电路图

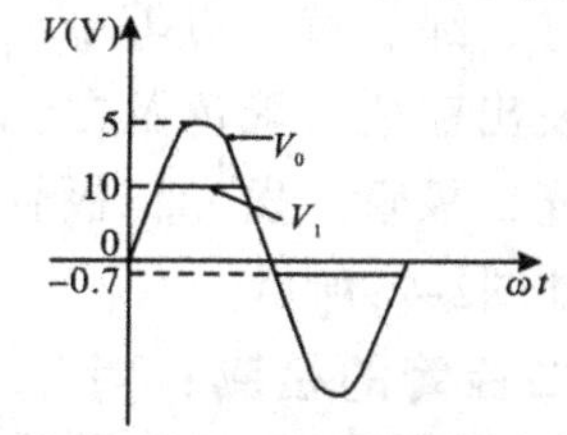

图2-27 波形图

3. 二极管与稳压管的好坏检测

可用数字万用表电阻挡来判断二极管的好坏。根据二极管正向电阻小、反向电阻大的特点，将万用表拨到“•))) —▶|—”挡。用表笔分别与二极管的两极相接，测出两个电阻值。在所测得阻值较小的一次，与红表笔相接的一端为二极管正极。同理，在所测得电阻值较大的一次，与红表笔相接的是二极管负极，如2-28所示。

如果测得的正、反向电阻值均很小，说明二极管内部短路；若正、反向电阻值均很大，说明二极管内部开路，这两种情况下，二极管就不能使用了。

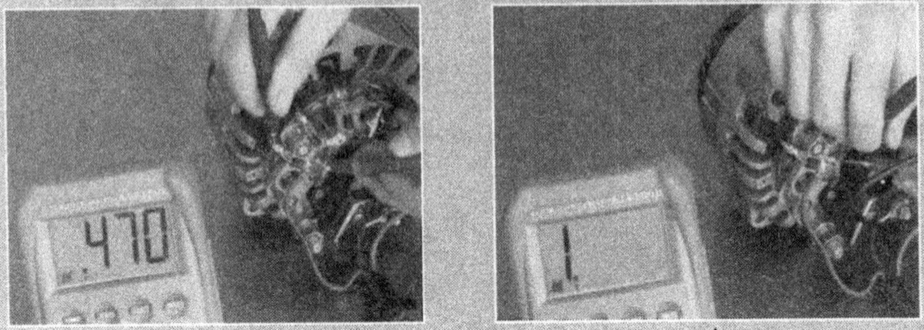

a）　　　　　　　　b）

图2-28　二极管的检测

a）正向电阻；b）反向电阻

提示：汽车交流发电机上的整流二极管可以按照普通二极管的检测方法进行检测。稳压管的检测与普通二极管相同。

4. 二极管在汽车上的应用

（1）发光二极管

发光二极管（简称LED）是采用砷（As）、镓（Ga）、磷（P）合成的二极管，它同样具有单向导电性，当这种二极管通以正向电流时会发出光来。发光颜色以红、绿、黄、橙等单色为主，目前还开发出蓝色、紫色及白色等多种颜色的发光二极管。发光二极管的外形及符号，如图2-29所示。

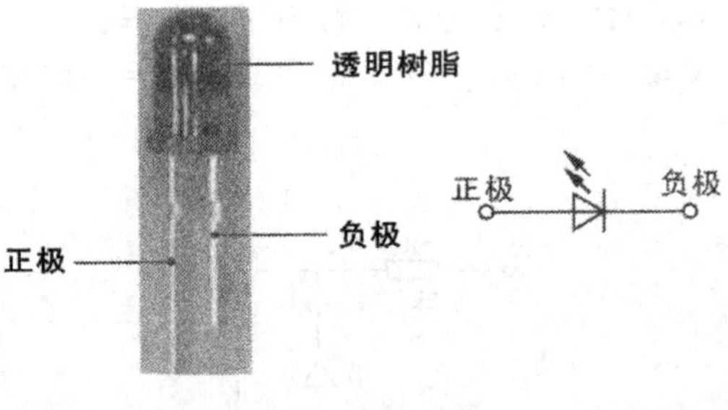

图2-29　发光二极管外形实物及符号图

发光二极管的检测：对于发光二极管，在用万用表检测时正反向电阻差值很小，不易区分，可以用图2-30所示的方法，自制一根测试线，连接到发光二极管上，直接检测是否发光。

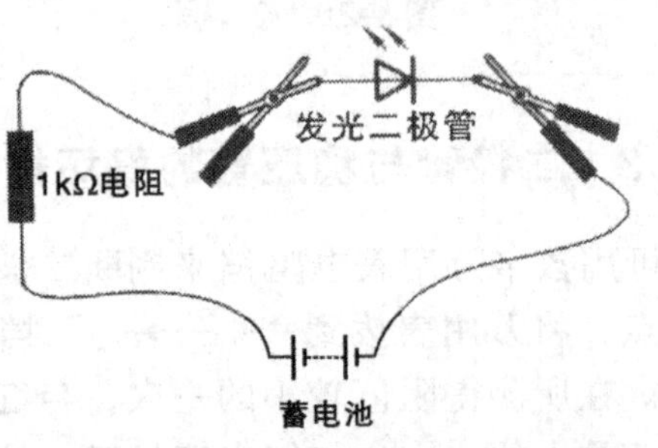

图2-30　发光二极管检测电路

在汽车电路中发光二极管随处可见，主要应用在仪表板上作为指示信号灯或报警信号灯。比如液体液面过低，制动蹄片过薄，制动灯、尾灯、前照灯等烧坏，这时相应的发光二极管就会被接通发光，发出报警指示。

发光二极管在汽车电路上的应用

图2-31所示为卡罗拉前照灯光束高度调整开关指示灯电路。当前照灯变光开关E60置于“Head”或“Tail”位置时，T-LP继电器线圈得电，蓄电池电压经120A交流发电机熔丝→T-LP继电器触点→经7.5A仪表板熔丝后→前大灯光束高度调整开关指示灯E44→E1搭铁。此时前照灯光束高度调整开关指示灯点亮。

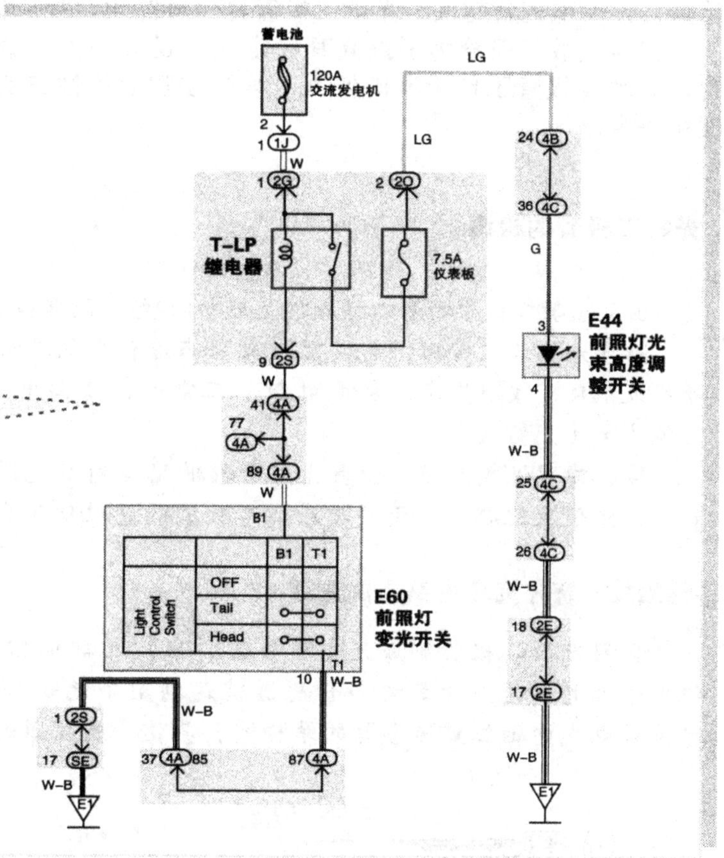

图2-31　卡罗拉前照灯光束高度调整开关指示灯电路

（2）光敏二极管

光敏二极管是利用硅PN结受光照后产生光电流的一种光电器件。光敏二极管的电路符号、结构及外形如图2-32所示。其封装有金封和塑封两种（即圆柱形和扁方形）。

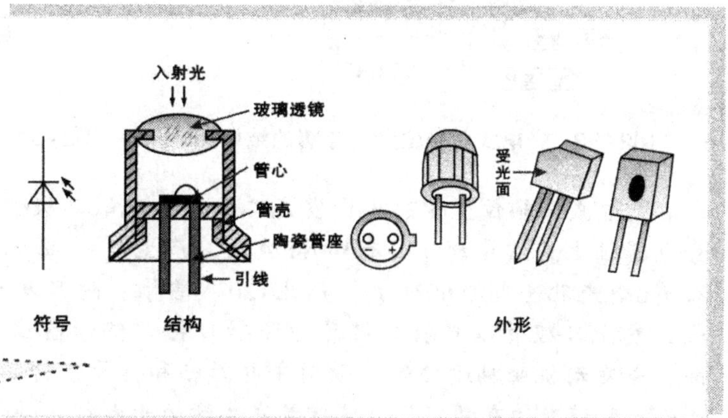

图2-32　光电二极管的符号、结构和外形图

光敏二极管工作时加有反向电压，没有光照时，其反向电阻很大，只有很微弱的反向饱和电流（暗电流）。当有光照时，就会产生很大的反向电流（亮电流），光照越强，该亮电流就越大。光敏二极管是一种光电转换二极管，所以又叫光电二极管。

有的光敏二极管为了提高其稳定性，还外加了一个屏蔽接地脚，外形似光敏三极管。光敏二极管工作于反向偏压，其光谱响应特性主要由半导体材料中所掺的杂质浓度所决定。

光敏二极管的检测

由于光敏二极管的基本结构也是一个PN结，故其检测方法也与普通二极管相同。

测量光敏二极管时，先用黑纸或黑布遮住光敏二极管的光信号接收窗口，然后用万用表的R×1k挡其正、反向电阻。正常时，正向电阻值在10～20kΩ之间，反向电阻值为∞（无穷大）。

再去掉黑纸或黑布，使其光信号接收窗口对准光源，正常时正、反向电阻值均会变小，阻值变化越大，说明该光敏二极管的灵敏度越高。

光敏二极管在汽车电路上的应用

利用光敏二极管制成光电传感器，可以把非电信号转变为电信号，以便控制其他电子器件。汽车上的许多传感器就是利用了光敏二极管。如图2-33所示为汽车点火系光电式曲轴位置传感器的结构图，其信号发生器的原理如图2-34所示。

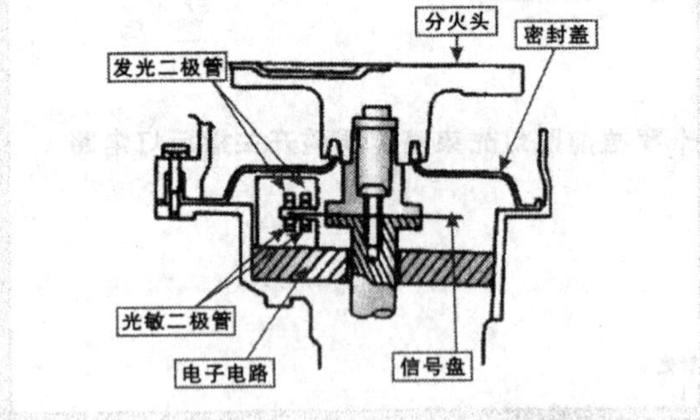

图2-33 光电式曲轴位置传感器的结构图

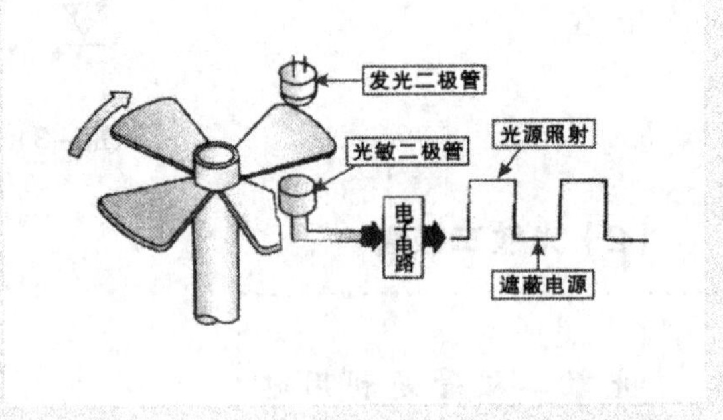

图2-34 光电式信号发生器的工作原理

光电式曲轴位置传感器由发光二极管和光敏二极管及遮光盘组成，信号盘安装在分电器轴上。信号盘外围有360条缝隙，产生1°（曲轴转角）信号；外围稍靠内侧分布着6个光孔（间隙60°），产生120°信号。两只发光二极管分别正对着光敏二极管，发光二极管以光敏二极管为照射目标。信号盘位于发光二极管和光敏二极管之间，当发动机曲轴运转时，带动分电器轴和信号盘转动。因为信号盘上有孔，所以产生透光和遮光的交替变化，使信号发生器输出表征曲轴位置和曲轴转角的脉冲信号。

光敏二极管作为光传感器还被应用到汽车灯光自动控制器中，用来检测车辆周围亮、暗程度；用于汽车自动空调系统的日照强度传感器等。

二、三极管的工作原理及应用

1. 三极管的概念

半导体三极管也称为晶体三极管。它是由两个相距很近的PN结组成的，是在一块半导体晶片上制造三个掺杂区，形成两个PN结，再引出三个电极，用管壳封装，实物如图2-35所示。

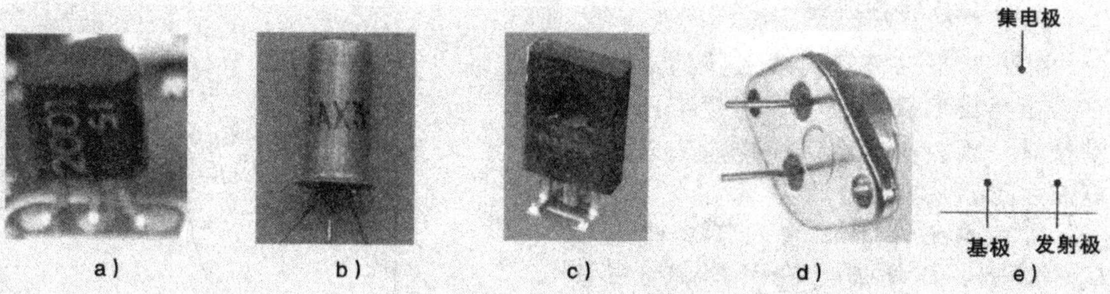

图2-35　各种三极管实物图

a）小功率塑料封装三极管；b）小功率金属圆壳封装三极管；c）大功率塑料封装三极管；d）大功率金属壳封装三极管；e）帖片三极管

三极管由P型和N型材料组合的三层材料制成。按照两个PN结的组合方式不同，三极管可分为NPN型［如图2-36a）、b）所示］和PNP型［如图2-36c）、d）所示］两种。实际上，一个三极管是拥有共同中间层的两个二极管。

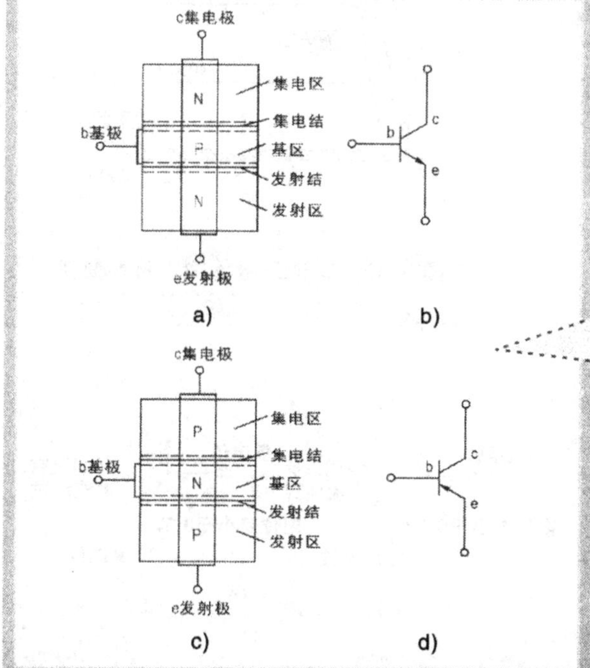

三极管的三个极分别为发射极e、集电极c、基极b。三极管的基本功能就是利用基极电流控制集电极和发射极之间的电流。三极管符号中的箭头就表示了两种不同类型的三极管集电极和发射极之间电流的方向。NPN型三极管电流从集电极c流向发射极e；PNP型三极管电流从发射极e流向集电极c。

图2-36　三极管的结构示意图和符号

2. 三极管的特性曲线

三极管的特性曲线是指三极管各电极电流与各电极电压之间的关系，常用的特性曲线有输入特性和输出特性曲线两种。三极管在电路中的连接方式有共射极、共基极和共集电极电路三种，由于电路连接方式不同，其对应的特性曲线也不一样，下面主要介绍NPN三极管共射极接法时的特性曲线。

（1）输入特性曲线

图2－37是三极管的输入特性曲线，它是指当集电极电压与发射极电压U_{ce}是常量时，输入回路中基极电压U_{be}与基极电流之间I_b的关系。

在室温条件下，输入特性曲线受U_{ce}的影响，U_{ce}增加，输入曲线向右移动。但是当$U_{ce}>1V$时，虽然U_{ce}增加，但是特性曲线基本保持不变。一般情况下我们通常使用$U_{ce}>1V$时的特性曲线。

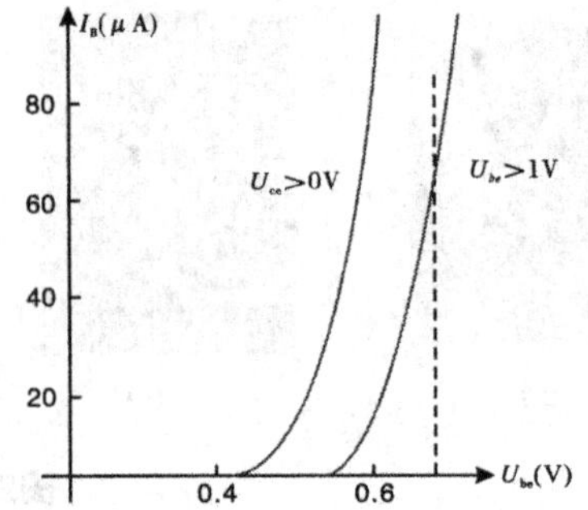

图2－37 某种型号的三极管的输入特性曲线

（2）输出特性曲线

当I_B不变时，输出回路中的电流I_C与电压U_{ce}之间的关系曲线称为输出特性。在输出特性上可以划分为三个区域，即：截止区、放大区和饱和区，相应的三极管工作在截止、放大和饱和状态，如图2－38所示。

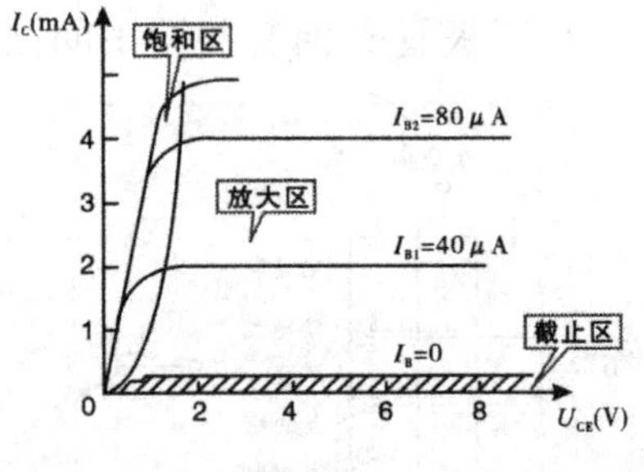

图2－38 NPN三极管输出特性曲线

①**截止**。当NPN型三极管连接成如图2－39a）所示电路时，基极b与发射极e电位差小于0.7 V，这种情况称为基极加了反向偏压。在这种状态下，三极管不导通，没有电流流动，称为三极管的截止状态。此时$U_{be}<0$，$U_{bc}<0$。如果把ce间看作一个开关的两端，截止状态相当于开关断开。

对于PNP型三极管，发射极e与基极b电位差小于0.3V，如图2－39b）所示，基极加了反向偏压，PNP三极管截止。

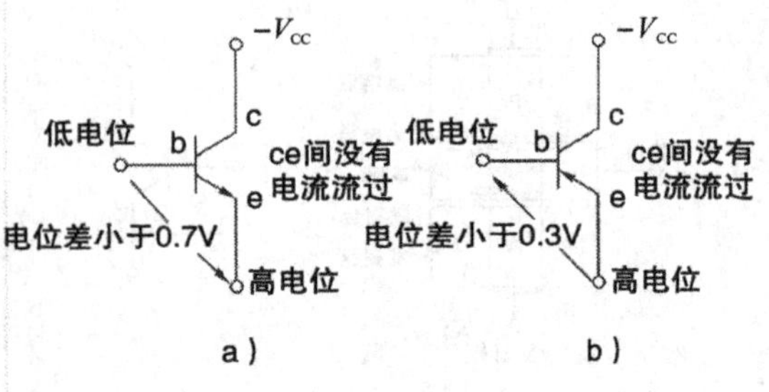

图2－39 三极管的截止状态

②**放大**。如图2–40a）所示，当NPN管的基极b与发射极e电位差大于0.7V，这种情况称为基极加了正向偏压。在这种状态下，三极管导通，集电极c向发射极e有电流，而且流过的电流的大小与基极b流入的电流成正比，称为三极管的放大状态。对于放大状态的三极管，$U_{be}>0$，而$U_{bc}<0$。

对于PNP管，放大状态的条件是基极b的电位比发射极e的电位低0.3V以上，如图2–40b）所示。

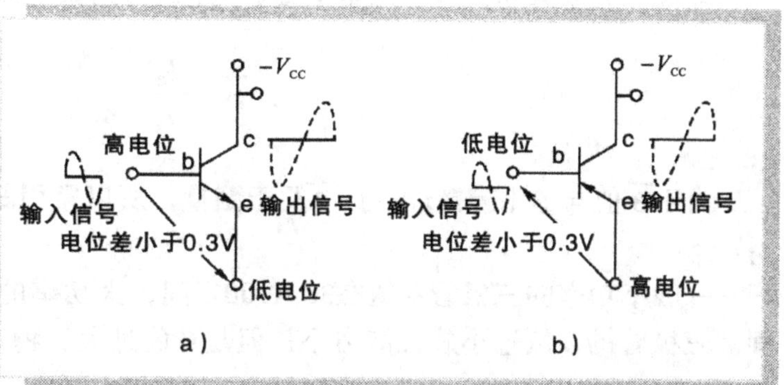

图2–40　三极管的放大状态

③**饱和**。在放大状态，三极管ce之间的电流是随着基极b的电流增大而增大的。但是，当三极管的基极电流增加到一定值时，再增大正向偏压，加大基极电流，ce之间的电流维持在一个最大值而不再增大了，这种状态称为三极管的饱和状态。在饱和状态，三极管ce之间电位差很小，几乎为零，相当于一个开关的两端闭合。在分析汽车电路中，如果遇到三极管饱和的状态，可认为c、e电位相等。

对于NPN三极管来说，$U_{be}>0$，$U_{bc}>0$。

提示：三极管在汽车电子电路中通常有两种应用，一种是利用三极管的放大功能，对微弱的传感器信号进行放大后，传给ECU；另一种是利用三极管的截止与饱和两个状态互相变换，作为一个电子开关，控制其他电子元件。

例2–6：测量三极管三个电极对地电位如图2–41所示，试判断三极管的工作状态。

答案：a）放大状态；b）截止状态；c）饱和状态。

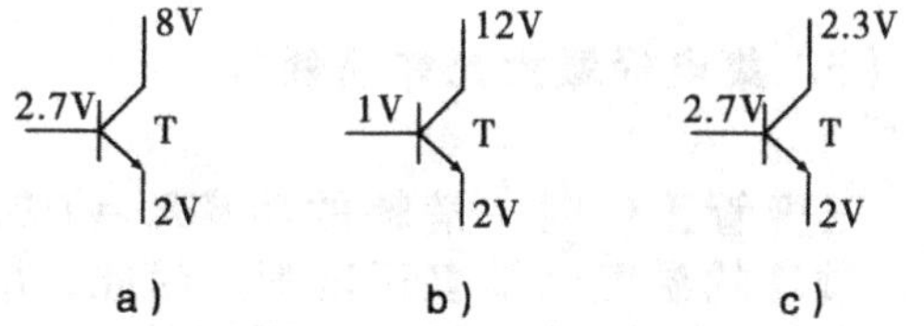

图2–41　三极管三个电极对地电位

3. 三极管的主要参数

（1）电流放大系数

交流电流放大系数β：是指集电极电流的变化量ΔI_C与基极电流的相应变化量ΔI_B的比值，用β表示，即：

$$\beta=\frac{\Delta I_C}{\Delta I_B}$$

直流电流放大系数$\overline{\beta}$：是指集电极电流I_C与基极电流I_B之比值，用$\overline{\beta}$表示，即：

$$\overline{\beta} \quad \frac{I_C}{I_B}$$

由于$\overline{\beta}$值与β比较接近，且$\overline{\beta}$便于测量，所以常用$\overline{\beta}$的值来代替β值，并把$\overline{\beta}$写成β。

一般小功率的三极管β值在30～100之间，大功率的管子的β值较低，在10～30之间。三极管的β值过小放大能力小；但是β值过大，稳定性差。

（2）穿透电流I_{CEO}

当三极管基极开路时，集电极与发射极之间的电流叫做穿透电流。测量电路如图2-42所示。

穿透电流是衡量一个管子好坏的重要指标，穿透电流大，三极管电流中非受控成分大，管子性能差。由于穿透电流是由少子飘移形成，因此受温度影响大，温度上升，穿透电流增大很快。

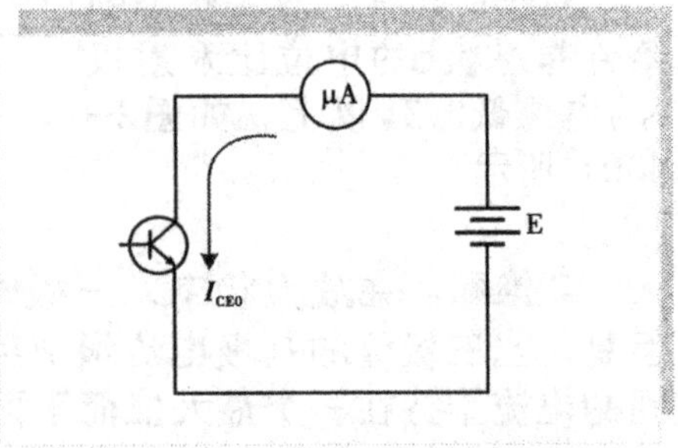

图2-42 穿透电流I_{CEO}的测量电路

（3）最大集电极允许电流I_{CM}

I_{CM}是指三极管正常工作时，集电极所允许通过的最大集电极电流。当电流超过I_{CM}时，管子的性能显著下降，集电结温度上升，甚至烧坏管子。

（4）反向击穿电压$U_{(BR)CEO}$

三极管基极开路时，允许加到集电极与发射极间的最大电压。当U_{CE}超过该电压时，管子将被击穿。一般三极管为几十伏，高反压的管子的反向击穿电压大到上千伏。

（5）集电极最大允许功耗P_{CM}

三极管工作时，消耗的功率$P_C = I_C U_{CE}$，三极管的功耗增加会使集电结的温度上升，过高的温度会损害三极管。因此，$I_C U_{CE}$不能超过P_{CM}。小功率的管子P_{CM}为几十毫瓦，大功率的管子P_{CM}可达几百瓦以上。

4. 三极管放大电路

三极管要实现电流放大作用，须给两个PN结加上合适的电压，即：发射结加正偏电压，集电结加反偏电压，如图2-43所示。

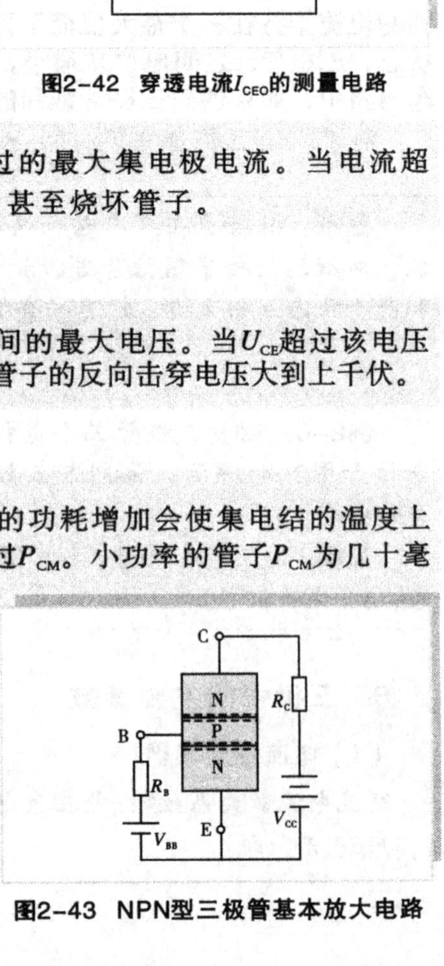

图2-43 NPN型三极管基本放大电路

(1)三极管的电流分配和放大作用

以NPN管为例来说明晶体管各极间电流分配关系，实验电路如图2-44，V_{BB}为基极电源，与基极电阻R_B及三极管的基极B、发射极E组成基极发射极回路(称作输入回路)，V_{BB}使发射结正偏，V_{CC}为集电极电源，与集电极电阻R_C及三极管的集电极C、发射极E组成集电极发射极回路(称作输出回路)，V_{CC}使集电结反偏。图中，发射极E是输入输出回路的公共端，因此称这种接法为共发射极放大电路，改变可变电阻R_B，测基极电流I_B，集电极电流I_C和发射结电流I_E，结果见表2-1。

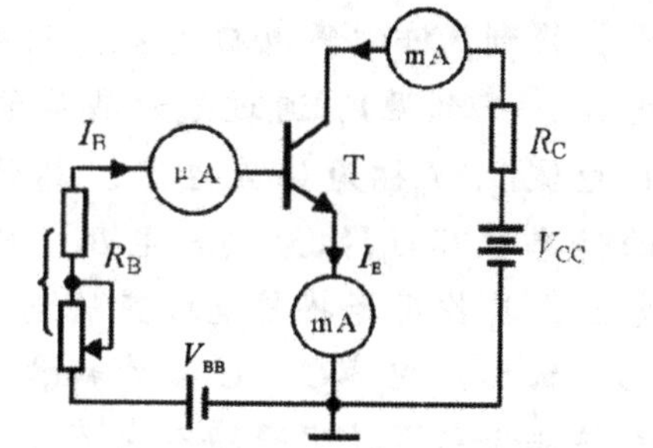

图2-44 共发射极放大实验电路

三极管电流测试数据 表2-1

I_B(μA)	0	20	40	60	80	100
I_C(mA)	0.005	0.99	2.10	3.18	4.26	5.40
I_E(mA)	0.005	10.01	2.14	3.24	4.34	5.50

从实验结果得知：

①$I_E=I_B+I_C$。此关系就是三极管的电流分配关系。

②I_E和I_C几乎相等，但远远大于基极电流I_B我们用$\overline{\beta}$来表示直流放大系数(集电极电流I_C和基极电流I_B的比例关系)，从第三列和第四列的实验数据可知I_C与I_B的比值分别为：

$$\overline{\beta}=\frac{I_C}{I_B}=\frac{2.10}{0.04}=52.5,\quad \overline{\beta}=\frac{I_C}{I_B}=\frac{3.18}{0.06}=53$$

I_b的微小变化会引起I_c较大的变化，用β表示交流放大系数，计算可得：

$$\beta=\frac{\Delta I_C}{\Delta I_C}=\frac{I_{C4}-I_{C3}}{I_{B4}-I_{B3}}=\frac{3.18-2.10}{0.06-0.04}=\frac{1.08}{0.02}=54$$

计算结果表明，微小的基极电流变化，可以控制比之大数十倍至数百倍的集电极电流的变化，这就是三极管的电流放大作用。

$\overline{\beta}$、β 称为电流放大系数。

（2）基本放大电路的组成

图2-45所示为简单电压放大电路，图中三极管T具有电流放大作用，它将基极电流放大，得到β倍的集电极电流。R_B称为基极偏置电阻，正电源V_{CC}通过R_B为晶体管提供静态基极电流I_B，I_B称为偏置电流。晶体管B、E之间的静态电压U_{BE}称为偏置电压。R_C称为集电极电阻，其作用是将集电极交流电流转变为交流电压输出。电容C_1、C_2称为耦合电容，C_1是输入端耦合电容，它将输入交流信号耦合到晶体管的基极；C_2是输出端耦合电容，它将输出交流信号耦合到负载电阻R_L上。耦合电容还有“隔直”的作用，即C_1阻隔直流进入输入信号源，C_2阻隔直流进入负载电阻。

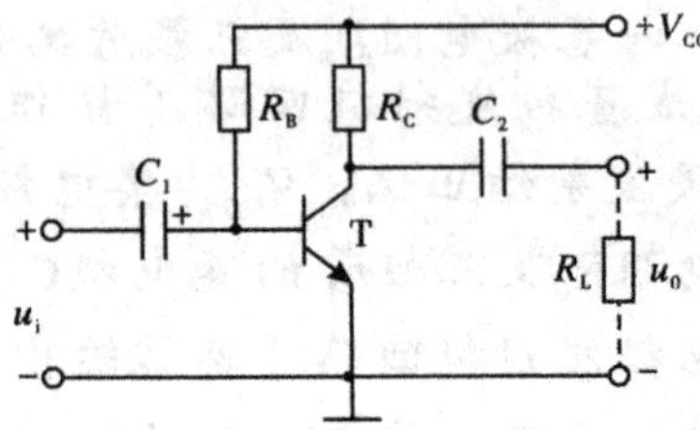

图2-45　因定偏置的放大电路

（3）静态工作点与静态分析

所谓静态工作点，就是在无交流信号输入时的工作状态。放大电路没有交流信号输入时的基极电流I_B、集电极电流I_C和集—射极电压U_{CE}的值叫静态值，由于这三个静态值在输入、输出特性曲线上对应着一点Q，通常把Q点（I_B、I_C和U_{CE}）叫做静态工作点，简称工作点或Q点，用I_{BQ}、I_{CQ}和U_{CEQ}。从Q点的位置可以判断其设置得是否合适，输出电压是否会产生失真。若要获得不失真的输出信号，Q点一定要位于晶体管的线形放大区。

所谓静态分析就是确定电路中的I_{BQ}、I_{CQ}和U_{CEQ}，静态分析有估算法和图解法两种。

估算法　估算法是在晶体管工作在放大状态的前提下，用电路的定律和分析方法对静态工作点进行近似计算。静态基极电流I_{BQ}:

$$I_{BQ}=\frac{U_{CC}-U_{BEQ}}{R_B}$$

式中，硅管U_{BEQ}=0.7V；锗管U_{BEQ}=0.3V；R_B为基极偏置电阻。

静态集电极电流I_{CQ}: $I_{CQ}=\beta I_{BQ}$

静态集—射极电压U_{CEQ}: $U_{BEQ}=U_{CC}-I_{CQ}R_C$

图解法 因为静态工作点是在输入特性曲线上的一个点，又要满足输入回路方程$I_B=(V_{CC}-U_{BE})/R_B$，所以在输入特性曲线上再画出输入回路方程的曲线，两条曲线的交点，即为静态工作点Q，如图2-46a）所示。同理，在输出特性曲线上再作出输出回路方程$I_C=(V_{CC}-U_{CE})/R_C$的曲线，与I_B静态对应的那条输出曲线的交点，即为静态工作点Q，如图2-46b）所示。其中输出回路方程$I_C=(V_{CC}-U_{CE})/R_C$称为直流负载线，它是连接两点（V_{CC}，0）和（0，V_{CC}/R_C）一条直线，或者说它是一条经过静态工作点Q，斜率为（$-1/R_C$）的直线。

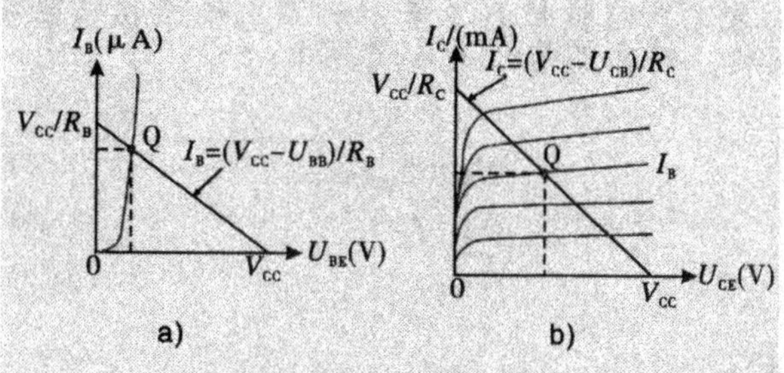

图2-46 图解法求静态工作点

例2-7：电路如图2-45所示，其中$\beta=50$，$U_{CC}=12V$，$R_C=3k\Omega$，$R_B=280k\Omega$，三极管的输出特性如图2-47所示，试用估算法和图解法求放大电路的静态工作点。

用估算法解：

$$I_{BQ}=\frac{U_{CC}-U_{BEQ}}{R_B}=\frac{12-0.7}{280}=0.04(mA)=40\mu A$$
$$I_{CQ}=\beta I_{BQ}=50\times0.04=2(mA)$$
$$U_{CEQ}=U_{CC}-I_{CQ}R_C=12-2\times3=6(V)$$

用图解法解：

$$I_{BQ}=\frac{U_{CC}-U_{BEQ}}{R_B}=\frac{12-0.7}{280}=0.04(mA)=40\mu A$$

在图2-47中，根据$I_{CQ}=0$时，$U_{CEQ}=U_{CC}-0=12V$，$U_{CEQ}=0$时，$I_{CQ}=U_{CC}/R_C=4mA$作直流负载线，与$I_{BQ}=40\mu A$特性曲线相交得到工作点Q，查坐标可得$I_{CQ}=2mA$，$U_{CEQ}=6V$。

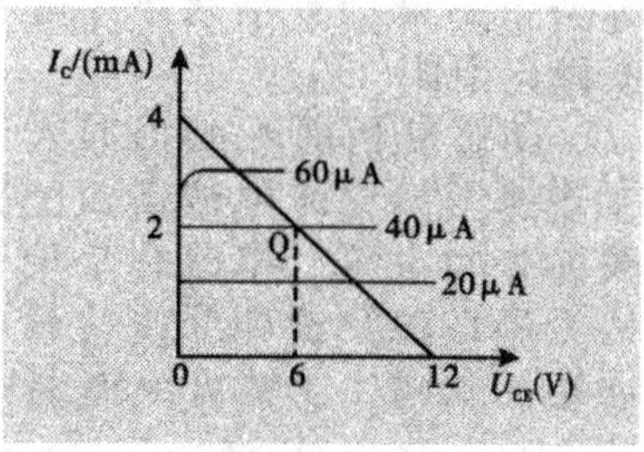

图2-47 图解法

（4）动态分析

当放大器输入端有小幅度的交流信号u_i输入时的工作状态称为动态，此时u_i通过电容C_1耦合到晶体管的基极和发射极之间，叠加到静态工作电压U_{BE}上，这样，晶体管B、E之间的总电压U_{BE}和基极总电流i_b都在原有静态值（直流分量）的基础上叠加了一个与输入信号波形相似的变化量（交流分量），如图2-48所示。基极电流的变化被放大β倍后，又引起集电极电流的变化，集电极电流的变化又引起C、E之间电压的变化。将静态值叠加变化量之后的值称为总量，如果忽略耦合电容的阻抗，则各总量的表达式如下：

$$U_{BE}=U_{BE}+u_i \qquad (2-1)$$

$$i_B=I_B+i_b \qquad (2-2)$$

$$i_C=I_C+i_c \qquad (2-3)$$

其中：$i_C=\beta i_B$，$I_C=\beta I_B$，$i_c=\beta i_b$。

$$U_{CE}=V_{CC}-i_C R_C=V_{CC}-(I_C+i_c)R_C =V_{CC}-I_C R_C-i_c R_C=U_{CE}+u_{ce} \qquad (2-4)$$

因为晶体管C、E之间的电压总量为$u_{CE}=U_{CE}+u_{ce}$，其直流分量U_{CE}被输出耦合电容阻隔C_2，而交流分量u_{ce}则被耦合到输出端，得到输出电压信号u_0。在未接负载电阻的情况下，$u_0=u_{ce}=-i_C R_C$。

U_i及相关各点的波形图，如图2-49所示。

从图2-49看出，输出电压u_0和输入电压u_i的相位正好相反，这种作用称为“反相”，所以这种电路又称为反相放大电路。

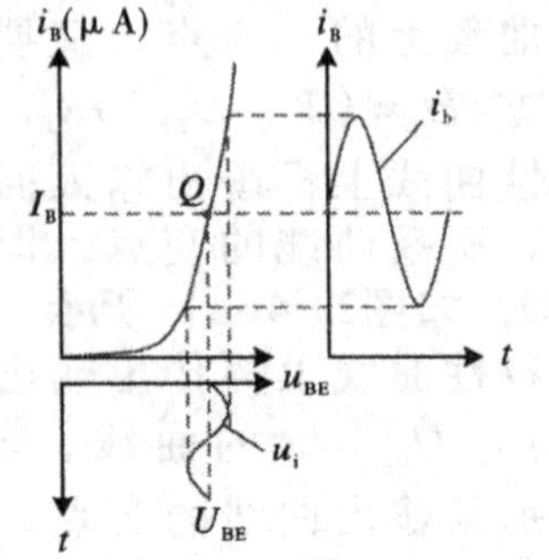

图2-48 固定偏置放大电路输入回路的增量分析

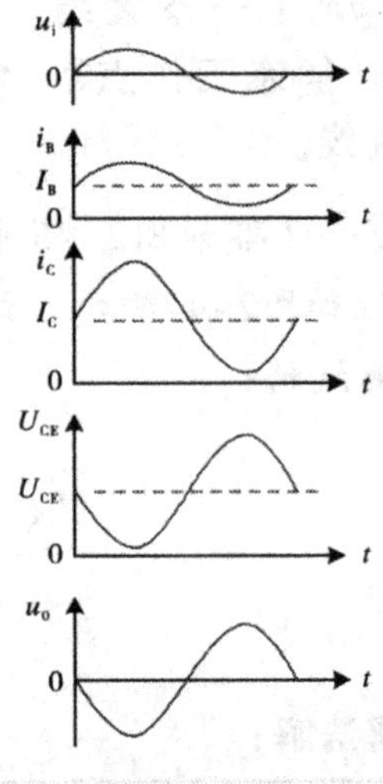

图2-49 u_i及相关各点的波形图

估算法 估算法就是用放大电路的小信号等效电路模型来估算电压放大倍数、输入电阻和输出电阻。

动态分析时先画出放大电路的交流通道，交流通道是交流电流通过的路线。既然放大电路各处的电压、电流在小信号输入的情况下都认为是直流分量和交流分量的叠加，因此，根据叠加原理，去掉直流电源V_{CC}和各直流分量，保留输入交流电压u_i和各交流分量，并将电容短路，就得到交流通道，如图2-50a）所示。然后，将交流通道中的晶体管用小信号等效电路模型来代替，并设u_i是正弦交流电压，将各交流量用相量来表示，就得到放大电路的小信号等效电路，如图2-50b）所示。

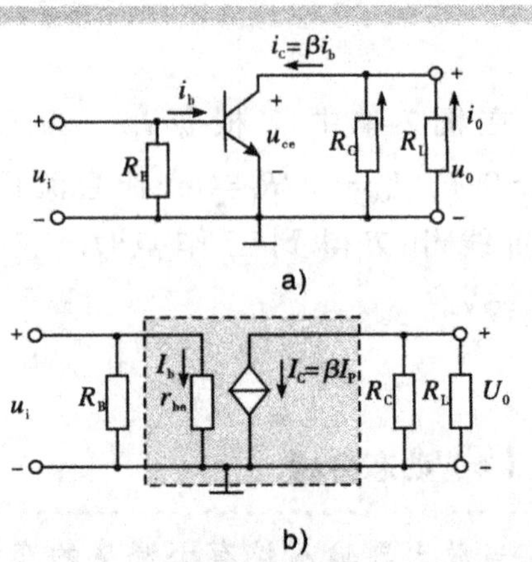

图2-50 固定偏置放大电路的交流通道和小信号等效电路
a)交流通道；b)小信号等效电路

通过图2−50b）电路，可以估算电压放大倍数A_u、输入电阻r_i和输出电阻r_0。

$$A_U=\frac{\dot{U}_0}{\dot{U}_i}=\frac{i_C(R_C//R_L)}{\dot{I}_b r_{be}}=\frac{-\beta\dot{I}_b(R_C//R_L)}{\dot{I}_b r_{be}}=-\frac{\beta(R_C//R_L)}{r_{be}}=-\frac{\beta R'_L}{r_{be}} \tag{2-5}$$

其中：$r_{be}=300+(\beta+1)\frac{26(\text{mV})}{I_E(\text{mA})}(\Omega)$，$R'_L=R_C//R_L$，$R'_L$称为放大电路总的等效负载电阻，负号表示输出电压与输入电压相位相反。

当不带负载时

$$A_u=-\frac{\beta R_C}{r_{be}} \tag{2-6}$$

可见接上负载R_L后，电压放大倍数要下降。

输入电阻是从放大电路的输入端看进去的等效电阻，其表达式为$r_i=R_B//r_{be}$，由于$r_{be}\leqslant R_B$，因此

$$r_i\approx r_{be}$$

放大电路的输出电阻是从放大电路的输出端看进去的一个电阻（不包括负载电阻R_L）。输出电阻为

$$r_0=R_C$$

例2−8：图2−4放大电路中，若$R_L=3\text{k}\Omega$，用估算法输入电阻r_i和输出电阻r_0；带负载情况下的电压放大倍数A_u。

解：（1）求输入电阻r_i、r_0

$$r_{be}=300+(\beta+1)\frac{26}{I_E}=300+(50+1)\frac{26}{2}=963\Omega$$
$$r_i=R_B//r_{be}\approx r_{be}=963\Omega$$

输出电阻$r_0=R_C=3\text{k}\Omega$。

（2）带负载情况下的电压放大倍数A_u

$$R'_L=R_C//R_L=\frac{3\times3}{3+3}=1.5(\text{k}\Omega)$$
$$A_u=-\frac{\beta R'_L}{r_{be}}=\frac{50\times1.5}{0.963}=-78$$

图解法： 当外加输入电压u_1的瞬时值等于零时，如果不考虑电容C_1和C_2的作用，可认为放大电路相当于静态时的情况，即交流负载线必定经过Q点。因此只要通过Q点作一条斜率为$-\frac{1}{R'_L}$的直线，即可得到交流负载线，如图2–51所示。

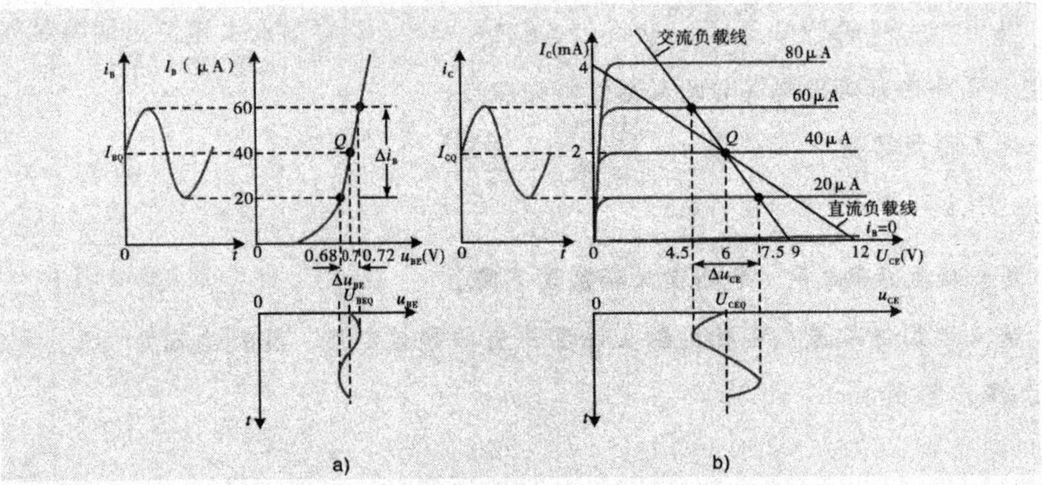

图2–51 加正弦输入信号时放大电路的工作情况

a)输入回路工作情况；b)输出回路工作情况

如欲求电压放大倍数，可在Q点附近取一个Δi_B值，在输入特性上找到相应的Δu_{BE}，再在输出特性的交流负载线上找到相应的Δu_{CE}值，Δu_{CE}与Δu_{BE}的比值即是放大电路的电压放大倍数。

在图2–51a）中取Δi_B=（60–20）μA=40μA，查出相应的Δu_{BE}=（0.72–0.68）=0.04V，再从图2–51b）的交流负载线上查出，当Δi_B=40μA时，Δu_{CE}=（4.5–7.5）V=–3V。

$$A_u=\frac{\Delta u_{CE}}{\Delta u_{BE}}=\frac{-3}{0.04}=-75$$

求出的A_u值与用估算法得到的结果基本一致。

5. 三极管开关电路

（1） NPN三极管开关电路

当三极管在基极电流控制下，在截止与饱和两种状态交替变换，就如同一个开关的断开与闭合状态交替变换一样。如图2–52所示为NPN管的开关状态。

图2-52中，当基极b输入一个高电位控制信号时，三极管VT进入饱和导通状态，集电极c与发射极e之间的电位差几乎为零，相当于ce之间闭合。当基极b高电位控制信号撤离后，三极管VT进入截止状态，集电极c与发射极e之间几乎没有电流流过，相当于ce之间断开。利用三极管的这种特性，就构成了三极管的开关电路。如图2-52所示，R_b是基极限流电阻，防止基极电流过大。R_C是集电极电阻，在本电路中是防止三极管导通时，电源短路。在实际开关电路中，R_C的位置由被控电子元件取代。

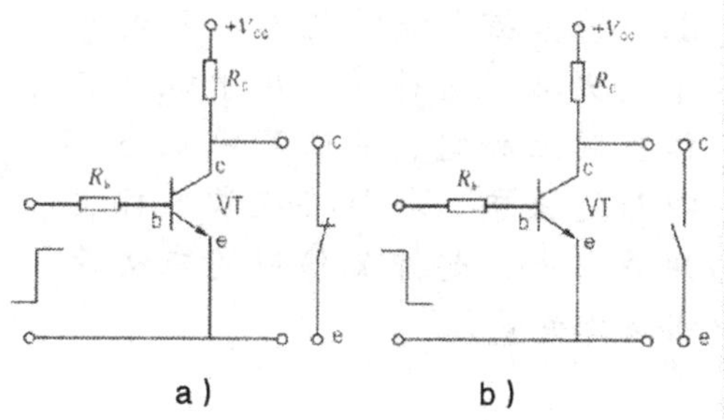

图2-52　NPN三极管的开关状态

图2-53为NPN管开关电路。开关电路在工作时，受控制的电子元件一般接在集电极c上，控制信号加在基极b上。当基极b有控制信号到来时，三极管VT处于饱和导通状态，ce之间相当于开关闭合，接在集电极c上的电子元件得电工作；当控制信号与基极b断开时，三极管VT处于截止状态，ce之间相当于开关断开，电子元件的电路被切断失电，恢复初始状态。在汽车电子电路中，功率较小的控制信号经过三极管开关电路，可以控制喷油器、继电器、指示灯等大功率器件的工作。电阻R起到限制基极电流的作用，防止因控制信号过大损坏三极管。二极管VD起续流作用，保护三极管免受反向电动势的冲击。

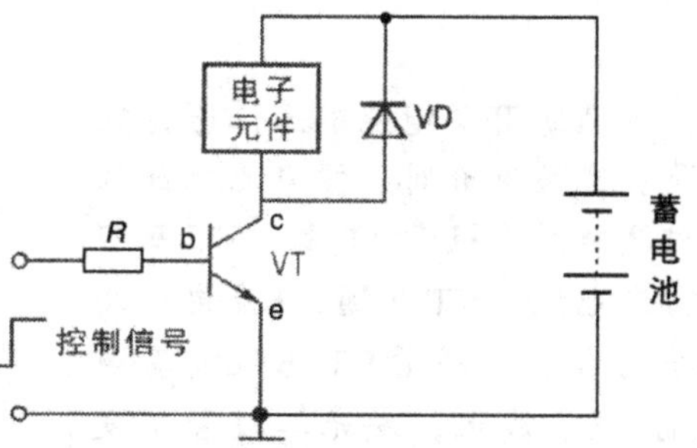

图2-53　NPN三极管开关电路

（2）PNP三极管开关电路

PNP管的开关电路与NPN管开关电路组成和工作原理类似，只不过加在基极b上的控制信号要低于发射极电位。如图2-54示为PNP管的开关状态。

图2-54中，当基极b输入一个低电位控制信号时，三极管VT进入饱和导通状态，发射极e与集电极c之间的电位差几乎为零，相当于ec之间闭合。当基极b低电位控制信号撤离后，三极管VT进入截止状态，发射极e与集电极c之间几乎没有电流，相当于ec之间断开。利用三极管的这种特性，可以构成PNP三极管的开关电路。

PNP管开关电路的构成和工作原理与NPN管开关电路类似，只不过就是加在基极b上的控制信号要低于发射极电位。

提示：工程实践中，一些三极管经过特殊工艺制造。只需要很小的基极电流就能够达到饱和导通状态。这种管子几乎就只工作在截止和饱和导通两种状态，即开关状态。一般将经常工作在开关状态，起开关作用的三极管叫做开关管。

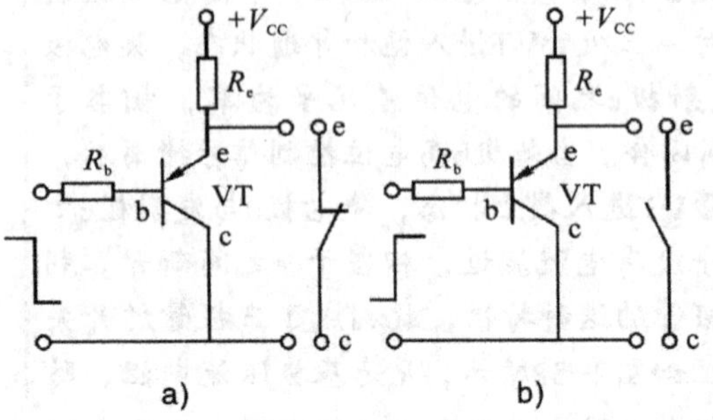

图2-54　PNP三极管的开关状态

（3）多级开关电路

有时在电路中为了控制的需要，要用到两级或三级开关电路，这些电路在汽车发电机电子调压器电路中经常用到。

如图2-55a）所示为两级开关电路，图2-55b）所示为三级开关电路。

两级开关电路的工作原理如下：开关断开时，蓄电池电压经过R_1加到三极管VT_1上，VT_1基极得到电流，VT_1导通，B点电位几乎为零，三极管VT_2基极没有电流，VT_2截止，发光二极管不发光。开关闭合时，A点电位为零，VT_1的基极没有电流，VT_1截止，电源电压12 V经过R_2加到三极管VT_2的基极，VT_2基极得到电流，VT_2饱和导通，发光二极管发光。这时B点电位等于VT_2管be之间的电压，约为0.7 V。

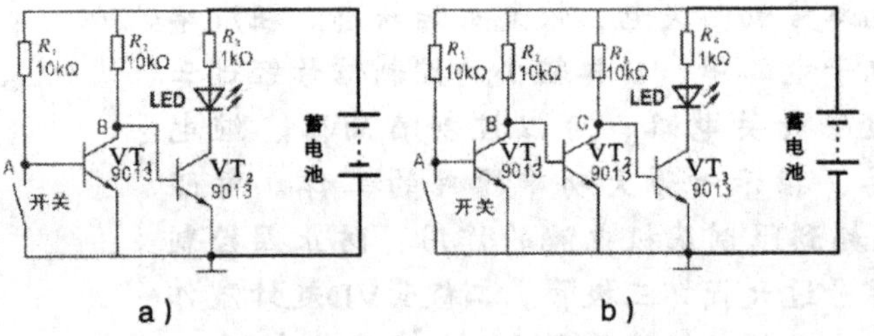

图2-55　三极管多级开关电路

a）两级开关电路；b）三级开关电路

（4）达林顿管

所谓达林顿管就是连接在一起的两只三极管，又称为复合管，它的放大倍数是两个三极管放大倍数的乘积。如图2-56所示，三极管VT_1用作前置放大管，它产生推动VT_2的基极电流，VT_2是末级放大管，它与控制电路是隔离的，将电流继续放大以驱动负载部件。在分析电路时可以将达林顿管看作点画线框内构成的一个大功率三极管。汽车电子点火系统的控制模块大多采用达林顿管作为控制输出端。

提示：在汽车电路中，有时控制信号不能直接控制开关管的通断，而要经过三极管放大后再去控制开关管，这种电路搭配常见于汽车电子电路中，在分析电路时要注意两个管子的不同作用。

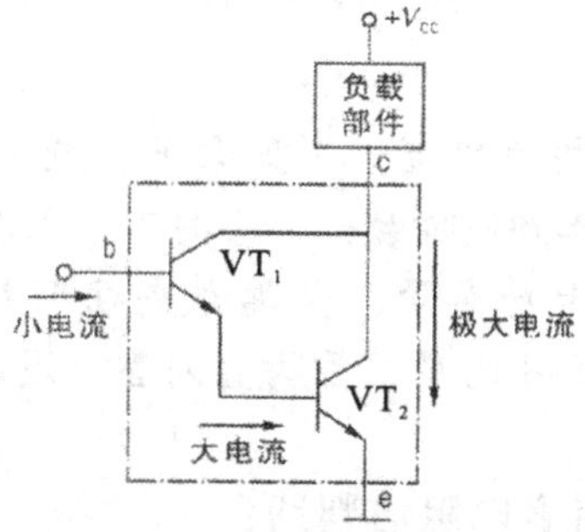

图2-56 达林顿管结构示意图

6. 三极管的检测

（1）管型与管脚的判别

在实际工作中，经常遇到判别三极管管型、管脚极性判别问题，以及检测判断三极管是否损坏的问题。判定的方法主要有目测和万用表检测两种方法，实际工作中经常采用目测法，在目测法不能做出准确判断时，再利用万用表进行检测。

——目测法

◆**管型的判别**

一般情况下，管型是NPN还是PNP应该从管壳上标注的型号来判别。依照行业标准，三极管型号的第二位（字母），A、C表示PNP管；B、D表示NPN管。**例如：**

3AX、3CG、3AD、3CA等均表示PNP型三极管。

3BX、3DG、3DD、3DA等均表示NPN型三极管。

提示：三极管型号中的第一位数字3，表示三极管；第三位字线表示三极管的功率及频率特性；第四位数字表示序列号。详细内容请参考三极管手册。

此外国际流行的9011～9018系列三极管，除9012为PNP管外，其余标号均为NPN管。

◆**管脚极性的判别**

常用的小功率三极管有金属圆壳封装和塑料封装（半圆柱形）等，管脚排列，如图2-57a）所示。大功率三极管的外形有金属壳封装（扁柱形）管脚排列如图2-57b）所示，以及塑料封装（扁平、管脚直列）等形式。

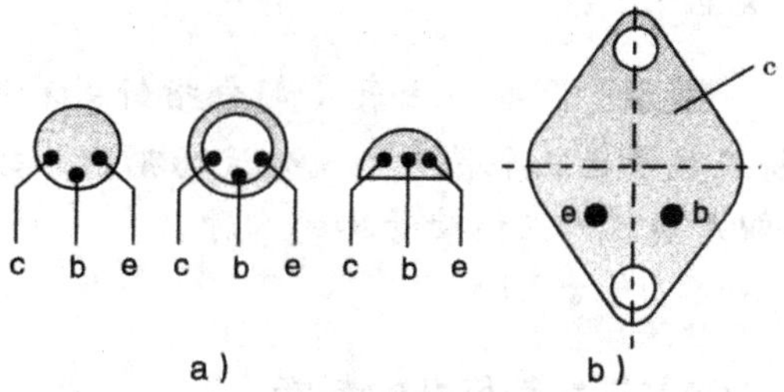

图2-57 常用三极管的封装形式和管脚排列
a）小功率管；b）大功率管

对于小功率管，图2-57a）中列出了管脚排列方式，为便于记忆，总结如下：

金属圆壳封装：“头向下，腿向上，大开口朝自己，左发右集电”。

塑料半圆柱封装：“头向下，平面向自己，左起cbe”。

对于大功率管，金属壳扁柱形封装按照图2-57b）中列出的管脚排列方式判别即可。塑料扁平封装、管脚直列型，没有统一形式，要经过万用表检测判别。

用万用表电阻挡判别：

三极管内部有两个PN结，利用PN结的单向导电性，可用万用表电阻挡判别管子类型和e、b、c三个极。

◆基极的判别

判别管脚时应首先确认基极。一般情况下，基极排列在三个电极的中间（大功率金属壳扁平形封装除外）。

用指针式万用表的黑表笔接假定的基极，用红表笔分别接触另外两个极。若测得电阻都较小，约为几百欧至几千欧；将红黑表笔对调，测得电阻都较大，约为几百千欧以上，这个管子就是NPN管，最初黑表笔接的就是基极。

用指针式万用表的黑表笔接假定的基极，用红表笔分别接触另外两个极。若测得电阻都较大，约为几百千欧以上；将红黑表笔对调，测得电阻都较小，约为几百欧至几千欧。这个管子就是PNP管。最初黑表笔接的就是基极。

◆集电极和发射极的判别

对于NPN管，确定基极后，用指针式万用表的两个表笔分别接触另两个管脚，同时用指尖轻触基极，观察万用表指针摆动情况；将两个表笔对调，重复上述过程。取指针摆动较大一次的表笔接触位置，黑表笔接触的是集电极c，红表笔接触的是发射极e。

对于PNP管，确定基极后，用指针式万用表的两个表笔分别接触另两个管脚，同时用指尖轻触基极，观察万用表指针摆动情况；将两个表笔对调，重复上述过程。取指针摆动较大一次的表笔接触位置，黑表笔接触的是发射极e，红表笔接触的是集电极c。

提示：有些万用表（部分指针式和所有数字式），具有h_{FE}挡，利用这一功能，将三极管的三个管脚插入测试插孔内，当能测试出放大倍数时，插孔边标注的e、b、c即是插孔内三极管管脚的名称。

（2）三极管好坏的判断

测晶体三极管正向阻值很大时，表明三极管开路，如反向电阻值很小，或c-e极间的电阻值接近零，说明三极管短路或已击穿。如c–e极间的电阻值很小，则表明三极管的穿透电流过大，已不能使用。

也可以测量晶体管直流电压来判断，短接基极与发射极，如集电极不变化或低于电源电压，表示晶体三极管漏电或已击穿，检测NPN硅管放大器的直流工作状态时，可以测V_b、V_e、V_c。V_b应比V_e高为约0.7V，即V_{be}=0.7V，这可作为判断三极管好坏的依据，另外汽车电路中用NPN型晶体管作振荡器，正常时基极电压应比发射电压低。

但是，测量是用指针式万用表在三极管的空脚上进行的，如果三极管是焊在电路上，就要考虑并联处电路的影响，不能仅以电阻值来判断三极管的好坏。

7. 三极管在汽车上的应用

图2–58所示是三极管在电子式闪光器中的应用。汽车转弯时，接通转向灯开关S，R_2和C的充电电流同时提供给VT_3的基极，VT_3导通。VT_3导通后，VT_2的基极电位很低（仅0.3V左右），于是复合管VT_1、VT_2处于截止状态。此时仅VT_3的导通电流流过了转向灯，电流很小（约60mA），灯暗且不亮。

随着电容器C的不断充电，充电电流逐渐减小，VT_3的基极电流也随之减小，VT_3由导通变为截止，于是VT_2的基极电位上升，复合管VT_1、VT_2导通。电流较大，转向信号灯与转向指示灯变亮。与此同时，电容器通过R_3、R_2放电，放电时间为灯持续点亮时间。电容器C放完电后又重新充电，如此反复，使转向信号灯与转向指示灯发出明暗交替的闪烁光。

改变电阻R_2、R_3和电容器C的大小以及VT_3的β值，即可改变闪光频率。

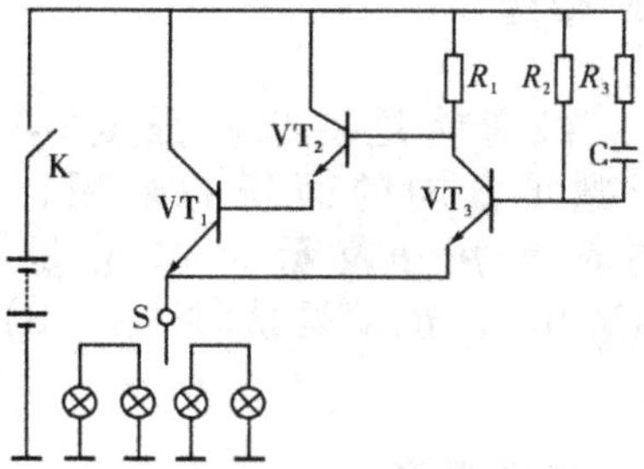

图2–58　三极管在电子式闪光器中的应用

三、灯光继电器的结构和工作原理

1. 磁场与电磁感应

物体能吸引铁、镍、钴等金属或它们合金的性质叫磁性。具有磁性的物体叫磁体。磁体上磁性最强的部位叫磁极。任何磁体都有两个磁极，通常用S表示磁体的南极（常涂红色），用N表示磁体的北极（常涂绿色或白色）。

磁体周围存在磁力作用的空间，当另一磁体或通电导体置入该空间时，就要受到磁力的作用，人们通常把这个磁力空间叫磁场。

（1）磁场的基本物理量

● **磁感应强度**

磁感应强度是表示磁场内某点的磁场强弱和方向的物理量。它是一个矢量。它与电流（电流产生磁场）之间的方向关系可用右手螺旋定则来确定。磁感应强度用符号B表示，单位是特斯拉（T），也就是韦伯/平方米（Wb/m^2）。

如果磁场内各点的磁感应强度的大小相等、方向相同，这样的磁场则称为均匀磁场。

● **磁通**

磁通就是磁感应强度B与垂直于磁场方向的面积的乘积，磁通的符号用Φ表示，单位是韦伯（Wb），也就是伏秒（V · S）。

● **磁场强度**

磁场强度是计算磁场时所引用的一个物理量，通过它来确定磁场与电流之间的关系。磁场强度用符号H表示，单位是安培/米（A/m）。

● **磁导率**

磁导率是表征媒介质磁化性质的物理量，用符号μ表示，它与磁场强度的乘积就等于磁感应强度，磁导率的单位是亨利/米（H/m）。

（2）磁场具有下列特性

磁场对处在场内的另一载流导体或铁磁物质有力的作用，并能在对磁场作相对运动的导体中产生感应电动势。

磁场具有能量。

（3）通电直导线和通电线圈的磁场

● **通电直导线周围的磁场**

通电直导线周围磁场的磁感线是一些以导线上各点为圆心的同心圆，这些同心圆都在与导线垂直的平面上，如图2-60a）所示。磁感线的方向与电流方向之间的关系可用安培定则（又称右手螺旋定则）判定：如图2-60b）所示，用右手握住通电直导线，让拇指指向电流方向，则四指环绕的方向就是磁感线的方向。

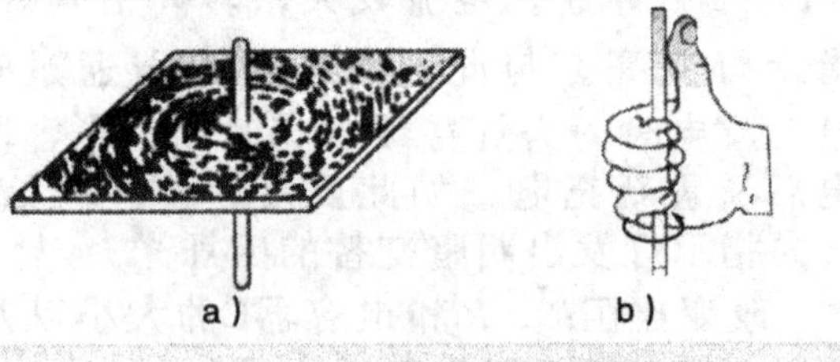

图2-60 通电直导线的磁场

● **通电线圈的磁场**

把直导线绕成螺线管线圈，并通入电流，结果通电线圈产生类似条形磁铁的磁场，如图2-59a）所示。通电线圈的磁场的方向，可用右手螺旋定则确定：如图2-59b）所示，右手握住线圈，用弯曲的四指指向电流方向，则拇指所指的方向就是磁场方向。

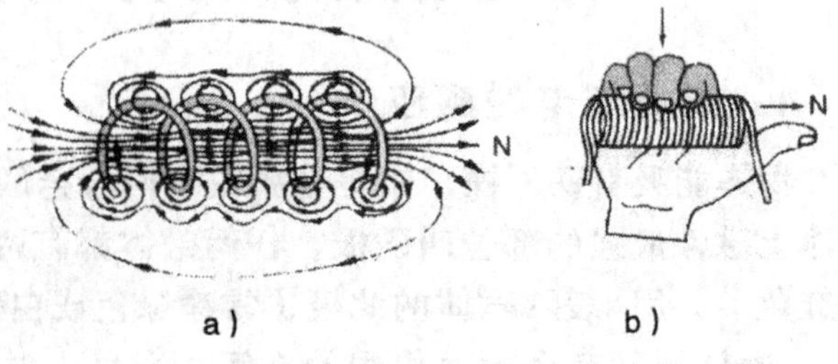

图2-59 通电线圈的磁场

（4）电磁感应

自从丹麦物理学家奥斯特发现了电流的磁效应之后，世界上很多科学家都在寻求它的逆效应，英国科学家法拉第终于在1831年发现了磁能够转换为电能的重要事实。

在图2-61a）所示的均匀磁场中放置一根导体AB。导体两端连接一个检流计，当导体垂直切割磁感线时，可以明显地观察到检流计指针有偏转。这说明导体回路中有电流存在。另外，当使导体平行于磁感线方向运动时，检流计指针不偏转，说明导体回路中不产生电流。

在图2-61b）所示实验中，空心线圈两端连接检流计。当用一块条形磁铁快速插入线圈时，我们会观察到检流计指针向一个方向偏转；如果条形磁铁在线圈内静止不动，检流计指针不偏转；再将条形磁铁由线圈中迅速拔出时，又会观察到检流计指针向另一方向偏转。

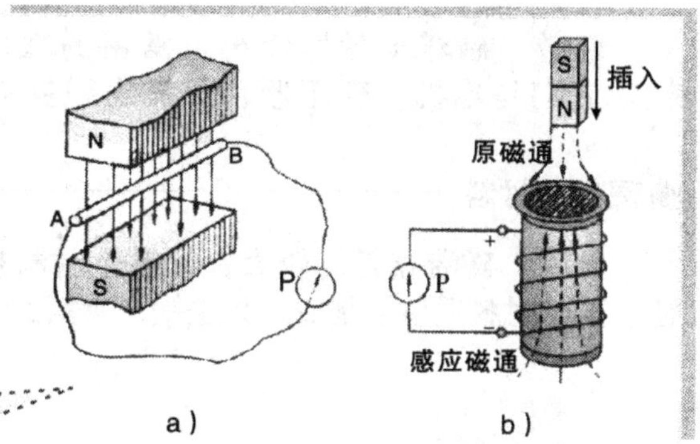

图2-61 电磁感应实验
a）导体的电磁感应；b）线圈的电磁感应

上述两实验现象说明：当导体相对于磁场运动且切割磁感线或者线圈中的磁通发生变化时，在导体或线圈中都会产生感应电动势。若导体或线圈构成闭合回路，则导体或线圈中将有电流流过。

2. 铁磁材料

磁性材料主要是指铁、镍、钴及其合金，将磁性材料放入磁场强度为H的磁场（常为线圈的励磁电流产生）内，会受到强烈的磁化。

（1）铁磁材料在磁化过程中表现出如下特性

- **高导磁性**

铁磁材料的磁导率在一般情况下很大，具有很强的被磁化特性。因此，可以用较小的电流产生较强的磁场。电机、电器设备都采用铁芯就是这个道理。

- **剩磁性**

铁磁材料经磁化后，若励磁电流降低为零，铁磁材料中仍能保留一定的剩磁。

- **磁饱和性**

励磁电流变化时，铁磁材料内的磁感应强度B也随着变化，当励磁电流增加到某一值时，磁感应强度B值的增加极为缓慢，铁磁材料内的磁感应强度达到饱和值。

- **磁滞性**

铁磁材料在大小和方向不断变化的电流作用下进行反复磁化时，在反复磁化的过程中，B的变化滞后于电流的变化，而且造成能量损失，即磁滞损耗。

（2）铁磁材料的分类

根据铁磁材料的磁性能，常把铁磁材料分为软磁材料和硬磁材料两类。

●软磁性材料

剩磁、磁滞损耗均较小。常用的软磁性材料有硅钢片（电工钢）、铸钢和铸铁，它们是电机、变压器、交流电磁铁的重要导磁材料。

●硬磁性材料

剩磁、磁滞损耗均较大。硬磁性材料被磁化后，能得到很强硬的剩磁，而不易退磁。这类材料适用于制造永久磁铁。常用的硬磁性材料有钨钢、铝镍合金等。

3. 磁路基本定律

磁通所通过的路径就被称为磁路，如图2-62a）、b）所示为两极极直流电机、变压器的磁路示意图，虚线表示磁通路径。

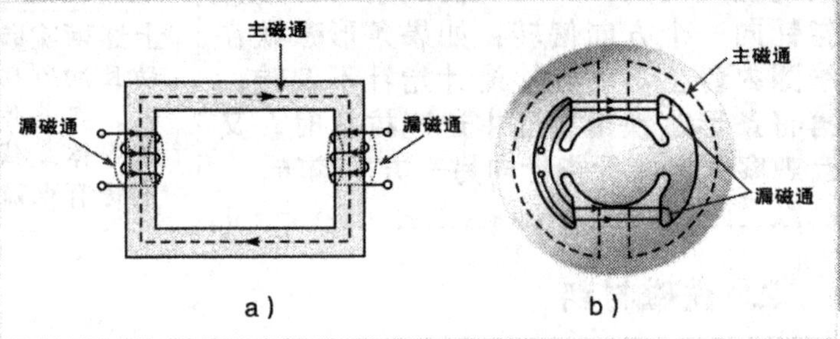

图2-62 磁路

a）变压器；b）直流电机

（1）磁路的欧姆定律

图2-63所示为无分支磁路，磁路长l，磁路截面积为S，磁力线均匀分布于横截面上，那么磁感应强度B、磁场强度H、磁导率μ之间的相互关系为：

$$H=\frac{B}{\mu},B=\frac{\Phi}{S}$$

由上式可推出

$$Hl=\frac{B}{\mu}l=\frac{\Phi}{\mu S}l$$

或

$$\Phi=\frac{Hl}{\frac{l}{\mu S}}=\frac{U_m}{R_m}$$

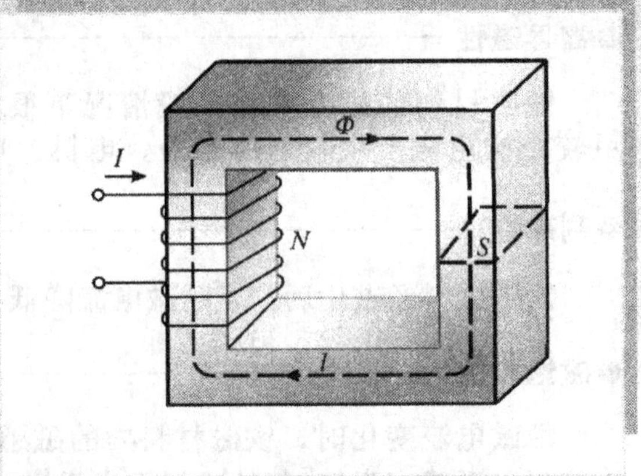

图2-63 无分支磁路

式中，$U_m=Hl$，磁路长度与其磁场强度的乘积称为磁路的磁位差，单位为A；$R_m=\frac{l}{\mu S}$称为磁路的磁阻；它与磁路的几何尺寸、磁介质的磁导率有关，单位为H^{-1}。

由于铁磁材料的磁率μ很大且不是常数，所以铁磁材料的磁阻是非线性的，数值很小；空气隙的磁导率u_0很小而且是常数，所以空气隙中的磁阻是线性的，数值很大。此公式称为磁路的欧姆定律，是磁路进行分析与计算所要遵循的基本定律。

磁路的欧姆定律在形式上与电路的欧姆定律非常相似，见表2-2。

磁路与电路对照表　表2-2

电路	磁路
电流 I	磁通 Φ
电压 U	磁位差 U_m
电阻 $R=l/\gamma S$	磁阻 $R_m=l/\mu S$
电动势 E	磁通势 F
电流密度 J	磁感应强度 B
电导率 γ	磁导率 μ
欧姆定律 $I=U/R$	欧姆定律 $\Phi=U_m/R_m$
基尔霍夫定律 $\Sigma I=0$　$\Sigma U=\Sigma E$	基尔霍夫定律 $\Sigma\Phi=0$　$\Sigma Hl=\Sigma NI$

（2）基尔霍夫磁通定律

对于有分支磁路，如图2-64所示，任取一闭合面S，由磁通连续性原理，穿过此闭合面的磁通的代数和应为零，即

$$\Phi_1=\Phi_2+\Phi_3$$

可写成一般形式

$$\Sigma\Phi=0 \tag{2-7}$$

上两式表明对于任一闭合面，穿出闭合面的磁通等于穿入闭合面的磁通。式（2-7）称为基尔霍夫磁通定律。

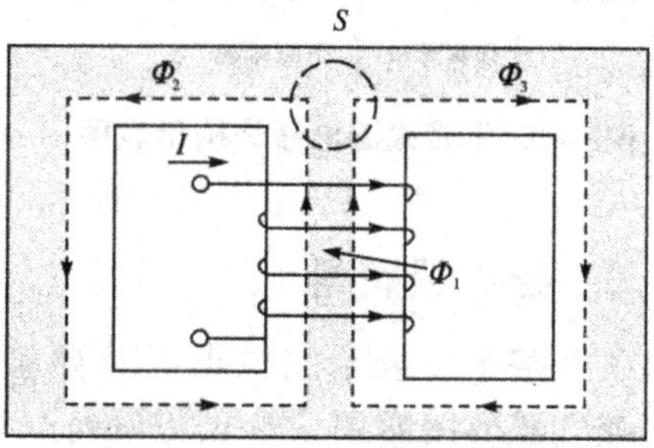

图2-64　基尔霍夫磁通定律

4. 继电器的概念

继电器是自动控制电路中常用的一种元件，它是用较小的电流来控制较大电流的一种自动开关，在电路中起着自动操作、自动调节、安全保护等作用。继电器的种类很多，在汽车电气系统中常用的有电磁式和干簧式两种。

（1）电磁式继电器

电磁式继电器是一种具有跳跃输出特性、传递信号的电磁器件。它由电磁机构与触点系统两部分组成，包括铁芯、衔铁、线圈、复位弹簧和触点等，如图2-65所示。

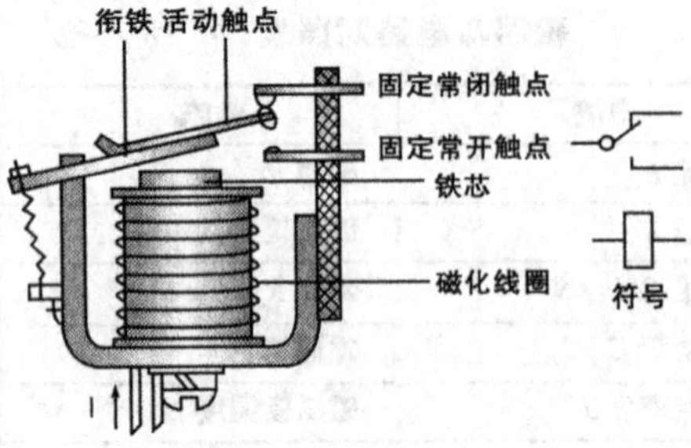

图2-65 电磁式继电器

当线圈中通入一定的电流时，电磁铁产生磁力，使衔铁带动活动触点与固定常开触点接通、与固定常闭触点断开。

当切断线圈电流时，由于电磁力消失，衔铁就在弹簧的作用下迅速复位，使活动触点与固定常开触点断开，而使活动触点与固定常闭触点闭合。利用触点的开、闭，就可实现对电路的控制。

（2）干簧式继电器

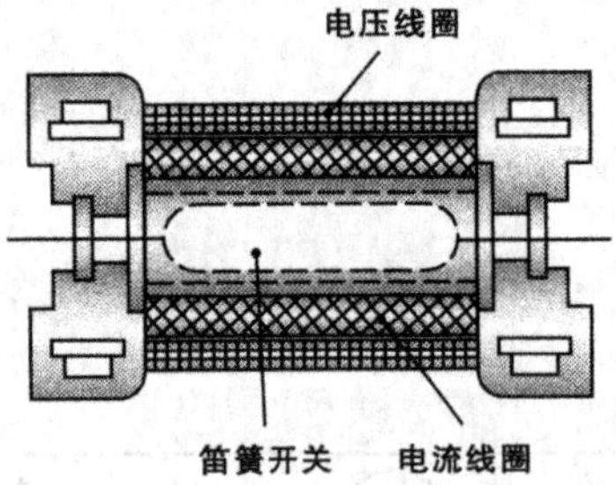

图2-66 干簧式继电器结构示意图

干簧式继电器与电磁式继电器的主要区别就是，干簧式继电器的触点是一个或几个干簧管，如图2-66所示为干簧式继电器的结构，它的符号与电磁式继电器一样。当继电器线圈通以电流时，在线圈中心工作气隙中形成磁通回路，从而使干簧管的一对触点吸合。电子继电器相当于一个大电流的开关管。

5. 继电器符号

在电路中，表示继电器时只要画出它的线圈和与控制电路有关的接点组就可以了。继电器的线圈用一个长方框符号表示，同时在长方框内或框旁标上这个继电器的文字符号“K”。表2-3中列出了继电器的常用符号和三种接点的符号。

提示： 一般在电路中，只画出继电器线圈不通电时接点组的原始状态。

继电器的常用符号　　表2-3

继电器线圈符号	继电器接点符号	
K_1	K_1-1	动合触点（常开触点）
	K_1-2	动合触点（常闭触点）
	K_1-3	切换触点（转换触点）
K_2	K_2-1　K_2-2　K_2-3	
K_3	K_3-1　K_3-2	

6. 灯光继电器的结构和工作原理

前照灯的工作电流较大，若用车灯开关直接控制前照灯，车灯开关易烧坏，因此在前照灯电路中设有灯光继电器。它由一对触点和一个磁化线圈组成，外形有四个引脚，为常开式继电器，如图2-67所示。

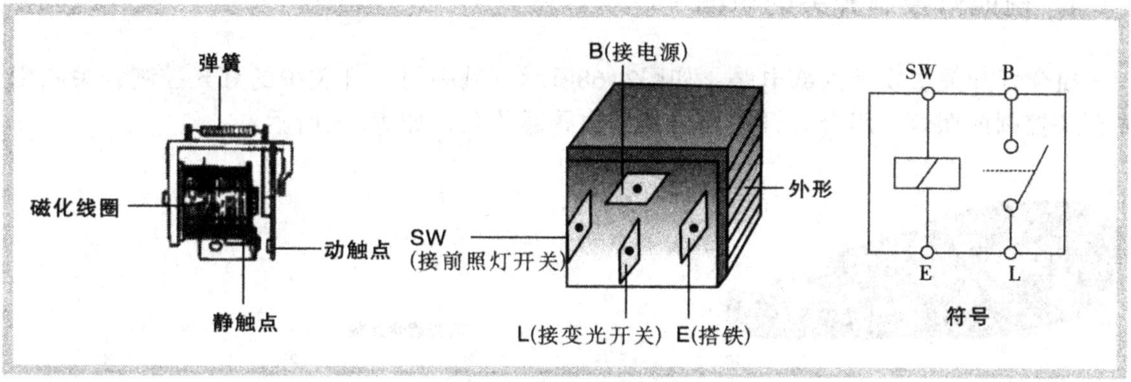

图2-67 灯光继电器

当继电器线圈中通入一定的电流时，电磁铁产生磁力，使衔铁带动活动触点与固定常开触点接通；当切断线圈电流时，由于电磁力消失，衔铁就在弹簧的作用下迅速复位，使活动触点与固定常开触点断开。利用触点的开、闭，从而实现对灯光电路的控制。

继电器工作状态的判别和检测

◆直接观察

①打开点火开关；

②操纵继电器的开关；

③能听到继电器工作的声音。

◆用万用表检查供电

①关闭点火开关；

②将继电器从继电器板上拔下；

③检查继电器支架的B端与接地之间的电压，应为蓄电池电压。

◆检查继电器的功能

①断开蓄电池接线；

②测量继电器总B端与L端之间的电阻，正常时应为∞；

③将蓄电池电压接到SW端和E端上；

④测量在继电器B端与L端之间的电阻，正常时应为0。

四、照明系统电路图的识读

以丰田威驰照明灯电路为例，进行照明系统电路的识读。

1. 前照灯控制开关的识图

组合灯开关实物及内部电路，如图2-68所示。其中组合开关中的灯光控制开关和变光开关控制前照灯。组合灯开关挡位及脚位导通关系，如表2-4所示。

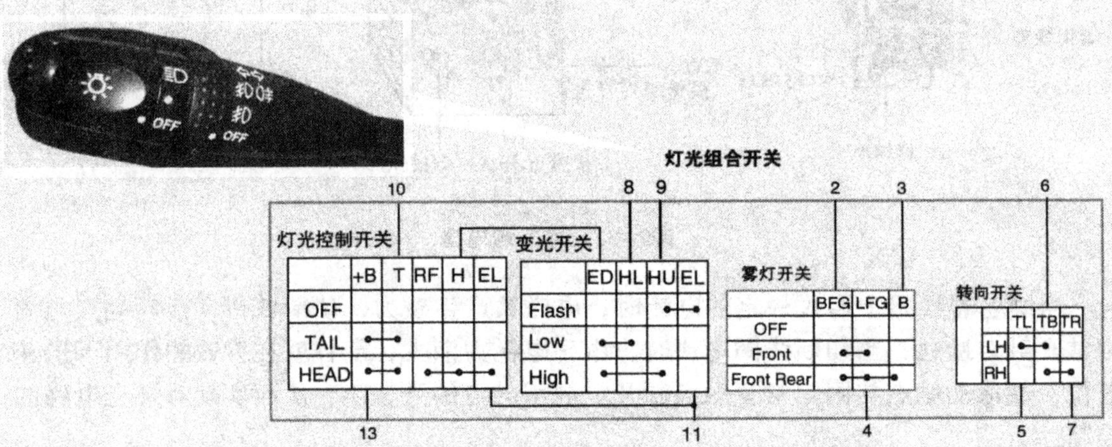

图2-68　组合灯开关

前照灯控制开关挡位及脚位导通关系表　　表2-4

名　称		挡　位	导通脚位
组合灯开关	灯光控制开关	TAIL挡	10与13
		HEAD挡	10与13
	变光开关	Flash挡	9与 11
		Low挡且灯光控制开关在HEAD挡时	8与11
		High挡且灯光控制开关在HEAD挡时	9与 11
	雾灯开关	Front挡	2与 3
		Front Rear挡	2与 3与4
	转向开关	LH挡	5与 6
		RH挡	6与 7

2. 照明系统识图示例

(1) 前照灯电路图识读

图2-69所示为威驰轿车前照灯电路。蓄电池正极电压→F10熔断丝盒后分三路供电：第一路经10A H-LP LH熔丝后供电给H1左前照灯的3脚；第二路经10A H-LP RH熔丝后供电给H2右前照灯的3脚；第三路经15A DOME熔丝后供电C5组合仪表。前照灯的亮灭受C9组合开关的控制。

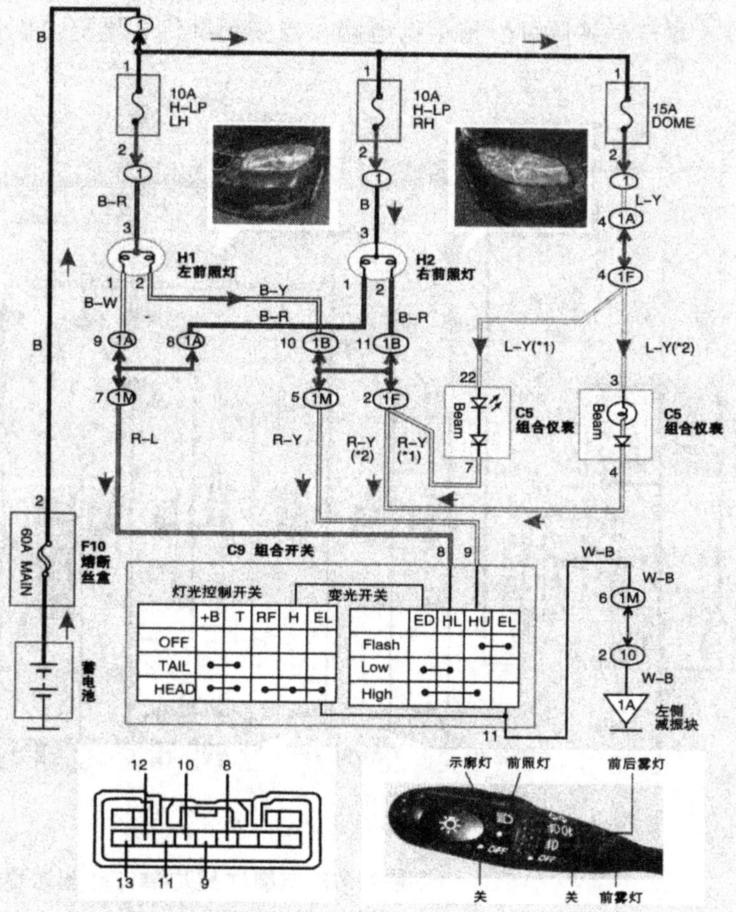

图2-69 前照灯电路

当组合开关内的灯光控制开关置于“HEAD”位置且变光开关置于“Low”位置时，组合开关的8脚与11脚导通。到达左前照灯（或右前照灯）3脚的电压经左近光灯（或右近光灯）→C9组合开关的8脚→C9组合开关的11脚→A1搭铁。此时左、右前照灯中的近光灯亮。

当组合开关内的灯光控制开关置于“HEAD”位置且变光开关置于“High”位置时，组合开关的9脚与11脚导通。到达左前照灯（或右前照灯）3脚的电压经左远光灯（或右远光灯）→C9组合开关的9脚→C9组合开关的11脚→A1搭铁。此时左、右前照灯中的远光灯亮。

当变光开关置于“Flash”位置时，组合开关的9脚与11脚导通，但此时远光灯电路不受灯光控制开关的控制。

（2）示廓灯/尾灯/牌照灯/指示灯电路识读

丰田轿车示廓灯/尾灯/牌照灯/指示灯电路如图2-70所示。当灯光控制开关位于“TAIL”或“HEAD”挡时，蓄电池电压经熔断线和组合开关后，分别供电给示廓灯、尾灯、牌照灯、指示灯电路，点亮示廓灯、尾灯、牌照灯、指示灯。

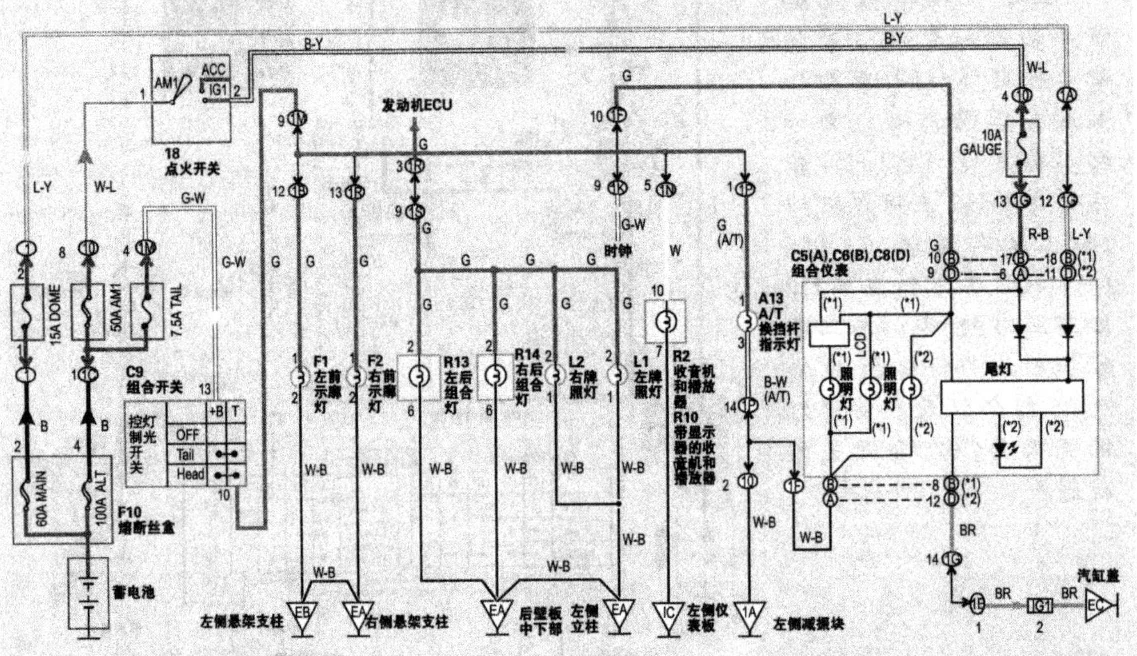

图2-70 示廓灯/尾灯/牌照灯/指示灯电路图

具体回路如下

蓄电池正极→100A ALT熔断丝→7.5A TAIL熔断丝→组合开关13脚→组合开关10脚后分八路供电：

第一路供电给左前示廓灯→EB或EA搭铁→蓄电池负极。

第二路供电给右前示廓灯→EA或EB搭铁→蓄电池负极。

第三路供电给左后组合灯中的尾灯→EA搭铁→蓄电池负极。

第四路供电给右后组合灯中的尾灯→EA搭铁→蓄电池负极。

第五路供电给右牌照灯→EA搭铁→蓄电池负极。

第六路供电给左牌照灯→EA搭铁→蓄电池负极。

第七路供电给收音机和播放器指示灯→1C搭铁→蓄电池负极。

第八路供电给A/T换挡杆指示灯→1A搭铁→蓄电池负极。

（3）雾灯电路的识读

图2-71所示为丰田威驰轿车雾灯电路。从图中可以看出，前后雾灯的亮、灭受前、后雾灯继电器和组合开关的控制。具体电路分析如下：

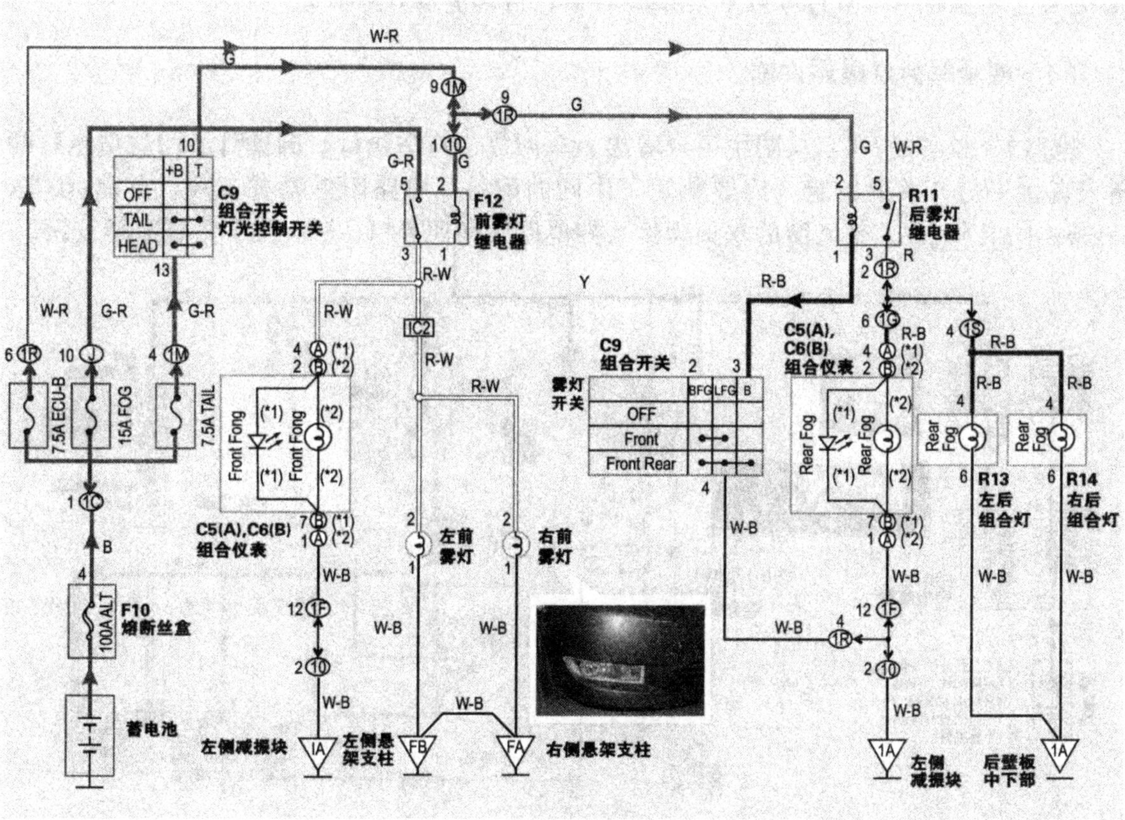

图2-71 前/后雾灯电路图

● **前雾灯电路**

前雾灯控制电路：

当组合开关中的灯光控制开关位于“TAIL”或“HEAD”档，雾灯开关位于“Front”位置时，前雾灯继电器线圈得电，电路回路为：蓄电池正极→100A ALT熔断丝→7.5A TAIL熔断丝→组合开关13脚→组合开关10脚→前雾灯继电器线圈→组合开关2脚→组合开关4脚→1A搭铁→蓄电池负极。此时前雾灯继电器触点闭合，接通前雾灯主电路。

前雾灯主电路：

蓄电池正极→100A ALT熔断丝→7.5A FOG熔断丝→雾灯继电器5脚→雾灯继电器3脚后分三路：第一路经右前雾灯→FA或FB搭铁→蓄电池负极；第二路经左前雾灯→FA或FB搭铁→蓄电池负极；第三路经组合仪表内的前雾灯指示灯→1A搭铁→蓄电池负极。此时左、右前雾灯及仪表内的前雾灯指示灯点亮。

●后雾灯电路

当组合开关中的灯光控制开关位于“TAIL”或“HEAD”挡，雾灯开关位于“Front Rear”位置时，组合开关的13脚与10脚导通、3脚与4脚导通，后雾灯继电器线圈通电。后雾灯电路与前雾灯电路比较相似，请读者自行分析。

（4）威驰车内灯电路识读

电路如图2-72所示，从图中可以看出，车内灯、行李箱灯、阅读灯、门灯指示灯的亮灭直接受灯开关的控制。因威驰轿车不同的配备，电路图也略有不同。下面以GLX Grade、DLX Grade、带天窗的车型为例（即电路中标注有*1、*3、*5）进行电路分析。

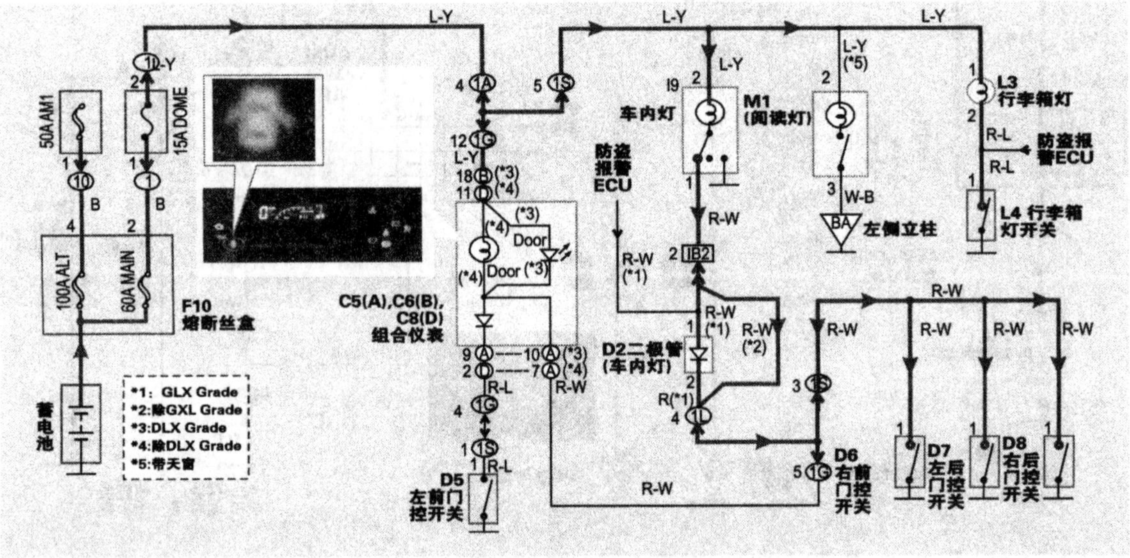

图2-72 车内灯电路图

行李箱灯

当打开行李舱时，行李舱灯开关闭合，蓄电池电压供电给行李舱灯，行李舱灯亮起，**电路回路为：**蓄电池正极→60A MAIN熔断丝→15A DOME熔断丝→行李舱灯→行李舱灯开关→搭铁→蓄电池负极。

阅读灯

阅读灯也是直接受阅读灯开关的控制，当按下阅读灯开关时，蓄电池正极→60A MAIN熔断丝→15A DOME熔断丝→阅读灯→阅读灯开关→搭铁→蓄电池负极。此时阅读灯点亮。

车内灯及仪表内开门指示灯

车内灯及仪表内开门指示灯受车门控开关的控制，当开左前车门、右前车门、左后车门、右后车门中任一车门打开时，车内灯和仪表内开门指示灯点亮。

任务三　前照灯不亮故障的检修

在了解前照灯的结构，学会识读照明系统电路图之后，维修前照灯不亮故障就不是件难事。下面以丰田威驰轿车为例，讲解前照灯不亮故障的检修方法。

一、前照灯不亮故障的诊断与修复

1. 前照灯的故障现象

表2-5所示为威驰轿车前照灯电路常见故障表。

前照灯故障诊断表　　表2-5

故障现象	故障原因
近光灯不亮（一边）	（1）灯泡。 （2）左侧或右侧前照灯熔断丝。 （3）线束
近光灯不亮（所有）	（1）前照灯调光开关总成。 （2）线束
远光灯不亮（一边）	（1）灯泡。 （2）左侧或右侧前照灯熔断丝。 （3）线束
远光灯不亮（所有）	（1）前照灯调光开关总成。 （2）线束
灯光不闪烁	（1）前照灯调光开关总成。 （2）线束
前照灯暗淡	（1）灯泡。 （2）线束

2. 前照灯电路的检测与修复

（1）前照灯电路检测要点

对于前照灯电路的检查，应抓住三个部分：第一为电源至灯光部分，此部分电路包括了蓄电池电压及熔丝。第二部分为灯光至控制开关部分，此部分应主要检查灯、控制开关。第三部分为控制开关至搭铁部分，此段主要检查搭铁点，如图2-73所示。

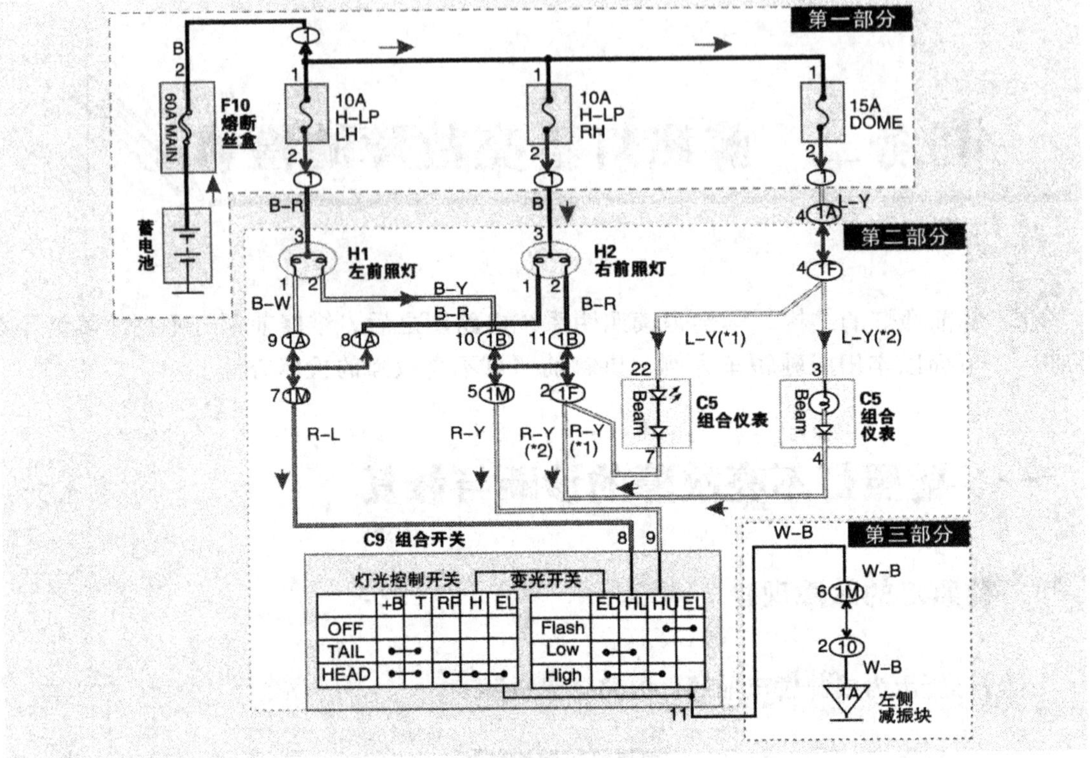

图2-73　前照灯电路测图

（2）前照灯都比较暗淡的检查

如果前照灯都比较暗淡，应首先检查电源电压是否正常，如果偏低，检查充电系统。否则检查前照灯及其线路接触情况，并进行修理。

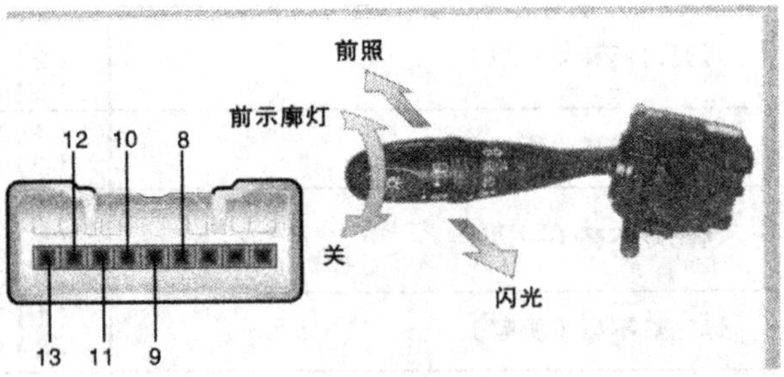

图2-74　灯光控制开关的检查

（3）前照灯组合开关总成的检查

①检查灯光控制开关是否导通，如图2-74所示。按照表2-6检查开关在每个位置时各端子之间是否导通。

②检查前照灯变光开关是否导通。

按照表2-7检查开关在每个位置时各端子之间是否导通。

检查灯光控制开关位置　表2-6

开关动作	测试端子	规定状态
OFF	10-11、12-13	不导通
TAIL	10-13	导通
HEAD	10-13、11-12	导通

注：如果不符合规定，则更换开关

检查前照灯变光开头位置　表2-7

开关动作	测试端子	规定状态
Flash	9-11	导通
Low Beam	8-11	导通
High Beam	9-11	导通

注意：检查“远光灯光柱”和“近光灯光柱”时，把前照灯组合开关转到前照灯打开位置。

如果不符合规定，则更换开关。

3. 前照灯的拆装

威驰轿车左前照灯单元总成的拆装如下：

左前照灯分解图如图2-75所示。

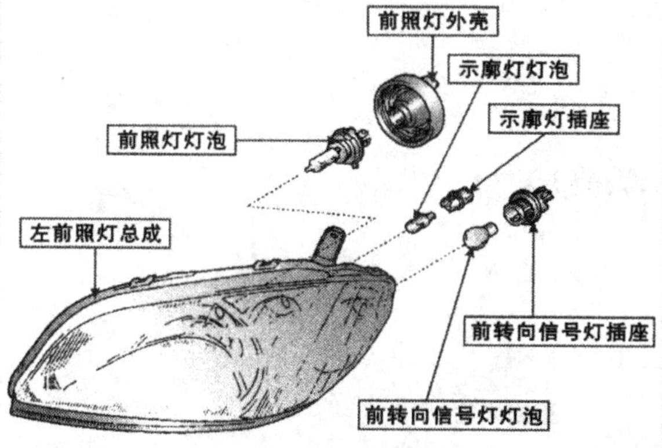

图2-75　前照灯分解图

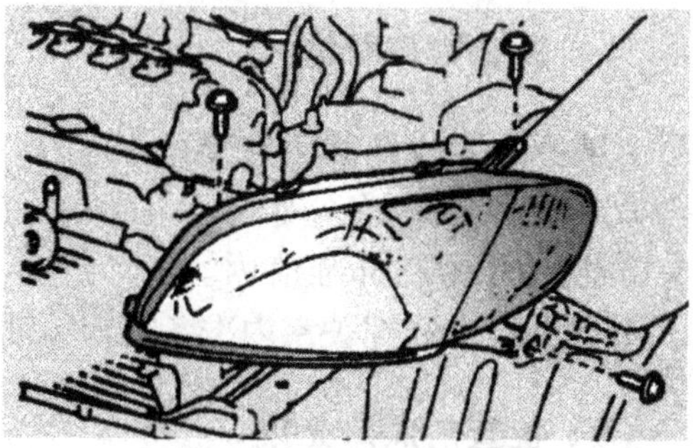

图2-76　拆下前照灯

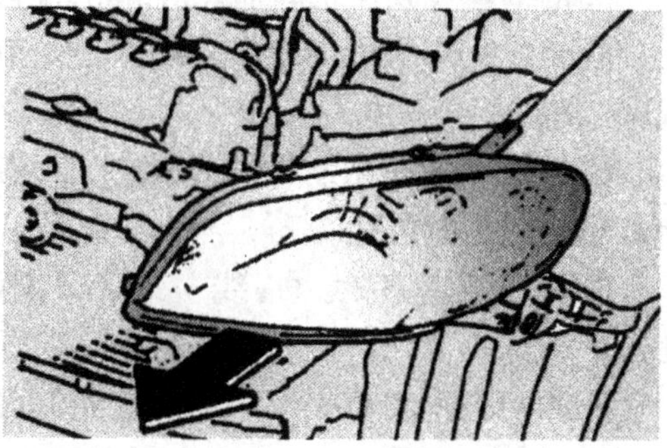

图2-77　拉出前照灯总成

①拆下散热器护栅附属总成。

②拆下前保险杠盖。

③拆下左前照灯总成。

a.拆下3个螺钉和螺栓，如图2-76所示；

b.拆下连接器；

c.向前拉出前照灯总成，如图2-77所示；

d.拆下前照灯总成。

④拆下示廓灯泡。

a.如图2-78所示，连同示廓灯插座一起，拆下示廓灯。

b.从示廓灯插座上拉出示廓灯。

⑤拆下前转向信号灯灯泡。

a.把前转向信号信号灯灯泡和前转向信号灯插座一起拆下来。

b.从前转向信号灯插座上拆下前转向信号灯灯泡。

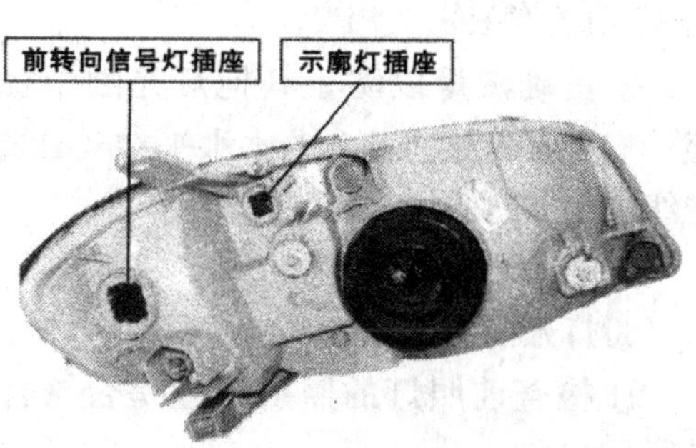

图2-78　拆下示廓灯

⑥拆下前照灯灯罩。
⑦调整前照灯光束。
⑧按与拆卸相反的顺序安装左前照灯。

二、前照灯光束的检测与调整

(1)调整汽车状态

①前照灯附近车身未变形。
②车辆水平停放。
③轮胎压力在标准值内。
④驾驶员坐在驾驶室内准备发车(油箱加满油)。

(2)检查前照灯光束

①准备一张白色的薄纸。

②把纸垂直放在距离前照灯3m的位置。

③如图2-79所示，确保车辆中心线与纸面成90°角。

④在纸上画一条水平线(H线)，表示前照灯可能的照射位置。

⑤画一条垂直线(V线)表示车辆的中心。

⑥画两条垂直线表示两侧的前照灯可能的照射位置。

⑦画一条水平线(把两个近光灯中心记号连接起来)与表示前照灯可能的照射位置(右侧H线和左侧H线)相交。

⑧正确测量以防止其他灯光的干扰。**注意**：右侧H线和左侧H线比水平线(H线)在光线轴线方向低0.57°。

⑨启动发动机。

⑩打开前照灯。

⑪检查前照灯的照射位置是否符合图2-79所示标准。

⑫如果不符，在垂直方向调整前照灯。

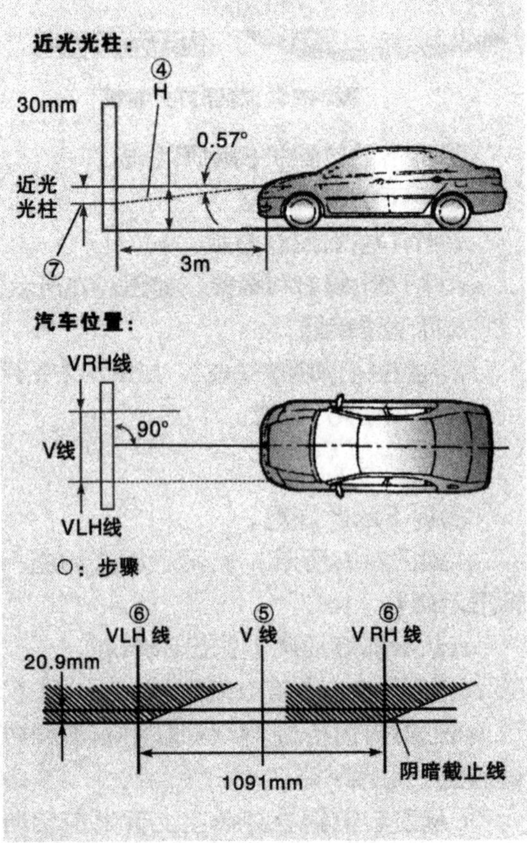

图2-79 检查前照灯光束

（3）如图2-80所示，同时调整右侧和左侧的位置

①在垂直方向调整时：在允许的范围内调整螺栓A。

②在水平方向调整时：在允许的范围内调整螺栓B。

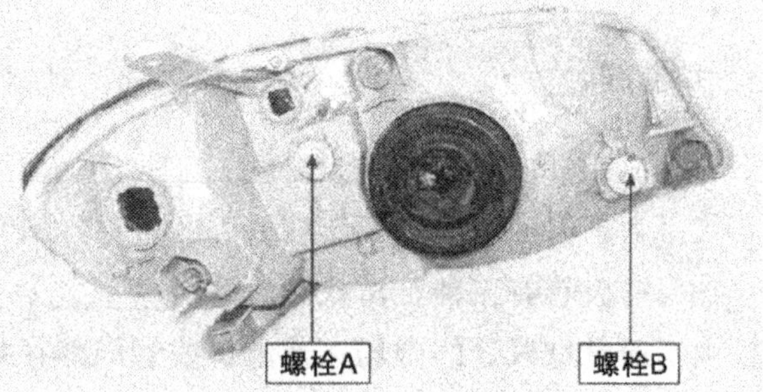

图2-80 调整前照灯位置

三、前照灯电路检测实训指导与实操工单

详见附录一。

思考与练习

一、填空题

1. 前照灯主要由______、______、______三部分组成。

2. 为了保证三极管工作在放大区，对于NPN型三极管要求：U_{BE}______，U_{CB}______。

3. 三极管有三种工作状态，即：______、______、______。

4. 通电螺线管的磁场：通电螺线管周围存在______，它的磁感应线分布与______十分相似，它的N、S极和电流方向可用______定则来确定。

二、判断题

1. 前照灯应保证夜间照亮车前至少100m内的路面。 (　　)

2. 前照灯反射境内表面镀银、铝或铂，然后抛光。 (　　)

3. 配光镜的作用是将灯泡的光线聚合并导向前方。 (　　)

4. 新型高压放电氙气灯管内充有氮气及微量金属。 (　　)

5. 前照灯灯泡经常烧坏、故障可能出自发电机的电压调节器。 (　　)

6. 左、右前照灯都不亮，首先应检查灯泡。 (　　)

三、选择题

1. 传统前照灯的主要光学系统不包括（　　）。

A. 反射镜　　B. 配光镜　　C. 配光屏　　D. 灯泡

2. 半导体二极管加正向电压时，有（　　）。

A. 电流大电阻小　　B. 电流大电阻大　　C. 电流小电阻小　　D. 电流小电阻大

3. PN结正向偏置时，其内电场被（　　）。

A. 削弱　　B. 增强　　C. 不变　　D. 不确定

4. 半导体稳压二极管正常稳压时，应当工作于（　　）。

A. 反向偏置击穿状态　　B. 反向偏置未击穿状态

C. 正向偏置导通状态　　D. 正向偏置未导通状态

5. 在本征半导体中掺入（　　）构成P型半导体。

A. 3价元素　　B. 4价元素　　C. 5价元素　　D. 6价元素

6. 某NPN型三极管的输出特性曲线如图2-81所示，当V_{CE}=6V，其电流放大系数 β为（ ）。

A. β =150　　B. β =100
C. β =50　　D. β =25

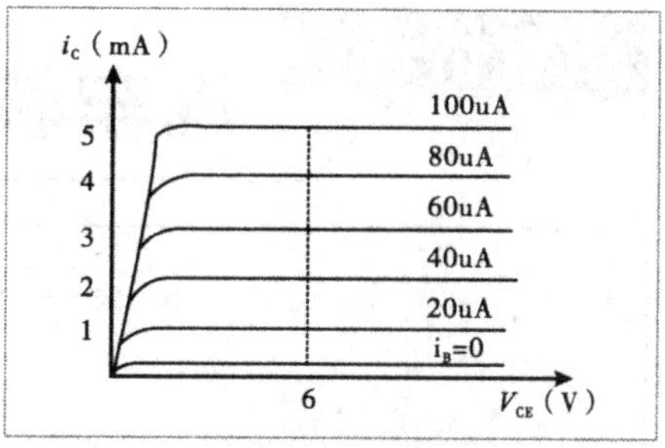

图2-81 NPN型三极管输出特性曲线

7. 测量放大电路中某三极管各电极电位分别为6V、2.7V、2V，如图2-82所示，则此三极管为（ ）。

A. PNP型锗三极管　　B. NPN型锗三极管
C. PNP型硅三极管　　D. NPN型硅三极管

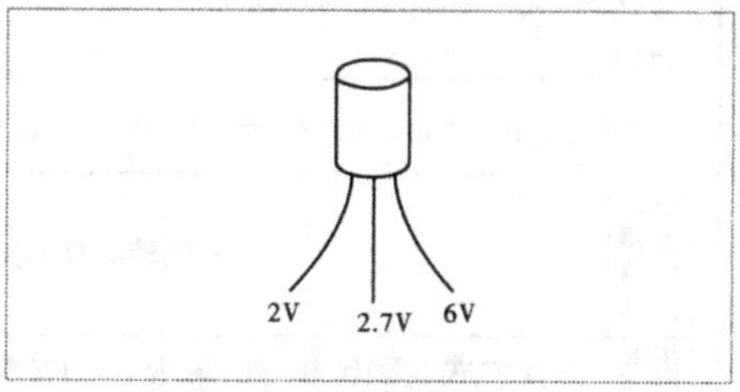

图2-82 三极管电极电位

8. 用万用表R×1挡测量二极管时，若测得正反向电阻值均为无穷大，说明二极管（ ）。

A. 短路　　B. 断路
C. 正常

9. 灯光继电器接入电路时，B端（ ）。

A. 搭铁　　B. 接电源　　C. 接前照灯开关　　D. 接变光开关

10. 采用屏幕法检验前照灯，一般要求汽车（车灯）距离屏幕（ ）。

A. 3m　　B. 5m　　C. 8m　　D. 10m

11. 照灯高技术层出不穷，比如（ ）。

A. 高压放电氙气　　B. 卤素灯　　C. 红外线前照灯　　D. 紫外线前照灯
（HID）前照灯

12. 前照灯灯光暗淡，最不可能的原因是（ ）。

A. 蓄电池电压过低　　B. 配光镜沾灰　　C. 线路接触不良　　D. 点火开关损坏

13. 汽车上有哪些灯采用双丝灯泡（ ）。

A. 前照灯　　B. 雾灯　　C. 前示廓灯　　D. 倒车灯

四、计算题

1. 放大电路如图2-83所示，若V_{CC}=6V，R_C=2kΩ，R_b=200 kΩ，R_L=5.1 kΩ，β=50，求静态工作点。

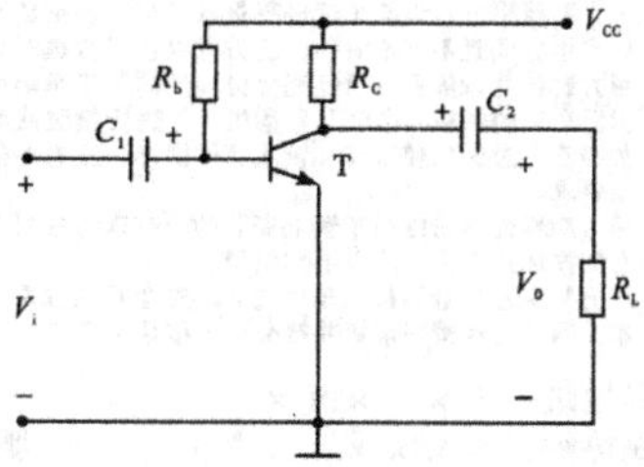

图2-83 放大电路

××××××汽车维修有限公司

维修委托书

工单号 No: 200805238

客户名称：张三　车牌号：×××0088　购车日期：2005年3月6日　联系电话：×××××××××××

联系人：张三　车　型：丰田威驰　Vin No.：L T V B A 4 2 3 X 5 0 0 9 4 0 7 5

送修日期：2008年 5 月 5 日　交付日期：2008年 5 月 9 日　行驶里程：0 9 0 6 0 0

报修症状故障描述	左侧转向灯不亮	交接物品	无
提车要求	付款方式：☑现金　□刷卡　□支票　其他：	其他	洗车 是☑ 否□　带走旧件 是☑ 否□

序号	报修项目
1	更换左侧转向灯
2	
3	
4	
5	
6	
	小计：150元

备注	维修检查及施工情况详细见《维修检查·施工单》					
	旧件检查	空罐		旧件		油量 E 1/4 1/2 3/4 F

第一联：客户（取车凭证，请注意保管）

全车外观检查

车身如有变形、油漆划痕、玻璃、灯具裂痕等损伤，请在示意图中的方格内标注"√"。

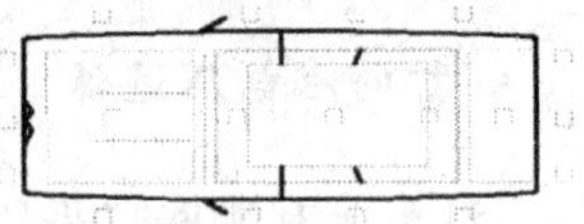

维修委托书细则

甲方：（客户）

乙方：××××××汽车维修有限公司

维修细则：

1. 甲方已确认无包括现金在内的贵重物品遗留在车上。
2. 甲方已阅读并理解了本委托书及对应的《维修检查·施工单》上的所有内容，同意按乙方所列的维修项目和价格进行维修，甲方愿意支付相关的维修服务费及零件费。
3. 乙方同意甲方对维修车辆进行维修试车，包括场地试验或路试。
4. 如果甲方同意不带走旧件，乙方可以在甲方提车后对旧件进行处理。
5. 甲方确认并理解乙方已经充分告知的的关于车辆检测或维修的相关情况，同时乙方有权采取必要的措施（包括但不限于拆解车辆的机械、电路及发动机等）进行检测或维修。同意乙方在对车辆进行进一步检测或维修时不再另行通知甲方。
6. 如因乙方过失致使维修车辆或部件损坏，乙方赔偿的范围仅限于维修或更换损坏车辆的部件，甲方同意不再提出其他赔偿要求。
7. 甲方应事先备份维修车辆上安装的所有软件或可存储数据信息。无论如何，维修车辆上安装的所有软件或可存储数据信息的损坏或丢失，乙方不作赔偿。
8. 甲方应在乙方通知提取车辆之日起壹个月内提取车辆，逾期不取，乙方有权按政府公布的停车费价格收取保管费用。

本人确认已经清楚理解并接受以上维修细则。

甲方(客户)签名
张三
日期：2008年5月5日

公司地址：××××××

救援热线：××××××××××××　服务热线：020-××××××××　传真：020-×××××××××

开户行：××××××××　账号：××××××××××××××　乙方代表(接待员)：李先生

有一客户开来一辆威驰轿车，左侧转向灯不亮，要求给予维修。

要完成这个工作任务，我们必须知道汽车信号系统（含转向灯）的构成及其工作原理、汽车信号系统电路图的识读方法、信号系统的检修方法，下面就分步来完成本学习情境的学习任务。

任务一　汽车信号系统的识别

一、汽车信号系统的组成及分布

汽车信号装置的作用是通过声、光信号向环境（如人、车辆）发出警告、示意信号，以引起有关人员注意，确保车辆行驶的安全。**它包括灯光信号装置和声音信号装置两部分。**

灯光信号

转向信号灯：装于汽车前后或侧面，用于在汽车转弯时发出明暗交替的闪光信号。

危险报警灯：当车辆出现故障停在路面上时，按下危险警报开关，全部转向灯同时闪亮，危险报警灯与转向信号灯共用。

示廓灯：装于汽车前后两侧边缘，白色，用于标示汽车夜间行驶或停车时的宽度轮廓。

尾灯：装于汽车尾部，左右各一只，红色。用于在夜间行驶时向后面的车辆或行人提供位置信息。

制动灯：装于汽车后面，用于当汽车制动或减速停车时，向车后发出灯光信号，以警示随后车辆及行人。

倒车灯：装于汽车尾部，左右各一只，白色。用于照亮车后路面，并警告车后的车辆和行人，该车正在倒车。

威驰轿车灯光信号位置，如图3-1所示。

声音信号有：

倒车蜂鸣器、语音、电喇叭等。

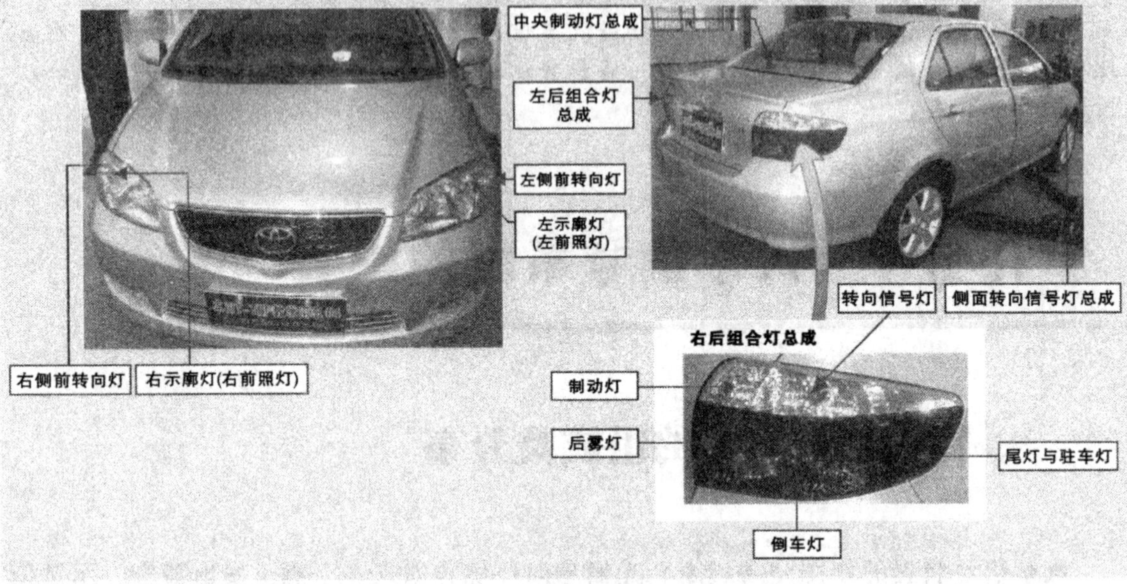

图3-1 威驰灯光信号位置图

二、电容器

1. 电容器的概念

电容器是由被绝缘物质隔开而又相互靠近的两个导体组合形成的，用以储存和容纳电荷，也简称为电容。两个导体叫电容器的极板，用导线引出，中间的绝缘物质叫电介质。电容在电路中常用字母“*C*”表示。电容的单位有：F（法拉）、μF（微法）、nF（纳法）、pF（皮法）。

$$1F=10^6\mu F=10^9nF=10^{12}pF$$

2. 电容的分类与识别

电容种类有多种，根据容量是否可变可分为固定电容、可变电容；根据材料可分为电解电容、瓷片电容、云母电容、涤纶电容、钽电容等，其中钽电容特别稳定。电容还可分为无极性电容与有极性电容，电解电容是有极性的，其正负极通常有明显的标志，更换该类型元件时，应注意极性，如极性错误会导致元件损坏。

目前，汽车电脑板中也大量地采用贴片电容，其外观与贴片电阻有一点相似，两端为银白色，但中间部分通常为灰色或黄色，各种电容实物如图3-2所示。

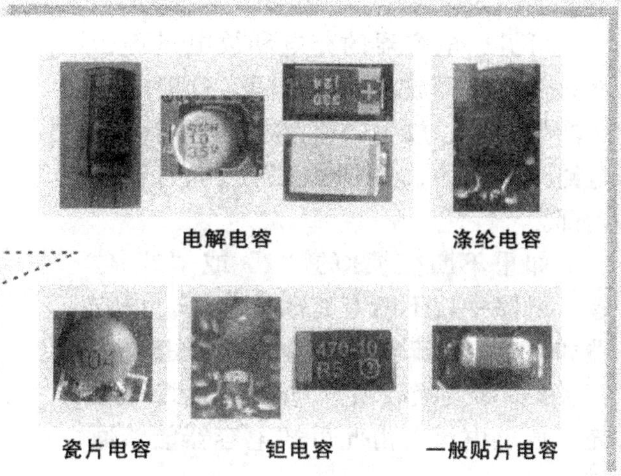

图3-2 各种电容实物图

3. 电容的充电和放电

（1）电容的充电

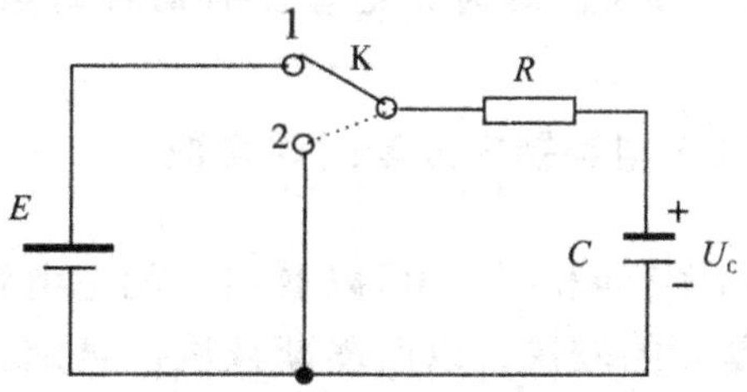

图3-3 电容的充电和放电

如图3-3所示，当开关K接1时，电容器处于充电状态，其物理过程为：K接通“1”瞬间，电容器上还未积聚电荷，$U_C=0$，充电电流$i=E/R$为最大。随着充电的继续，U_C逐渐增大，i逐渐减小，当$U_C=E$时，$i=0$，充电结束，如图3-4的所示为充电曲线。这时，电容器将电能转化为电场能的过程也结束，电路中不再有电流通过。这就是电容的隔直作用。

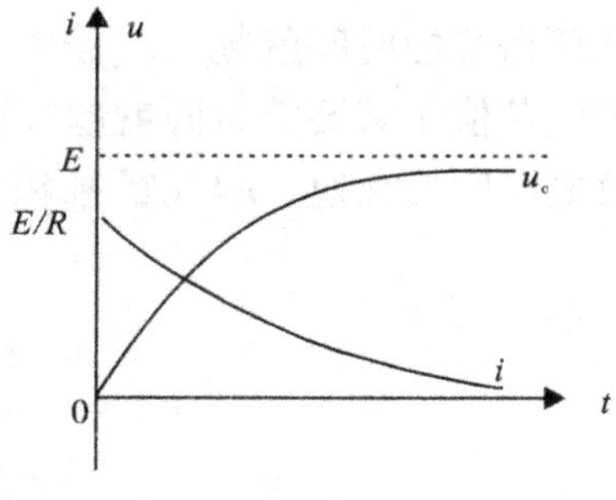

图3-4 电容器充电时u_c与i的变化曲线

（2）电容的放电

充电结束后，在图3-3中，把开关K接“2”，电容器处于放电状态。其物理过程为：K接通“2”瞬间，电容器放电，放电电流与充电电流方向相反，且$i=u_c/R=E/R$为最大。随着放电的继续，u_c逐渐下降，i也逐渐减小，当$u_c=0$时电容器中所储存的电场能全部释放完，这时$i=0$，放电结束。

可见，电容器的充电和放电过程，就是储存和释放电荷的过程。这时电路所产生的充、放电电流是在电容器外部电路上形成的，并非真正穿过电容器的内部。

如果不断变换K的“1”或“2”位置，电路中就不断有充放电电流。电容器如果接上交流电源，就相当于图3-3中开关K不断变换位置，电路中始终存在充、放电电流。由此可知电容器能够通交流。

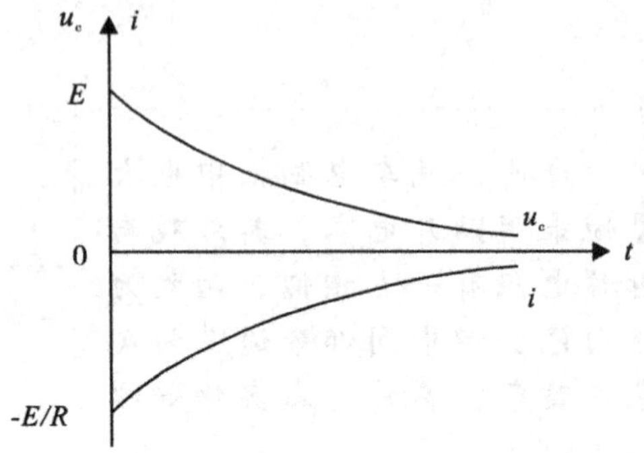

图3-5 电容器放电时u_c与i的变化曲线

如图3-5所示，图中电流画在纵轴的负半轴，是考虑到放电电流方向与充电电流放向相反。这时，电容器将储存的电场能释放给电阻R而消耗。

（3）电容器充放电时间常数

由图3-4和图3-5可以看出，无论电容器充电还是放电，电流、电压随时间变化的曲线都是开始较快，以后逐渐减慢，直到无限接近最终值。经数学证明，电容器充电时，u_c按指数规律上升，i按指数规律下降；电容器放电时，u_c按指数规律下降，i按指数规律（负值）下降。

电容充电时，当电路中电阻一定，电容量越大，则达到同一电压所需要的电荷就越多，因此所需要的时间就越长；若电容量一定，电阻越大，充电电流就越小，因此充电到同样的电荷值所需要的时间就越长。放电规律也是如此，这说明R和C的大小影响着电容充、放电时间的长短。R与C的乘积叫RC的时间常数，用τ表示，即：

$$\tau=RC$$

因此，充电和放电的快慢可以用τ来衡量。τ越大，充电越慢，放电也越慢，即暂态过程就长。反之τ越小，暂态过程就越短。

根据指数曲线规律可知，理论上，必须经过无限长的时间暂态过程才能结束。但在实际中，当时间经过了5τ后，充电电容器上的电压已接近电源电压E，同时充电电流已几乎为0；放电电容上的电压接近0，同时放电电流已几乎为0；所以实际应用中，当暂态过程经过5τ后，可认为暂态过程基本结束，已进入稳定状态了。

三、闪光器的结构及工作原理

转向信号装置由转向信号灯、闪光继电器和转向开关等组成。

常见闪光器有电热式、电容式、电子式三类。其中电热式闪光器结构简单，成本低，但闪光频率不够稳定，使用寿命短，已被淘汰；而电容式闪光器闪光频率稳定，电子式闪光器具有性能稳定、可靠等优点，故被广泛应用。

1. 电容式闪光器

电容式闪光器外形和结构原理图，如图3-6所示。

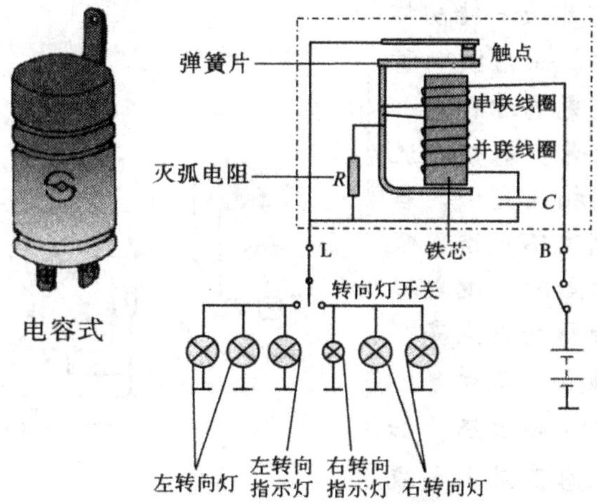

图3-6 电容式闪光器外形和结构原理图

工作原理：汽车转向时，接通转向开关，电流经蓄电池“+”极→电源开关→接线柱B→串联线圈→常闭触点→接线柱L→转向开关→转向灯及转向指示灯（左或右）→搭铁→蓄电池“-”极，构成回路。

流经串联线圈的电流产生的吸力大于弹簧片的作用力，将触点迅速打开，由于流过转向灯灯丝电流时间很短，故灯泡处于暗的状态（未来得及亮）。触点打开后，蓄电池开始向电容器*C*充电，回路为：蓄电池“+”极→电源开关→接线柱B→串联线圈→并联线圈→电容*C*→转向开关→转向灯及转向指示灯（左或右）→搭铁→蓄电池“-”极。由于线圈丝电阻较大，充电电流较小，仍不足以使转向灯亮。同时，两线圈产生的电磁吸力方向相同，使触点维持打开，随着电容器*C*两端电压升高，充电电流逐渐减小，电磁吸力也减小，在弹簧片作用下，触点闭合。随后，电源通过串联线圈、触点、转向开关、向转向灯供电，电容器经并联线圈、触点放电。由于此时两线圈磁力方向相反，产生的合成磁力不足以使触点打开，此时转向灯亮。随着*C*两端电压下降，流经并联线圈的电流减少，产生的磁力减弱，串联线圈产生的电磁吸力又将触点打开，转向灯变暗。如此反复，使转向灯以一定的频率闪烁。

2. 电子式闪光器

电子式闪光器分为晶体管式和集成电路式两类，图3-7所示为带继电器触点式晶体管闪光器外形和结构原理图，其触点为常闭合触点。

工作原理：当车辆转弯时，接通电源开关SW和转向开关K，电流经蓄电池“+”极→电源开关SW→接线柱B→R_1→继电器J的触点→接线柱S→转向开关K→转向灯及转向指示灯（左或右）→搭铁→蓄电池“-”极，转向灯亮。由于R_1上的分压给三极管VT提供了偏置电压而使其导通，集电极电流流经继电器J的线圈，其上产生的吸力使触点断开。三极管VT导通后其基极电流向电容器充电，**其回路为：**蓄电池“+”极→电源开关SW→接线柱B→发射极、基极→电容器C→R_3→转向灯开关→转向灯及转向指示灯（左或右）→搭铁→蓄电池“-”极。电容器C充电过程中，随着电容器两端电压上升，基极电流变小，使集电极电流也相应变小。当流经继电器J的线圈的电流不足造成吸力减小而释放常闭合触点时，继电器J的触点又重新闭合，使转向灯点亮，同时电容器通过R_2、触点、R_3放电，由于此时R_2向VT提供了反向偏压，加速了VT的截止。随着电容器放电电流的减小，R_1上的压降又为VT提供了正向的偏置电压。这样循环往复，使转向信号灯闪烁发光。

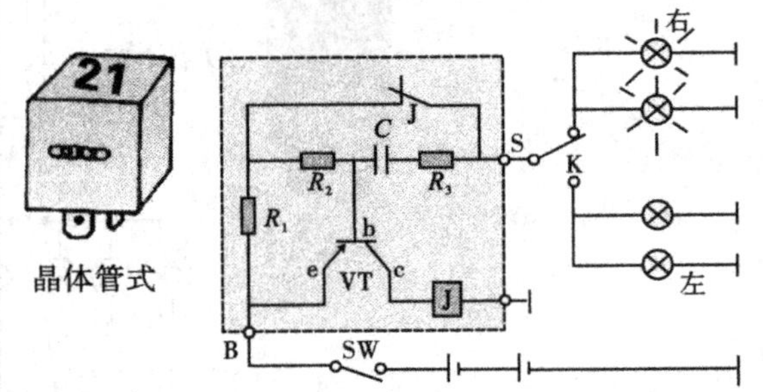

图3-7 晶体管式闪光器外形和结构原理图

任务二　汽车信号系统电路图识读

一、常见警告灯、指示灯和开关符号

常见的报警灯、指示灯和开关图形符号，如表3-1所示。

常见报警灯图形符号及作用　　表3-1

图形	名称	作用
	蓄电池液面过低报警灯	蓄电池的液面比规定量低时灯亮。
	机油压力过低报警灯	开启点火开关时该指示灯即闪烁。发动机启动后应熄灭。如果在启动后该灯未熄灭或在行驶途中发动机转速超过2000r/min时该灯闪烁，请立即停车，将发动机熄火并检查发动机机油油位。 如果油位过低，应立刻添加。
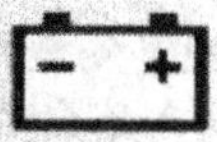	充电报警灯	开启点火开关时亮起。发动机启动后应熄灭。 如果该灯未熄灭或在行驶途中亮起，应立即停车，关闭发动机，检查发电机皮带。 如果发电机皮带正常，但行驶中蓄电池仍持续放电，此时应关闭所有不必要的用电器，包括空调系统。
	冷却液温度报警灯	当发动机冷却液温度高到一定程度时，警告灯自动点亮，以示警报。
	预热指示灯	点火开关闭合时灯亮，预热结束时灯灭。
	燃油滤清器积水报警灯	燃油滤清器内积水时灯亮。
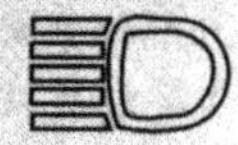	远光指示灯	使用前照明灯远光时灯亮。

续上表

图形	名称	作用
	散热器液面不足报警灯	散热器的液面比规定的少时灯亮。
	驻车制动报警灯	打开点火开关，该灯才起作用。拉上驻车制动，该灯将保持点亮。
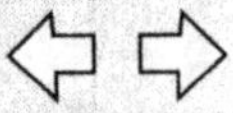	转向指示灯	分为左转向信号指示灯和右转向信号指示灯。打开左转向灯或右转向灯的同时，相应的转向信号指示灯也随之一起闪烁（较慢）。当开启危险闪光报警灯，左右转向灯和左右转向信号指示灯将同时闪烁。如果转向信号指示灯的闪烁频率加快1倍，表明相应转向灯出现故障。
	制动系统报警灯	打开点火开关，该灯才起作用。拉上驻车制动，该灯将保持点亮。 如果在释放驻车制动之后仍然点亮，表示制动液油位过低。
	燃油过少报警灯	当燃油箱内油量不足10 L时，该灯即点亮报警，同时燃油表指针将指向红色警报线。 当报警灯亮起时，请尽快补充燃油。
	安全带报警灯	在点火开关打开时，如果驾驶员安全带没有系，则该警告灯亮，提示驾驶员系好安全带。
	车门未关报警灯	位于仪表中央时钟显示屏的中央。点火开关打开时，如果车门或行李厢门未正确关闭，此灯将显示四门和行李厢门的状态。
	制动灯或后示位灯失效报警灯	制动灯或后示位灯断路时灯亮。
	洗涤器液面过低报警灯	洗涤器液面过低时灯亮。
	安全气囊报警灯	在点火开关打开时，故障检查指示灯应闪烁6次后熄灭，如果故障指示灯持续亮6s后熄灭则表示存有故障码，但是不影响安全气囊系统正常工作。

续上表

图形	名称	作用
ABS	防抱死制动失效报警灯	ABS电控部分有故障时灯亮。
	发动机故障报警灯	当点火开关打开时，该警告灯点亮，发动机电控系统处于自检状态，如果该系统没有故障，则在起动发动机后警告灯灭，如果警告灯一直亮则必须检查发动机。
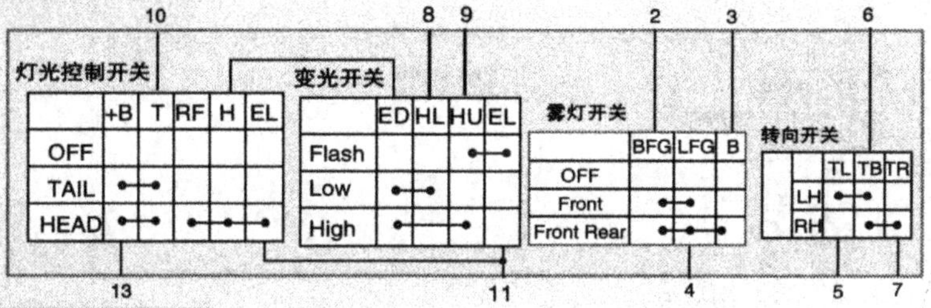	灯光组合开关	灯光组合开关由灯光控制开关、变光开关、雾灯开关、转向灯开关组成。

二、识读汽车信号系统电路图

以丰田威驰轿车为例，对汽车信号系统电路进行识读。

1. 识读转向信号和危险报警灯电路

转向与危险告警灯电路主要由转向信号闪光灯继电器控制，如图3-8所示。**供电电流流向：蓄电池电源→100A ALT熔丝→50A AM1熔丝→点火开关IG1→10A仪表熔丝→闪光继电器1脚，此为IG电源；蓄电池电源→100A ALT熔丝→10A危险警告灯熔丝→闪光继电器4脚，此为常火电源供电。**

闪光灯继电器的7脚为搭铁脚，经1A搭铁。闪光灯继电器的8脚外接危险信号告警灯，当按下危险信号告警灯开关，闪光灯继电器的8脚搭铁，闪光灯继电器收到危险告警信号。闪光灯继电器的5脚、6脚外接转向开关。

当转向开关“左”挡时，转向开关的5脚与6脚接通，转向信号闪光灯继电器的5脚→转向开关的6脚→1A搭铁，此时，闪光灯继电器内部左转向触点闭合，电压经闪光灯继电器的3脚输出分四路：第一路到左前转向信号灯→EB或EA搭铁，此时左前转向信号灯亮起；第二路到左前侧转向信号灯→EB或EA搭铁，此时左侧转向灯亮起；第三路经左后组合灯→BB搭铁，左后组合灯中的转向灯亮起；第四路经组合仪表的A2脚（或A21脚）→组合仪表内部的左转向指示灯→组合仪表的A1脚（或B7脚）→1A搭铁，组合仪表上的左转向指示灯亮起。

当转向开关“右”挡时，转向开关的7脚与6脚接通，转向信号闪光灯继电器的6脚→转向开关的7脚→1A搭铁，此时，闪光灯继电器内部右转向触点闭合，电压经闪光灯继电器的2脚输出分四路：第一路到右前转向信号灯→EB或EA搭铁，此时右前转向信号灯亮起；第二路到右前侧转向信号灯→EB或EA搭铁，此时右侧转向灯亮起；第三路经右后组合灯→BB搭铁，右后组合灯中的转向灯亮起；第四路经组合仪表的A2脚（或A21脚）→组合仪表内部的右转向指示灯→组合仪表的A1脚（或B7脚）→1A搭铁，组合仪表上的右转向指示灯亮起。

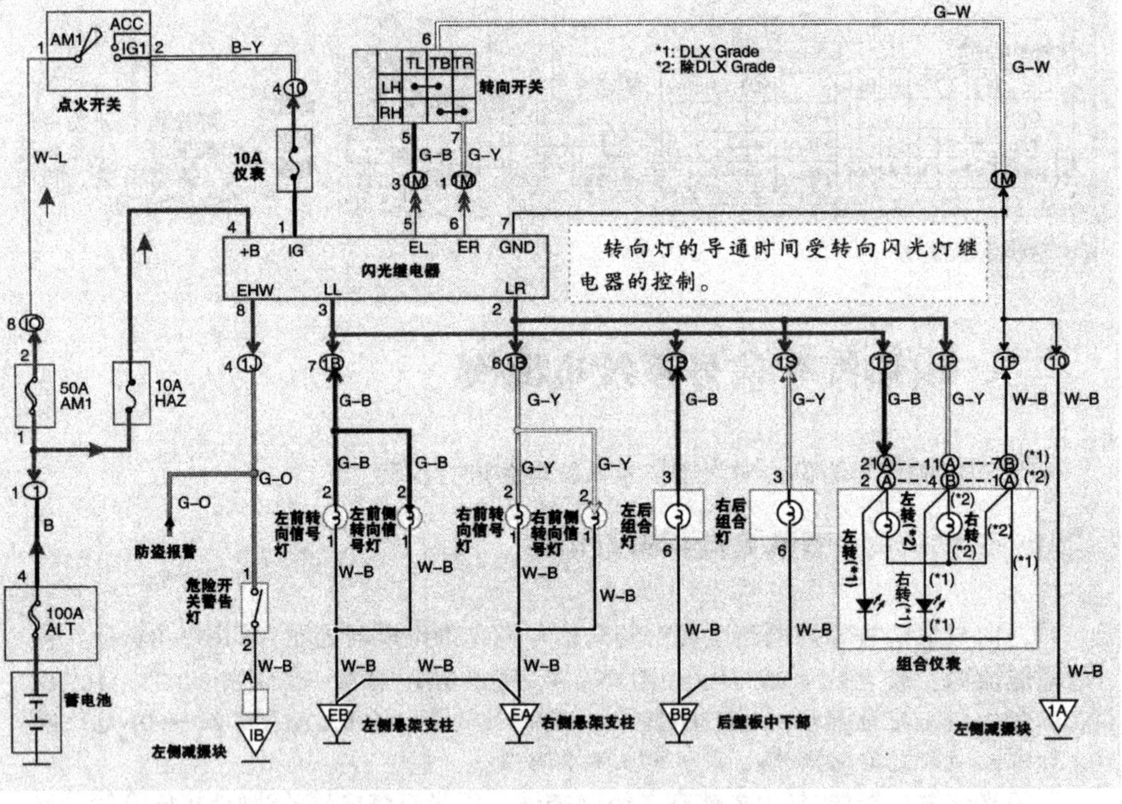

图3-8 转向信号和危险报警灯

2. 识读制动灯电路

图3-9所示为丰田威驰制动灯电路。

蓄电池电压经熔丝后供电给制动灯电路，踩下制动踏板时，制动灯开关闭合，蓄电池电压→100A ALT熔丝→10A制动熔丝→制动灯开关分三路：第一路到左后组合灯中的制动灯→1A搭铁，此时左后制动灯亮起；第二路到右后组合灯中的制动灯→1A搭铁，此时右后制动灯亮起；第三路到高位制动灯→1A搭铁，此时高位制动灯亮起。

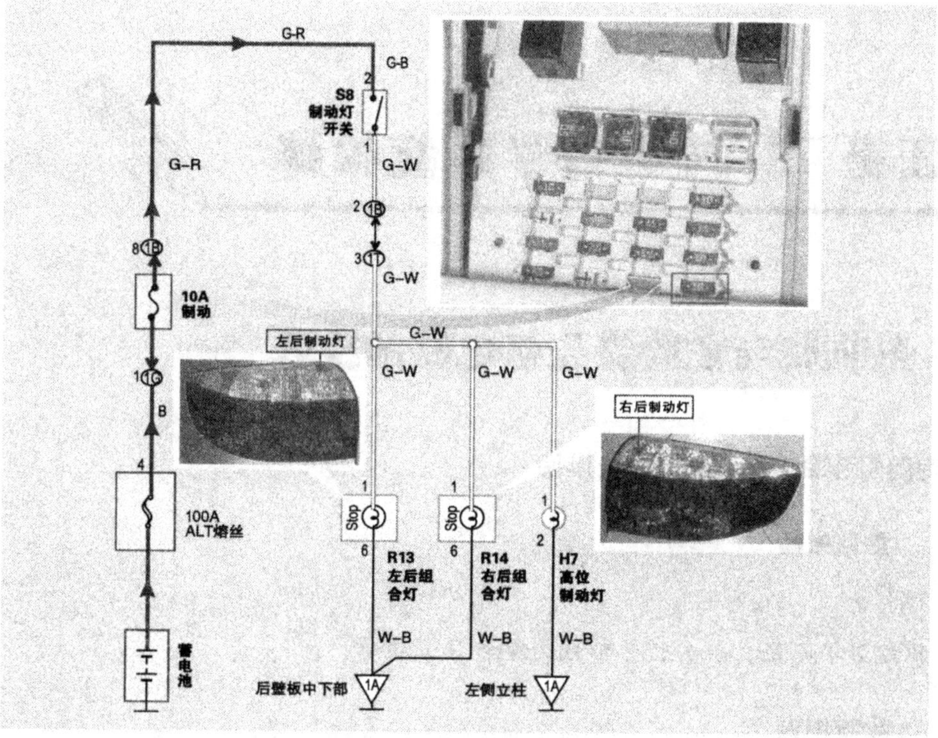

图3-9　制动灯电路图

3. 识读倒车灯电路

图3-10所示为丰田威驰倒车灯电路。

当空挡启动开关或倒挡灯开关闭合时，蓄电池电压→100A ALT熔丝→50A Am1熔丝→点火开关→10A 仪表熔丝→空挡启动开关或倒挡灯开关后分两路：一路经左后组合灯中的倒车灯→BB搭铁；另一路经右后组合灯中的倒车灯→BB搭铁。此时左右倒车灯均亮。

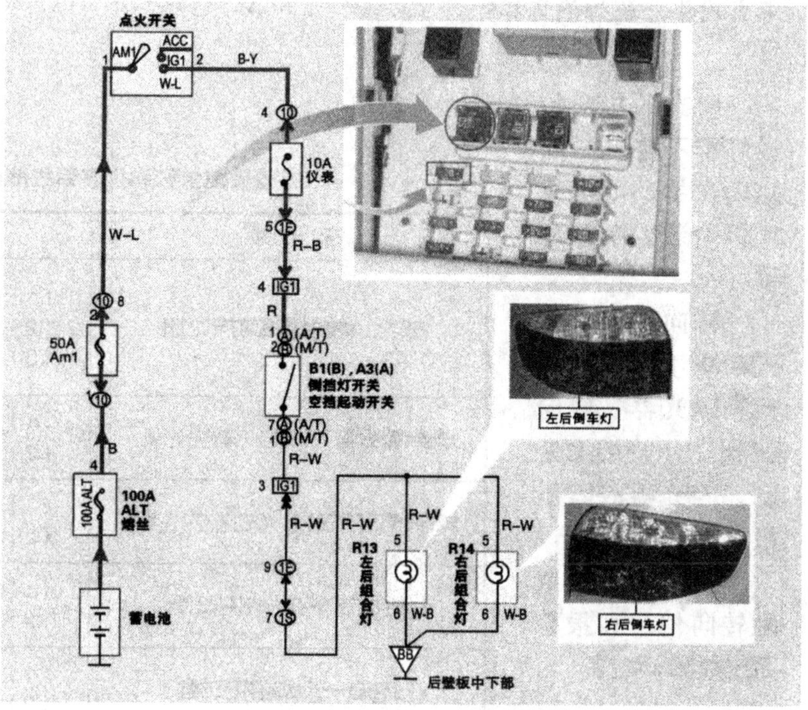

图3-10　倒车灯电路图

任务三 汽车信号系统检修

一、转向灯与危险警告灯电路的检修

1. 转向灯电路的故障现象及排除

常见故障

转向信号灯均不亮；转向信号灯闪光频率不正常等。

故障原因

熔断器熔断；闪光继电器损坏；转向信号灯开关损坏；导线接触不良；灯泡功率不当或某一边灯泡烧坏等。

所有的转向信号灯都不亮，一般是闪光器、电源线或保险装置断路所致。

转向信号灯闪光频率不正常，一般是闪光器、转向信号灯开关接线松动，闪光器故障所致。

表3-2所示为威驰转向信号和报警系统故障诊断表。

威驰转向信号和报警系统故障诊断表　　表3-2

症　状	故障部位
安全、转向警报灯不工作	（1）HAZ熔断丝； （2）转向信号闪光继电器； （3）线束
安全警报灯不工作（转向正常）	（1）安全警报信号开关总成； （2）线束
转向信号不正常（安全不正常）	（1）转向信号开关； （2）线束
转向信号有一侧不正常	（1）转向信号开关； （2）线束
只有一个灯泡不正常	（1）灯泡； （2）线泡

2. 转向灯电路检测

威驰轿车转向灯电路如图3-11所示。对于转向信号灯不亮的故障，可按下面的流程进行故障诊断及检修。

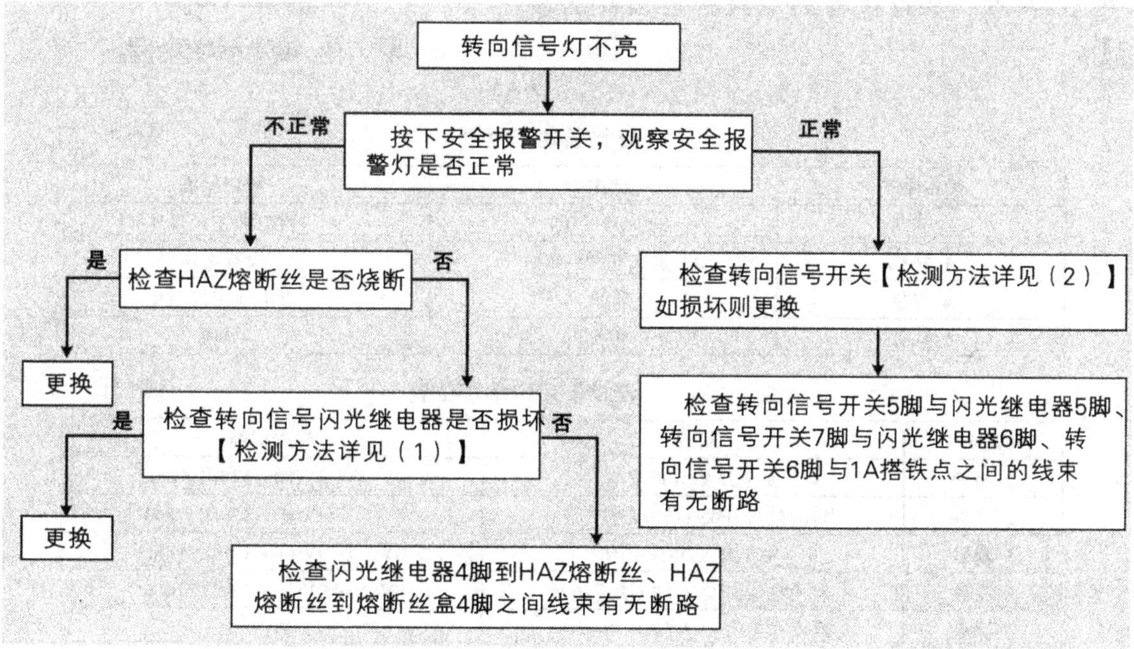

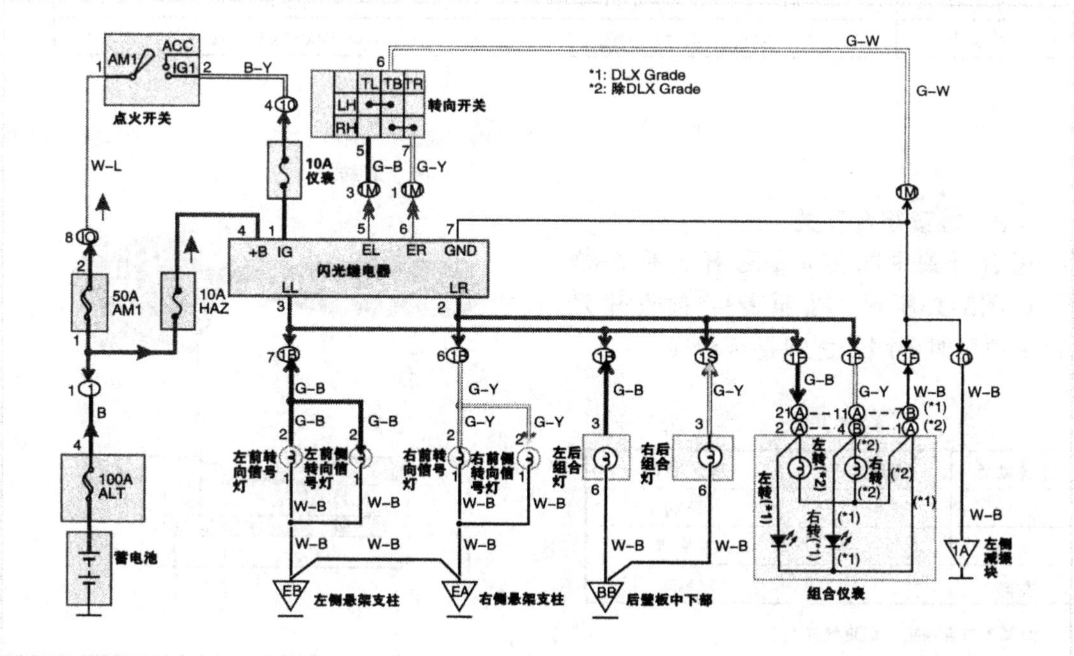

图3-11　转向信号灯电路

（1）检查转向信号闪光器

断开转向信号闪光器连接器，按照图3-12所示和表3-3所示，检查连接器上的端子。

把连接器连接到转向信号闪光器上，按照表3-4所示，从连接器后端检查连接器的端子。

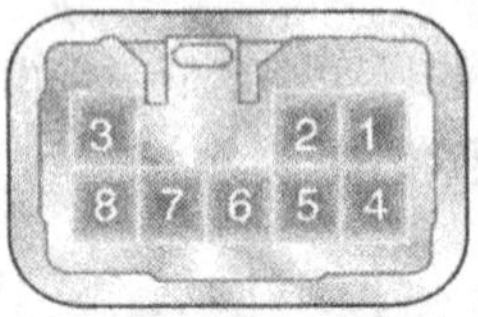

图3-12 转向信号闪光器

连接器端子位置 表3-3

测试端子	状态	规定状态
1-搭铁	点火开关ON	蓄电池正极电压
1-搭铁	点火开关OFF	没有电压
4-搭铁	常火	蓄电池正极电压
7-搭铁	常火	导通

连接器后端端子位置 表3-4

测试端子	状 态	规定状态
2-搭铁	安全开关OFF→ON	0V→0～9V(60～120次／min)
2-搭铁	转向信号开关(右转)OFF→ON	0V→0～9V(60～120次／min)
3-搭铁	安全开关OFF→ON	0V→0～9V(60～120次／min)
3-搭铁	转向信号开关(左转)OFF→ON	0V→0～9V(60～120次／min)
5-搭铁	转向信号开关(左转)OFF→ON	大于9V→0V
6-搭铁	转向信号开关(右转)OFF→ON	大于9V→0V
8-搭铁	安全开关OFF→ON	大于9V→0V

（2）检查组合开关

组合开关中的转向信号开关是否导通，如图3-13所示。按照表3-5检查开关在每个位置时各端子之间是否导通。

组合开关 表3-5

开关动作	测试端子	规定状态
右转	6-7	导通
空位	5-6-7	不导通
左转	6-5	导通

注：如果不符合规定，则更换开关。

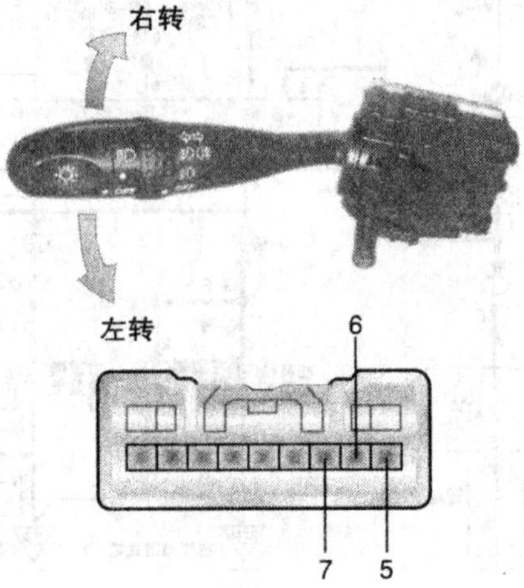

图 3-13

3. 转向灯的拆装

前转向灯的拆装在情境2前照灯的拆装中做了介绍，在此只介绍侧面转向信号灯的拆装。

（1）拆下侧面转向信号灯总成

①向车辆前方拉动侧面转向信号灯总成并偏转，松开卡钳，如图3-14所示。

②松开插座，拆下左侧面转向信号灯总成。

（2）安装侧面转向信号灯总成。给侧面转向信号灯灯罩换装新的垫圈。

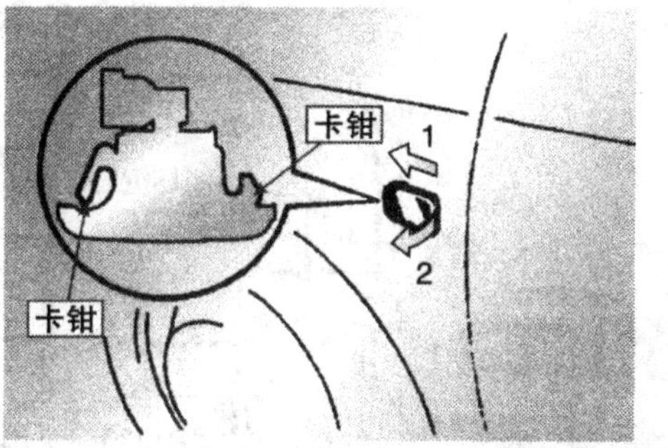

图 3-14

4. 危险警告灯控制与电路检测

危险警告灯控制电路一般由左、右转向灯，闪光器，危险报警开关等组成。当危险报警开关闭合时，左、右转向灯同时闪烁。其电路如图3-15所示，危险报警开关闭合时，危险警告灯电路为：蓄电池正极→危险报警开关→闪光器→危险报警开关→转向信号灯及转向指示灯→搭铁，这样转向信号灯及仪表板上的转向指示灯同时闪烁。

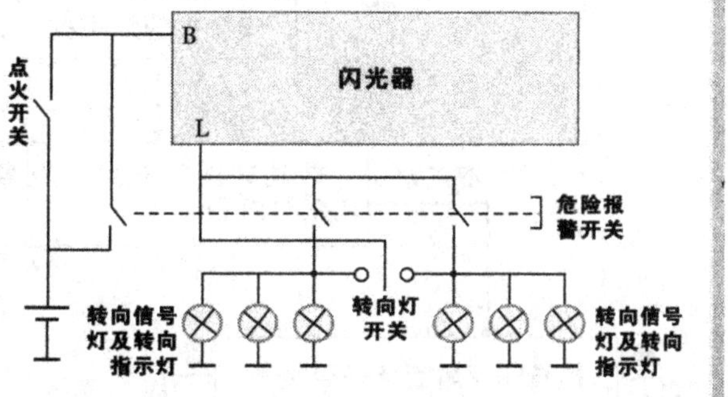

图 3-15

危险警告灯电路检测：如果转向信号灯电路正常，而危险警告灯电路仍不工作，则应重点检查危险报警开关和闪光继电器及相关的导线的连接。

威驰轿车危险报警电路如图3-16所示。

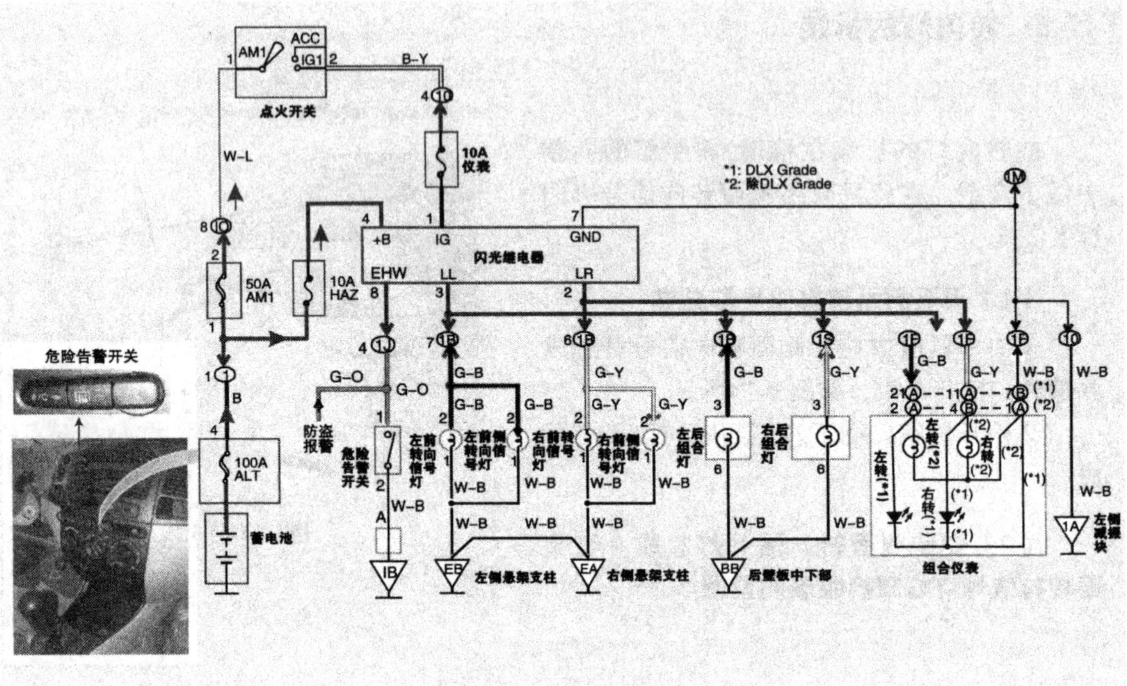

图3–16　危险报警灯电路

对于危险报警灯不亮故障可以按下面的流程进行检修：

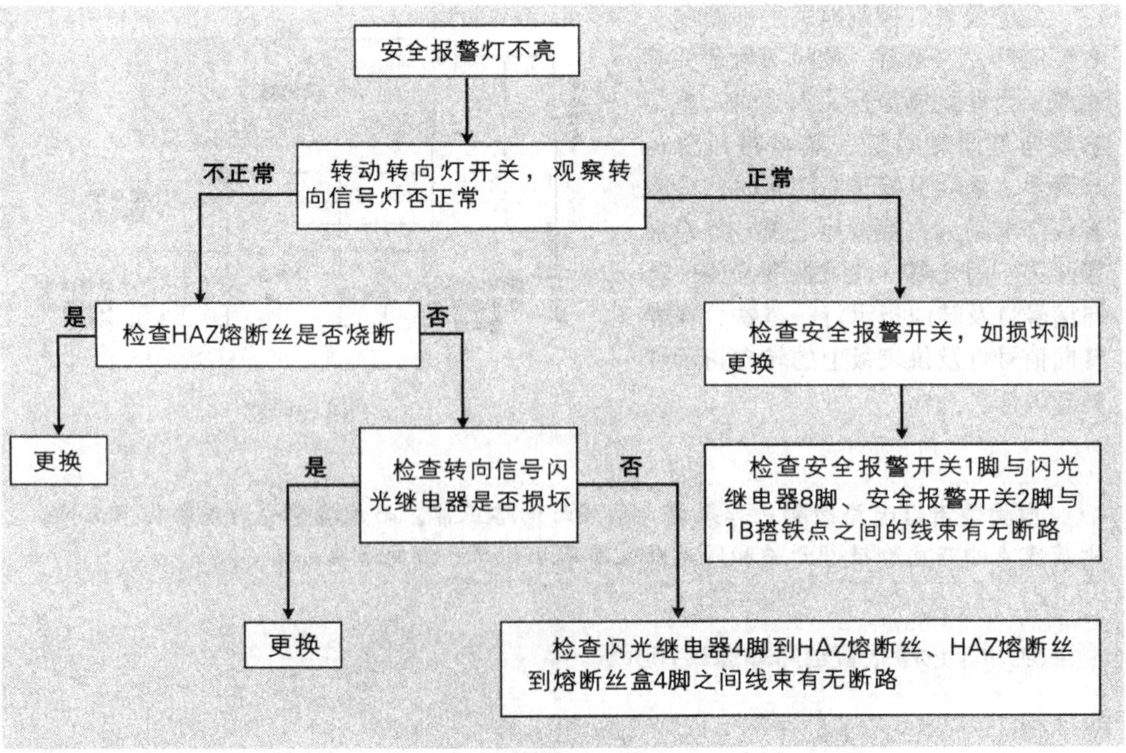

威驰轿车危险报警开关（位于综合控制面板上）的检查方法：

检查警报信号开关是否导通。检查开关工作时端子1和2之间是否导通，如图3-17和表3-6所示。

检查信号开头的方法　表3-6

开关动作	测试端子	规定状态
ON	1-2	导通
OFF	1-2	不导通

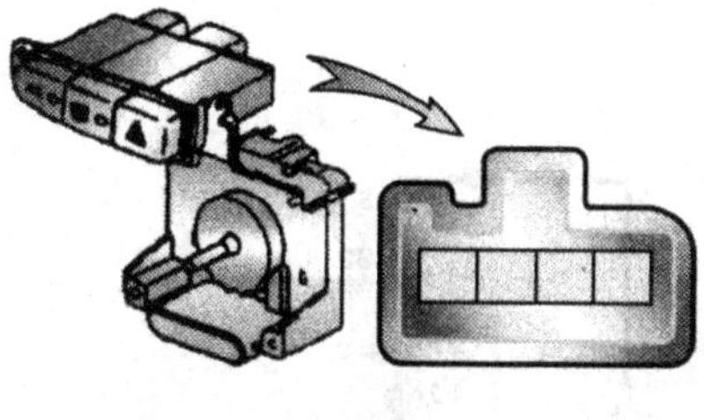

图3-17　检查警报信号

5. 转向灯与危险警告灯电路检测实训指导与实操工单

详见附录二。

二、制动灯电路的检修

1. 制动灯电路的故障现象及排除

（1）全部制动灯不亮

可先查制动灯保险，再查灯丝是否烧断、灯座是否接触不良。若上述情况正常，可短接制动灯开关；若灯变亮，说明制动灯开关坏，若仍不亮，应用试灯查线路是否断路。

（2）单边制动灯不亮

应查该制动灯是否烧断、灯座是否接触不良、该侧灯线是否折断。

（3）开示宽灯时尾灯亮，但踩下制动踏板时，尾灯反而灭

该现象的原因为该尾灯双线灯泡搭铁不良。

（4）制动灯常亮

松开制动踏板，制动灯常亮，这种故障一般出在踏板控制式制动灯开关上。应检查踏板能否复位，开关中心顶柱是否磨损或开关内部是否短路。

威驰轿车制动灯电路故障诊断表如表3-7所示。

制动灯电路故障诊断表　表3-7

症　状	可能的部位
两侧制动灯都不亮	（1）制动灯熔断丝； （2）制动灯开关； （3）线束
制动灯始终亮	（1）制动灯开关； （2）线束
制动不亮（一侧）	（1）灯泡； （2）线束

2. 制动灯电路检测

威驰轿车制动灯电路如图3-18所示。对于制动灯电路，主要应检查制动灯开关总成，制动灯开关总成的检查如下：

检查制动灯开关总成是否导通。检查开关工作时端子1和2之间是否导通，如图3-19和表3-8所示。

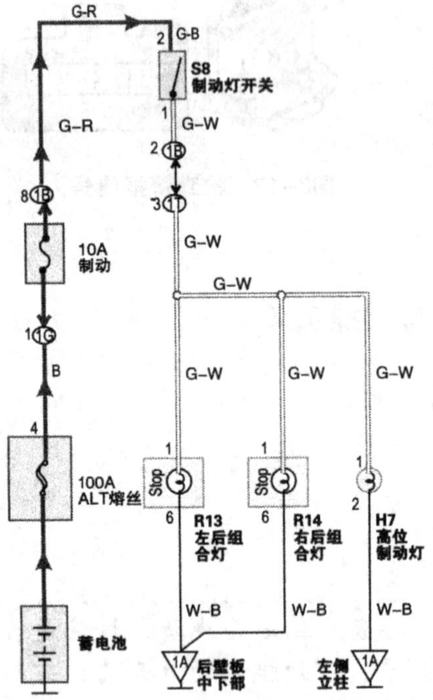

图3-18 制动灯电路图

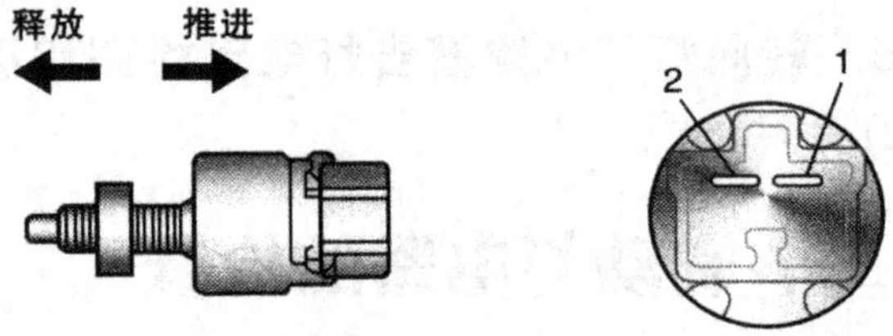

图3-19 检查制动灯开关

检查制动灯开关的方法　　表3-8

开关动作	测试端子	规定状态
开关销释放(踏板释放)	1-2	不导通
开关销推进(踏板推进)	1-2	导通

注：如果不符合规定，则更换开关。

3. 制动灯的拆装

对于后组合灯中制动灯的拆装在情境1中后尾灯的拆装部分有述，在此就只讲述中央制动灯的拆装。

以威驰轿车为例：

①如图3-20所示，拉出中央制动灯总成。

②断开连接器。

③安装步骤：按与拆卸步骤相反的顺序进行安装。

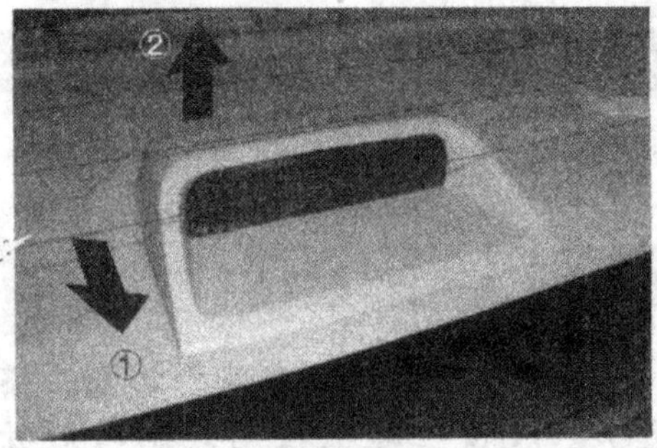

图3-20 制动灯的拆装

4. 制动灯电路检测实训指导与实操工单

详见附录三。

三、倒车灯电路的检修

1. 倒车灯电路的故障现象及排除

倒车灯常见故障有以下三种：

（1）倒车灯不亮

此故障一般是倒车灯的灯泡损坏、倒车灯开关损坏、线路有断路所致。

检修时先查看倒车灯保险是否烧断；若完好，可将倒车灯开关短接，短接后灯变亮，说明倒车灯开关失效；短接后灯仍不亮，可查倒车灯灯丝是否烧断，灯座是否接触不良；最后用试灯查线路是否断路。

（2）倒挡挂不进

遇此故障，可旋出倒车灯开关再重挂，挂进了说明倒车灯开关钢球卡死、漏装垫圈或垫圈太薄；重挂挂不进，说明变速器有故障。

（3）仅倒挡不亮，其余挡位倒车灯全亮

常开式与常闭式倒车灯开关装反了。

倒车报警电路故障的诊断方法同上。发现倒车报警器失效，一般作换件处理。在有电子配件来源的情况下，可拆开报警器外壳，检查各分立元件的性能并修复使用。

威驰倒车灯电路故障诊断表如表3-9所示。

倒车灯电路故障诊断表　　表3-9

症状	可能的部位
两侧倒车灯都不亮	（1）仪表熔断丝； （2）倒车灯开关总成(M/T)驻车/空挡位置开关(A/T)； （3）线束
两侧倒车灯始终亮	（1）倒车灯开关总成(M/T)驻车/空挡位置开关(A/T)； （2）线束
倒车灯不亮（一侧）	（1）灯泡； （2）线束

2. 倒车灯电路检测

威驰轿车倒车灯电路如图3-21所示，对于该电路来说主要应检测倒车灯开关总成或空挡停车位置开关（自动变速器车型）。

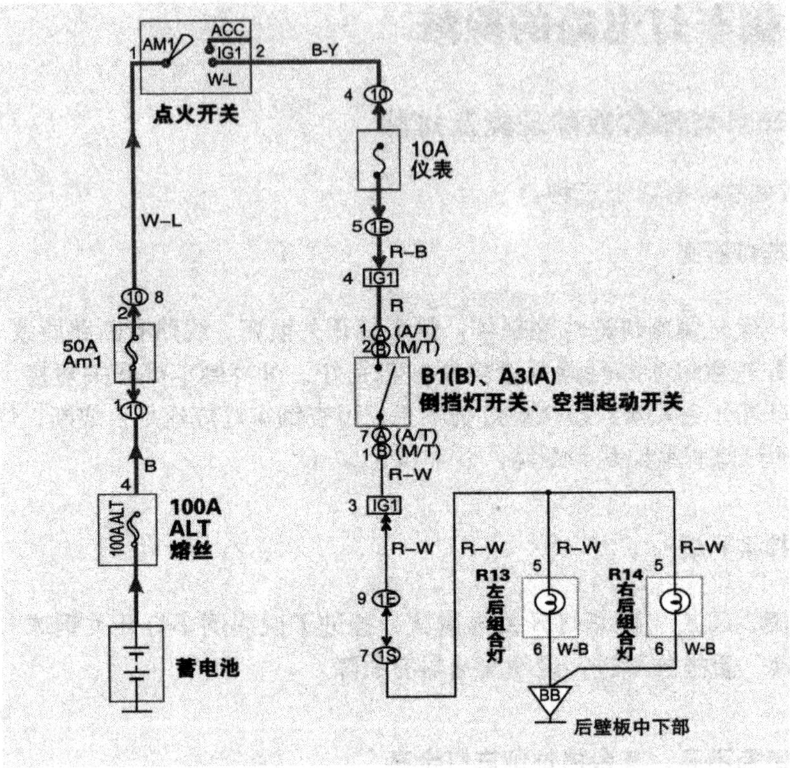

图3-21 倒挡灯电路图

(1)倒车灯开关总成的检查

检查倒车灯开关总成是否导通。检查开关工作时端子1和2之间是否导通，如图3-22和表3-10所示。

倒车灯开关总成的检查　　表3-10

开关动作	测试端子	规定状态
ON	1–2	导通
OFF	1–2	不导通

注：如果不符合规定，则更换开关。

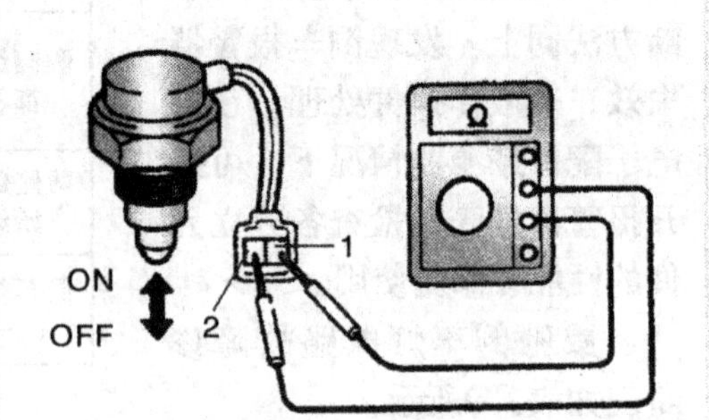

图3-22 检查倒车灯开关

(2)空挡停车位置开关(自动变速器车型)

检查空挡停车位置开关总成是否导通。按照图3-23和表3-11，在检查每个挡位时，各端子之间是否导通。

图3-23　检查挡位开关

检查空挡停车位置开关　表3-11

预选杆位置	测试端子	规定状态
P挡	4-6	不导通
R挡	1-7	导通
N挡	5-6	导通
D挡	3-6	导通
2挡	2-6	导通
L挡	6-8	导通

3. 倒车灯的拆装

倒车灯的拆装可参看情境1中后组合灯的拆装。

4. 倒车灯电路检测实训指导与实操工单

详见附录四。

思考与练习

一、填空题

1. 汽车灯光信号有________、________、________、________、________、________。

2. 闪光器的作用是在汽车转向时，使________灯和转向指示灯发出明暗交替的闪烁信号，还可作故障显示和________信号。

3. 无论哪种汽车都必须备有前照灯、________灯、________灯和示位灯。

4. 电容具有通________流，隔________流的作用。

二、判断题

1. 电解电容是有极性的，更换该类电容时，应注意极性，如极性错误会导致元件损坏。（　　）

2. 电容式闪光器必须垂直安装，否则，不能正常工作。（　　）

3. 闪光继电器“B”接线柱应接搭铁。（　　）

4. 如果转向信号灯电路正常，而危险警告灯电路不正常，则应重点检查危险报警开关和闪光继电器及相关的电路。（　　）

三、选择题

1. 闪光继电器有（　　）等类型。

A. 电热式　　B. 电容式　　C. 晶体管式　　D. 水银式

2. 拨动转向灯开关，左转向灯正常，而右转向灯闪光过快，故障原因主要有（　　）。

A. 右转向灯功率小　　B. 右转向灯功率大
C. 右转向灯线接触不良　　D. 闪光继电器损坏

3. 闪光继电器“B”接线柱应接（　　），“L”应接（　　），“E”应接（　　）。

A. 电源“+”　　B. 转向灯　　C. 转向开关　　D. 搭铁

4. 汽车倒车灯不起作用的故障原因可能是（　　）。

A. 倒车灯开关/空挡起动开关　　B. 组合灯开关
C. 两个均不正确　　D. 两个均正确

学习情境4

汽车电喇叭不响故障的检修

××××××汽车维修有限公司

维修委托书

工单号 No: 200901026

客户名称：张三　车牌号：××× 0088　购车日期：2005 年 3 月 6 日　联系电话：××××××××××

联系人：张三　车　型：丰田威驰　Vin No.：L T V B A 4 2 3 X 5 0 0 9 4 0 7 5

送修日期：2009 年 1 月 9 日　交付日期：2009年 1 月 11 日　行驶里程：1 0 0 2 0 0

故障描述（报修症状）	喇叭不响	交接物品	无
提车要求	付款方式：☑现金 □刷卡 □支票 其他：	其他	洗车 是☑ 否□ 带走旧件 是☑ 否□

序号	报修项目
1	更换喇叭
2	
3	
4	
5	
6	
	小计：100元

	维修检查及施工情况详细见《维修检查·施工单》					
备注	旧件检查	空罐		旧件		油量 E 1/4 1/2 3/4 F

第一联：客户（取车凭证，请注意保管）

全车外观检查

车身如有变形、油漆划痕、玻璃、灯具裂痕等损伤，请在示意图中的方格内标注“√”。

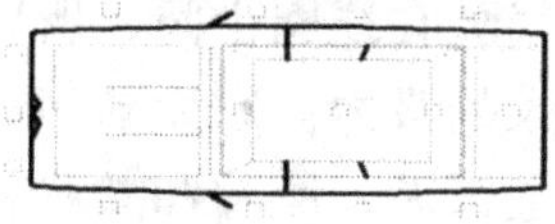

维修委托书细则

甲方：（客户）

乙方：××××××汽车维修有限公司

维修细则：

1. 甲方已确认无包括现金在内的贵重物品遗留在车上。
2. 甲方已阅读并理解了本委托书及对应的《维修检查·施工单》上的所有内容，同意按乙方所列的维修项目和价格进行维修，甲方愿意支付相关的维修服务费及零件费。
3. 乙方同意甲方对维修车辆进行维修试车，包括场地试验或路试。
4. 如果甲方同意不带走旧件，乙方可以在甲方提车后对旧件进行处理。
5. 甲方确认并理解乙方已经充分告知的的关于车辆检测或维修的相关情况，同时乙方有权采取必要的措施（包括但不限于拆解车辆的机械、电路及发动机等）进行检测或维修。同意乙方在对车辆进行进一步检测或维修时不再另行通知甲方。
6. 如因乙方过失致使维修车辆或部件损坏，乙方赔偿的范围仅限于维修或更换损坏车辆的部件，甲方同意不再提出其他赔偿要求。
7. 甲方应事先备份维修车辆上安装的所有软件或可存储数据信息。无论如何，维修车辆上安装的所有软件或可存储数据信息的损坏或丢失，乙方不作赔偿。
8. 甲方应在乙方通知提取车辆之日起壹个月内提取车辆，逾期不取，乙方有权按政府公布的停车费价格收取保管费用。

本人确认已经清楚理解并接受以上维修细则。

甲方(客户)签名
张三
日期：2009年1月9日

公司地址：××××××

救援热线：××××××××××××　服务热线：020-××××××××　传真：020-××××××××

开户行：××××××××　账号：××××××××××××××　乙方代表(接待员)：李先生

接到一辆喇叭不响故障的威驰轿车，要求给予维修。

要完成这个工作任务，首先我们得知道汽车喇叭电路的工作原理及喇叭音频与音量的调整方法，下面就分步来完成本学习情境的学习任务。

任务一　喇叭电路的识别

电喇叭有普通电喇叭和电子电喇叭两种，图4-1所示为电喇叭实物图。在中小型汽车上多采用螺旋形和盆形的普通电喇叭。下面以盆形电喇叭为例，介绍普通电喇叭工作原理。

图4-1　电喇叭实物图

一、喇叭的结构与工作原理

盆形电喇叭结构如图4-2所示，电磁铁采用螺管式结构，铁芯上绕有励磁线圈，上、下铁芯间的气隙在线圈中间，所以能产生较大的吸力。它无扬声筒，而是将上铁芯、膜片和共鸣板装在中心轴上。

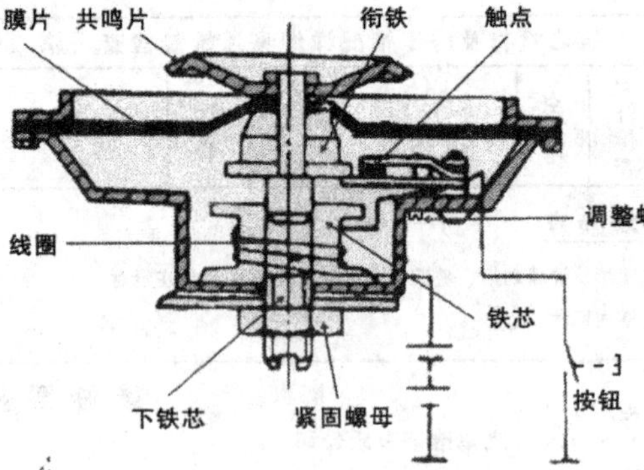

图4-2　盆形电喇叭结构

工作原理：当按下喇叭按钮时，喇叭线圈的供电电路为：蓄电池正极→喇叭线圈→触点→喇叭按钮→搭铁→蓄电池负极。喇叭线圈通电后产生电磁吸力，吸动上铁芯及衔铁下移，带动膜片向下变形，同时，衔铁下移将触点打开，线圈断电，电磁力消失，上铁芯及衔铁在膜片弹力的带动下复位，触点再次闭合。重复周期开始，使膜片与共鸣板产生共鸣发声。

二、喇叭继电器的工作原理

为了得到较为和谐悦耳的声音，汽车上一般装有两个不同音频的喇叭，其耗用的电流较大（15~20A），若用按钮直接控制，按钮容易烧坏。故常采用喇叭继电器控制，其结构与接线方法如图4-3所示。

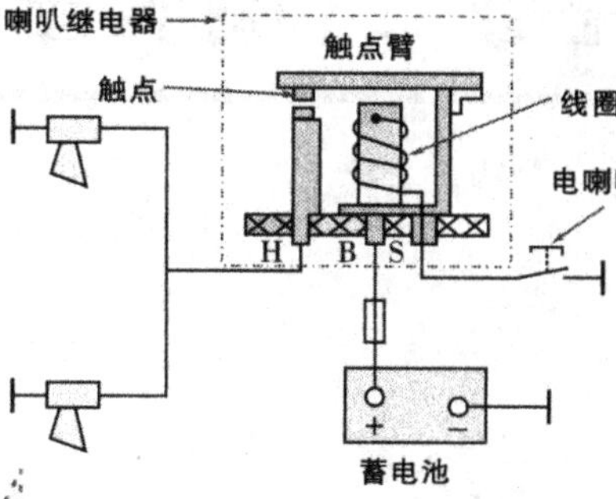

图4-3 喇叭继电器电路

当按下电喇叭按钮时，线圈通电，产生的电磁力使触点闭合，接通电喇叭电路而使电喇叭发声。电喇叭电路为：蓄电池正极→熔丝→接线柱B→触点臂→触点→接线柱H→电喇叭→搭铁→蓄电池负极。电喇叭工作电流不经电喇叭按钮，从而保护了电喇叭按钮。

三、语音报警电路的工作原理

图4-4所示为WWS-888语音倒车警报器电路。WWS-888是专用语音集成芯片，从WWS-888芯片的语言输出端输出的信号，送至功率放大电路LM386，推动扬声器发出“嘟嘟，请注意倒车！请注意倒车！”的警告声。WWC-888的工作电源电压为3V，由VZ提供；电阻R_5和电容C_6组成振荡电路，为外接元件，可根据实际需要适当调整；V_{DD}能防止因电源极性反接而损坏元件，起保护作用。

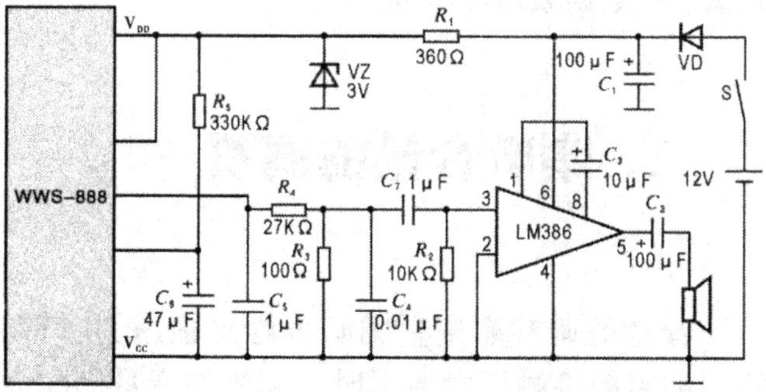

图4-4 WWS-888语音倒车警报器电路

任务二 喇叭音调与音量的调整

电喇叭的调整包括音调和音量的调整，下面以盆形电喇叭为例，如图4-5所示。

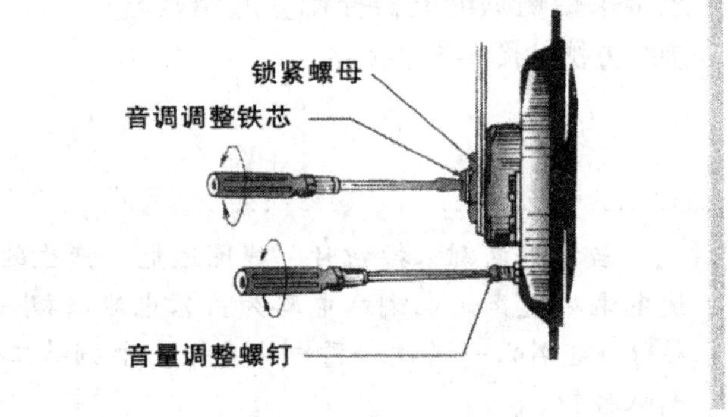

图4-5 盆形电喇叭的调整

一、喇叭音调的调整

音调的调整靠调整衔铁与铁芯间的气隙来实现，铁芯气隙小时，膜片的振动频率高，气隙大时，膜片的振动频率低（即音调低）。铁芯气隙值（一般为0.7～1.5mm）。调整方法是：松开锁紧螺母，转动下铁芯，使上、下铁芯间的间隙调至合适量，拧紧锁紧螺母即可。

二、喇叭音量的调整

音量的调整靠调整喇叭内触点顶压力（即控制喇叭线圈的电流大小）来实现，触点的接触压力增大时，喇叭的音量则变大，反之音量变小。调整方法是：旋转音量调节螺钉，逆时针方向转动时，触点压力增大，音量增大，顺时针方向转动时，触点压力减小，音量减小。

电喇叭音量和音质调整并不是完全独立的，它们两者实际上是相互关联的，因此两者需反复调试才会获得最佳效果。

三、电喇叭电路的检修

1. 电喇叭常见故障的检修

（1）电喇叭不响

造成电喇叭不响的原因有按钮触点烧蚀、接触不良、继电器触点接触不良或线圈烧断、引线脱落、熔断器烧断、电喇叭内部不良等，按上述原因逐一检查。

（2）电喇叭常响

电喇叭常响的常见原因有：按钮卡死、继电器触点烧结、继电器按钮线搭铁。遇常响故障时，应及时拔下喇叭保险制止长鸣现象，然后按上述原因所在部位逐点检查。

（3）喇叭变音

电喇叭变音常见现象是双音电喇叭变为单音，这种故障只要查出单只不响的原因，加以调整或更换即可消除。

若变音是喇叭发音沙哑，应检查：

①膜片厚度不均匀、破裂、高低音膜片混用（高音喇叭膜片较厚）。

②扬声筒或共鸣板破裂。

③铁芯空气间隙不当。

④触点压力不当。

⑤灭弧电阻或电容器失效。

⑥振动部件连接松旷。

⑦电喇叭固定方法不当。喇叭与车架等支座不得刚性连接，应用缓冲钢片或橡胶垫，螺旋型喇叭传声筒及盆形喇叭振动片不得与其他物体相碰。

2. 丰田威驰喇叭电路的检修

（1）电路分析

丰田威驰轿车喇叭电路如图4-6所示。威驰喇叭电路分两部分，一部分是控制电路，另一部分是喇叭主电路。

当按下喇叭开关时，喇叭继电器线圈得电，喇叭继电器触点5脚与3脚导通，接通喇叭主电路，**回路为：**蓄电池正极→60A MAIN熔断丝→15A HORN熔断丝→喇叭继电器5脚→喇叭继电器3脚→喇叭→蓄电池负极。此时喇叭通电发声。

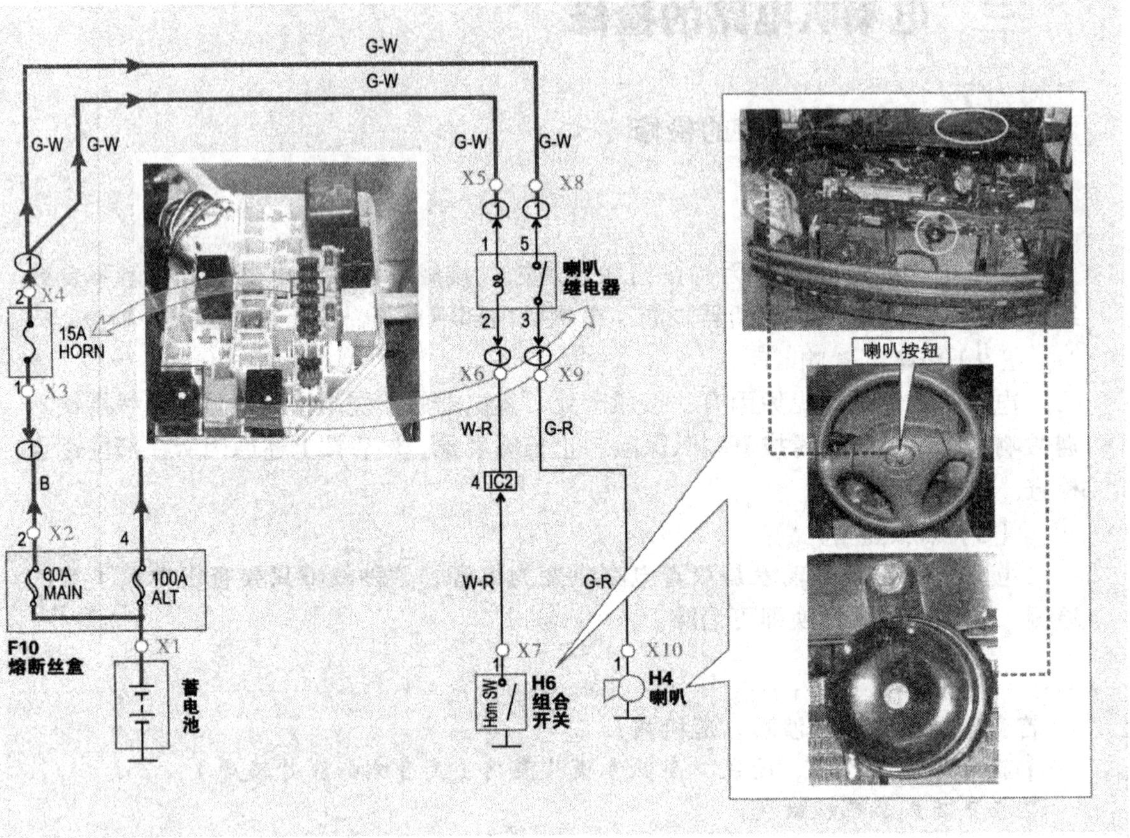

图4-6 威驰喇叭电路检测图

(2) 电路检修

对于喇叭不响故障，我们可以用电压表检测喇叭电路中的各测试点。喇叭开关未按下时，X1~X8各点电压均为蓄电池电压，X9、X10点电压为0V；而按下喇叭开关时，X6、X7点电压为0V，X9、X10点电压为蓄电池电压。如不正常则检查相应电路的部件及线束。

四、喇叭电路检测实训指导与实操工单

详见附录五。

任务三　其他语音警告装置的分析

汽车倒车时，为了警告车后的行人和车辆驾驶员，在汽车的后部常装有倒车灯、倒车蜂鸣器或语音倒车报警器，它们均由装在变速器盖上的倒车开关自动控制。

当把变速杆拨到倒挡时，倒车开关触点闭合，于是倒车灯、倒车蜂鸣器或语音倒车报警器便与电源接通，使倒车灯点亮、蜂鸣器发出断续的鸣叫声。

1. 倒车蜂鸣器电路

倒车蜂鸣器是一种间歇发声的音响装置，图4-7所示为CA1090型汽车装用的倒车蜂鸣器的电路。其发音部分是一只功率较小的电喇叭，控制电路是一个由无稳态电路和反相器组成的开关电路。三极管VT_1、VT_2组成一个无稳态电路（也叫多谐振荡器）。由于VT_1和VT_2之间采用电容器耦合，所以VT_1与VT_2只有两个暂时的稳定状态，或VT_1导通，VT_2截止；或VT_1截止，VT_2导通。这两个状态周期地自动翻转。VT_3在电路中起开关作用，它与VT_2直接耦合，VT_2的发射极电流就是VT_3的基极电流。当VT_2导通时，VT_3基极有足够大的基极电流也导通。电流便从电源正极，经VT_3、蜂鸣器的常闭触点K、线圈流回电源负极。线圈通电后，使线圈中的铁芯磁化，吸动衔铁，带动膜片变形，产生声音，当VT_2截止时，VT_3因无基极电流而截止，于是线圈断电，铁芯退磁，衔铁与膜片复位。如此周而复始、VT_3按照无稳态电路的翻转频率不断地导通、截止，从而使得倒车蜂鸣器发出间歇性的鸣叫。

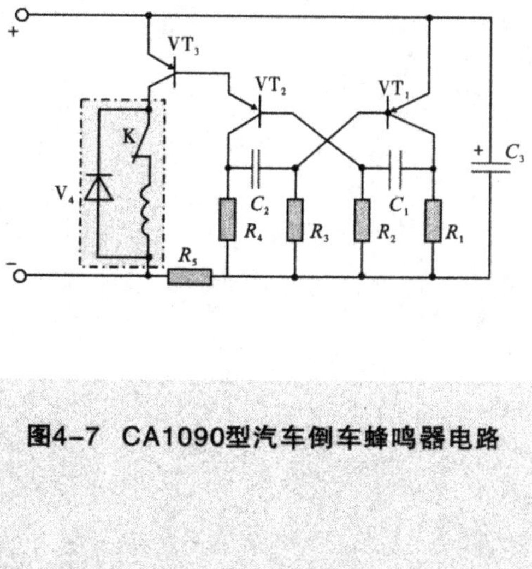

图4-7　CA1090型汽车倒车蜂鸣器电路

2. 倒车语音报警器

图4-8所示为一种典型的倒车语音报警器的电路，汽车倒车时，能重复发出“请注意，倒车！”的声音。

IC_1是储存有语音信号的集成电路，集成块IC_2是功率放大集成电路，稳压管VD用于稳定语音集成块IC_1的工作电压。为防止电源电压接反，在电源的输入端使用了四个二极管组成的桥式整流电路，这样无论它怎样接入12V电源，均可保证电路正常工作。

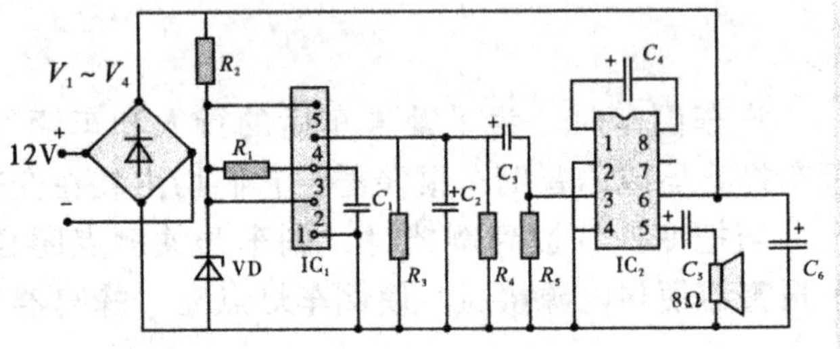

图4-8 倒车语音报警器

思考与练习

一、填空题

1. 喇叭继电器的用途主要是在使用两个电喇叭时，保护________不因________而被烧坏。

2. 调整喇叭音量的方法是：旋转音量调整螺钉，逆时针方向转动时，音量_______；顺时针方向转动时，音量_______。

3. 电喇叭的调整包括_______和_______的调整。

二、判断题

1. 在中、小型汽车上，多采用筒形和盆形电喇叭。 （　）

2. 减小上下铁心之间的间隙，可以提高喇叭的音调。 （　）

3. 增大触点的接触压力，使得接触电阻增加，可减小喇叭音量。 （　）

三、选择题

1. 电喇叭衔铁与铁芯的间隙，一般为（　　）。

A. 0～1mm　B. 0.7～1.5mm　C. 1～2mm　D. 2～3mm

2. 电喇叭发声微弱，其主要故障原因是（　　）。

A. 喇叭继电器故障　B. 喇叭继电器的电路短路

C. 喇叭按钮的电路短路　D. 喇叭按钮故障

3. 电喇叭常响的故障原因是（　　）。

A. 喇叭按钮的电路短路　B. 喇叭继电器的电路短路

C. 电喇叭搭铁　D. 喇叭继电器的电路断路

学习情境5

汽车刮水器不工作故障的检修

××××××汽车维修有限公司

维修委托书

工单号 No: 200812756

客户名称：张三 车牌号：×××0088 购车日期：2005 年3 月6 日 联系电话：××××××××××

联系人：张三 车 型：丰田威驰 Vin No.: L T V B A 4 2 3 X 5 0 0 9 4 0 7 5

送修日期：2008 年 12 月 25 日 交付日期：2008年 12 月 28 日 行驶里程：1 0 0 3 0 0

故障描述 报修症状	风窗玻璃刮水器不动作	交接物品	无
提车要求	付款方式：☑现金 ☐刷卡 ☐支票 其他：	其他	洗车 是☑ 否☐ 带走旧件 是☑ 否☐

序号	报修项目
1	更换刮水器
2	
3	
4	
5	
6	
	小计：200元

	维修检查及施工情况详细见《维修检查·施工单》					
备注	旧件检查	空罐		旧件		油量 E 1/4 1/2 3/4 F

第一联：客户（取车凭证，请注意保管）

全车外观检查

车身如有变形、油漆划痕、玻璃、灯具裂痕等损伤，请在示意图中的方格内标注"√"。

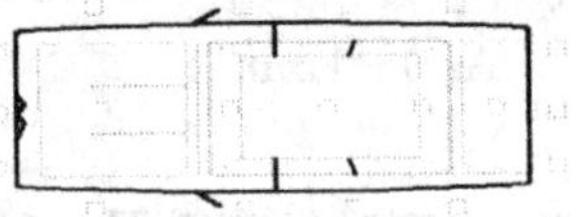

维修委托书细则

甲方：（客户）

乙方：××××××汽车维修有限公司

维修细则：

1. 甲方已确认无包括现金在内的贵重物品遗留在车上。
2. 甲方已阅读并理解了本委托书及对应的《维修检查·施工单》上的所有内容，同意按乙方所列的维修项目和价格进行维修，甲方愿意支付相关的维修服务费及零件费。
3. 乙方同意甲方对维修车辆进行维修试车，包括场地试验或路试。
4. 如果甲方同意不带走旧件，乙方可以在甲方提车后对旧件进行处理。
5. 甲方确认并理解乙方已经充分告知的的关于车辆检测或维修的相关情况，同时乙方有权采取必要的措施（包括但不限于拆解车辆的机械、电路及发动机等）进行检测或维修。同意乙方在对车辆进行进一步检测或维修时不再另行通知甲方。
6. 如因乙方过失致使维修车辆或部件损坏，乙方赔偿的范围仅限于维修或更换损坏车辆的部件，甲方同意不再提出其他赔偿要求。
7. 甲方应事先备份维修车辆上安装的所有软件或可存储数据信息。无论如何，维修车辆上安装的所有软件或可存储数据信息的损坏或丢失，乙方不作赔偿。
8. 甲方应在乙方通知提取车辆之日起壹个月内提取车辆，逾期不取，乙方有权按政府公布的停车费价格收取保管费用。
本人确认已经清楚理解并接受以上维修细则。

甲方(客户)签名
张三
日期：2008年12月25日

公司地址：××××××

救援热线：×××××××××××× 服务热线：020-×××××××× 传真：020-××××××××

开户行：×××××××× 账号：×××××××××××××× 乙方代表(接待员)：李先生

有一客户开来一辆威驰轿车，风窗玻璃刮水器不动作，要求给予维修。

要完成这个工作任务，首先我们得知道汽车刮水器系统的工作原理、刮水器电路故障检测方法及雨刮片/雨刮臂更换的知识，下面就分步来完成本学习情境的学习任务。

任务一　刮水器装置的认识

刮水器的功用是用以清扫风窗玻璃上的雨水、雪或尘土，以确保驾驶员有良好的视线。汽车上采用的刮水器有真空式、气动式、电动式三种形势式。但应用最广泛的是电动刮水器。一般汽车的刮水器装在前风窗玻璃处，部分汽车在后风窗玻璃处也装有刮水器。

一、刮水器系统的组成

电动刮水器由直流电动机、蜗轮减速器、曲柄、连杆、摆杆及刮臂总成组成，如图5-1所示。

直流电机旋转，带动蜗轮减速机构，使与蜗轮轴相连的曲柄带着两侧连杆做往复运动，连杆则通过摆杆带着左、右刮臂做往复摆动，安装在刮臂上的橡皮雨刷便刷去风窗玻璃上的雨水、雪和灰尘。

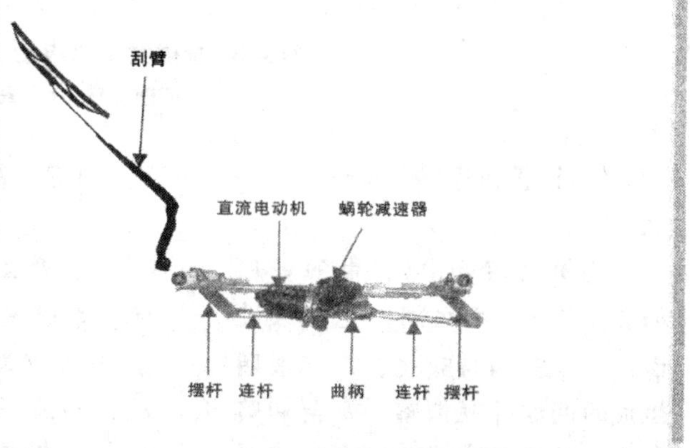

图5-1　电动刮水器的组成

电动刮水器直流电机的组成如图5-2所示。

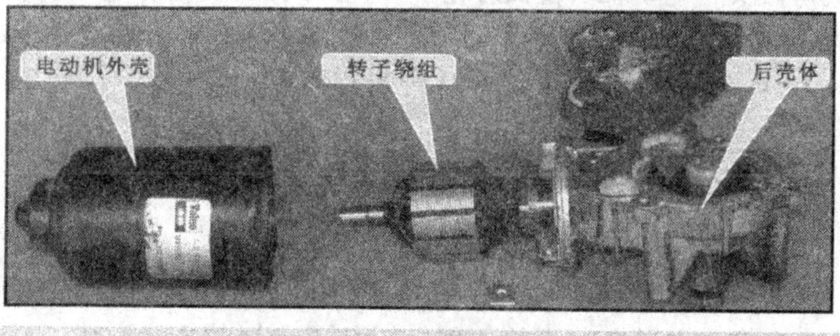

图5-2　刮水器电动机

二、刮水器系统的变速原理

由于电动刮水器的动力来源是直流电动机，故刮水器的变速就是直流电动机的变速。

永磁式刮水电动机是利用三个电刷来改变正、负刷之间串联线圈的个数实现变速，如图5-3所示。B_1为低速运转电刷，B_2为高速运转电刷，B_3为公共电刷。

当电动机工作时，在电枢线圈内同时产生与电枢电流方向相反的反电动势，其大小与转速成比例。只有当外加电压等于反电动势时，电枢的转速才趋于稳定。

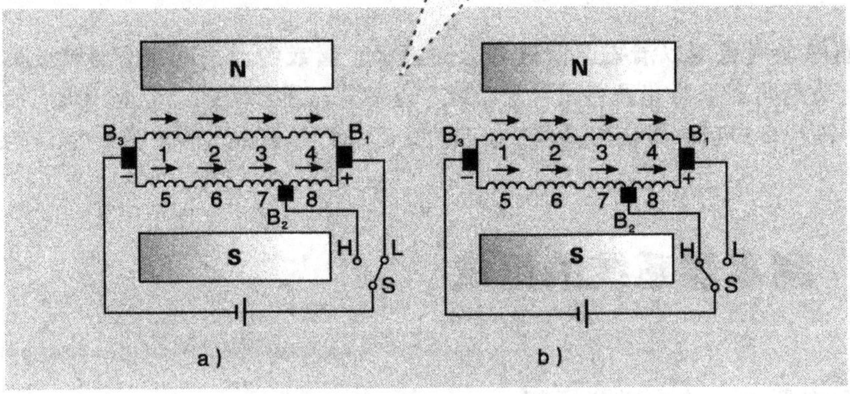

图5-3 永磁式刮水电动机的变速原理

a）低速运转；b）高速运转

（1）低速运转

当开关拨向L时，电源电压加在B_1与B_3电刷之间，电流经过由1、2、3、4与5、6、7、8线圈组成的两组并联回路，每条回路中串联的有效线圈各四个，串联线圈（导体）数相对较多，故反电动势较大，电动机以较低转速运转。

（2）高速运转

当开关拨向H时，电源电压加在B_2和B_3电刷之间，电流经过由1、2、3、4、8与5、6、7组成的两条并联回路，由于线圈8和线圈4的绕线方向相反，而流经其中的电流方向相同，故线圈8产生的反电动势与4的反电动势互相抵消，只有三个线圈的反电动势与电源电压平衡，故反电动势较小，电动机以较高转速运转。可见，并联回路中串联线圈（导体）数目减少，能使电动机转速升高。

三、刮水器系统的自动复位

当要使刮水器停下来时，自动复位装置可在任何时刻切断刮水电动机电路，使刮水片自动停止在风窗玻璃的下部，以免影响驾驶员的视线。

当把刮水器开关退回到R位时，如果刮水片没有停止到规定位置，由于触点与铜环相接触，如图5-4b）所示，则电流继续流入电枢，其电路为蓄电池正极→电源开关→熔断器→电刷B3→电枢绕组→电刷B1→接线柱Ⅱ→接触片→接线柱I→触点臂→铜环→搭铁→蓄电池负极。因此，电动机仍以低速运转直至蜗轮旋转到图5-4a）所示的特定位置，电路中断。由于电枢的运动惯性，电动机不能立即停止转动，此时电动机以发电机方式运行。由于此时电枢绕组通过触点臂与铜环2接通而短路，电枢绕组将产生能耗制动转矩，电动机迅速停止运转，使刮水片复位到风窗玻璃的下部。

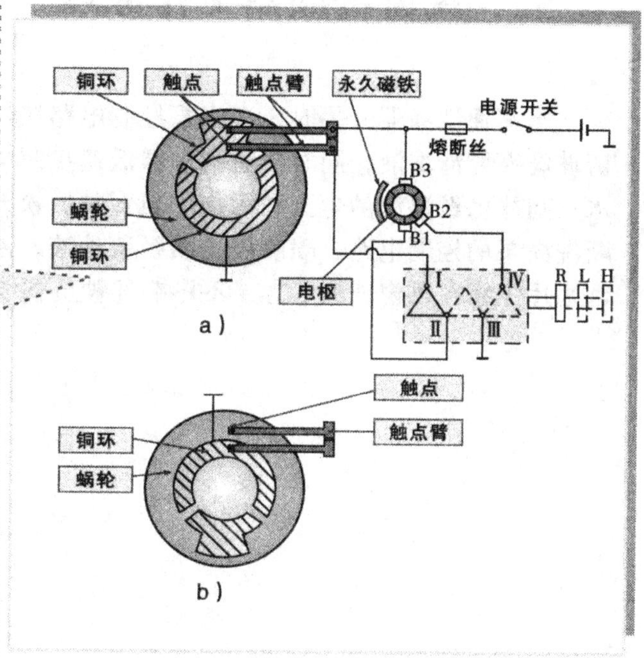

图5-4 铜环式刮水器的控制电路和自动复位装置

四、风窗洗涤器的组成

电动洗涤器的作用是向风窗玻璃表面喷洒水或专用洗涤液，使之与刮水片配合工作，清除风窗玻璃表面的灰尘等，保持风窗玻璃表面的清洁。

风窗清洗装置的组成如图5-5所示，主要由储液罐、洗涤泵、软管、喷嘴等组成。

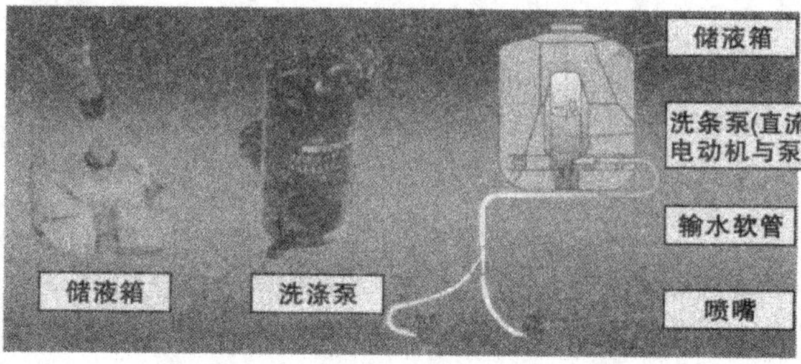

图5-5 电动洗涤器的构造

洗涤泵由直流电机和离心式液片泵组成，安装在储液罐上或管路中，喷射压力达70～88 kPa。喷嘴安装在风窗玻璃前方，其喷射方向可以调整，保证洗涤液喷射在风窗玻璃上，使用时应先开洗涤泵后开刮水器。洗涤泵连续工作的时间一般不超过1min，在喷水停止后，刮水器应继续刮2～5次，以达到较好的洗涤效果。

五、风窗洗涤器工作原理

当接通洗涤器开关时，洗涤泵控制电路接通。位于发动机盖上的两个喷嘴向风窗玻璃喷射清洗液，同时接通刮水器低速控制电路，于是刮水电动机工作，驱动刮水片刮掉已经湿润的尘土和污物。当驾驶员松开控制手柄时，开关将自动复位，切断洗涤泵的控制电路，喷嘴停止喷射清洗液，刮水电动机在自动复位开关作用下将刮水片停靠在风窗玻璃下方，不影响驾驶员视线。

任务二 刮水器装置的检修

一、刮水器装置的故障诊断与排除

1. 刮水器故障诊断与排除

刮水器故障检修，如表5-1所示。

刮水器故障检修表

表5-1

故障	故障现象	故障原因	故障诊断与排除
刮水器电动机不转	当点火开关置于点火位置时，将刮水器开关设在慢、快及间歇挡时，刮水器电动机均不转	（1）刮水器电动机电源线路断路。 （2）刮水器电动机失效	（1）查刮水器电动机电源线路是否断路，其中主要检查熔断丝是否正常。 （2）检查电动机绕组是否内部断路。 （3）检查刮水器开关是否工作正常
刮水器无慢速工作挡	接通点火开关，将刮水器开关置于慢速挡位置，刮水器不转	（1）刮水器开关损坏。 （2）刮水器电动机慢速挡工作线路故障。 （3）熔丝断或线路中有短路处	（1）检查刮水器电动机插头中慢速端子线是否有电。 （2）检查刮水器开关工作是否正常。 （3）检查刮水器电动机
刮水器快速挡不工作	接通点火开关及刮水器快速挡，刮水片不动	（1）刮水器开关失效。 （2）刮水器电动机故障。 （3）刮水器快速挡线路故障	（1）检查刮水器开关。 （2）检查刮水器快速挡工作线路是否有断路或接触不良
刮水器无间歇挡	接通点火开关及刮水器间歇挡，刮水器不工作	（1）刮水器开关失效。 （2）刮水器电动机失效。 （3）刮水器间歇挡线路故障	（1）检查刮水器间歇挡线是否有断路，或接触不良处。 （2）检查刮水器电动机。 （3）检查刮水器开关

续上表

故障	故障现象	故障原因	故障诊断与排除
刮水器无自动停位功能	在刮水器电动机慢速、快速、间歇、短时工作时，将刮水器开关扳到停位，刮水器刮水片不能自动停位在原来位置	（1）刮水器开关的停位触点损坏。 （2）减速器蜗轮输出轴背面的自动停位导电片和减速器盖板上的导电触点损坏	（1）检查刮水器开关的停位触点，若损坏则更换。 （2）蜗轮输出轴背面的自动停位导电片和减速器盖板上的导电触点。若损坏，则更换

2. 电动洗涤器故障诊断与排除

电动洗涤器检修，如表5-2所示。

电动洗涤器故障检修表　　表5-2

故障现象	故障原因	检修方法
电动洗涤器不工作	●控制开关损坏 ●电动洗涤泵损坏 ●喷嘴堵塞严重 ●电动洗涤泵线路断开	●检修控制开关 ●检修电动洗涤泵 ●用钢丝疏通 ●检查、连接电动洗涤泵线路
电动洗涤器工作，但喷射压力低	●电动洗涤泵工作不正常 ●喷嘴堵塞 ●软管堵塞或泄漏	●检修电动洗涤泵 ●用钢丝疏通 ●疏通或更换软管

二、刮水器电路的检测

以丰田威驰轿车为例，其刮水器电路如图5-6所示。

对于风窗玻璃刮水器不动作故障，我们可以把电路分成三部分来进行检测。第一部分是电源部分，可从组合开关的8脚起，往前查供电电路，其中主要检查熔断丝是否正常；第二部分查刮水器电机，当刮水器开关置于“HI”挡，正常时，前刮水器电机的4脚应可以测到蓄电池电压，前刮水器电机的5脚电压为0V，当两脚电压正常而刮水电机仍不动作，说明刮水电机存在故障；第三部分为刮水器开关总成，详细检测参见后面内容。

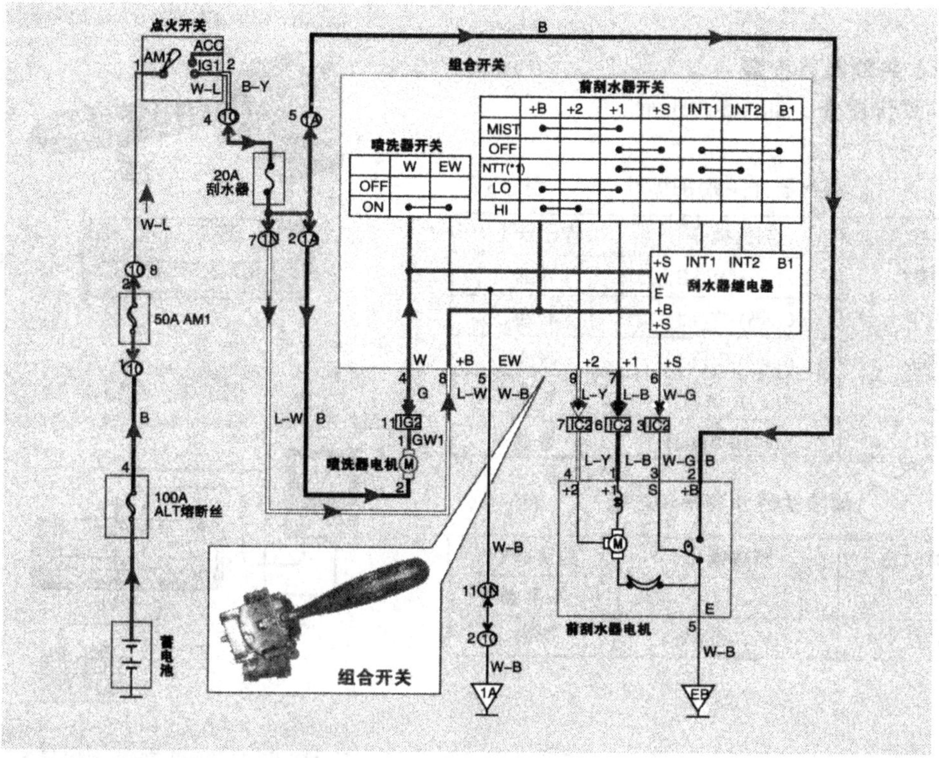

图5–6　前刮水器和喷洗器电路图

1. 喷洗器电机的检测

①把洗涤器电机和泵安装到储液罐系统上，在罐中倒入水。

②断开喷洗器电机的连接器。

③把喷洗器电机1号端子与蓄电池正极（–）连接；2号端子与蓄电池负极（+）连接。检查水是否从罐子里流出来，如图5–7所示。如果没有水流出，则更换喷洗器电机和泵。

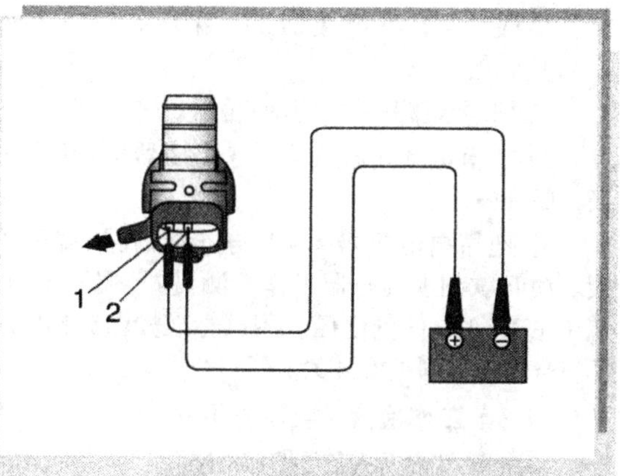

图5–7　喷洗器电机

2. 刮水器开关总成的检测

（1）通路检查

检查连接器上各端子是否导通，如图5–8所示，前刮水器开关端子的标准，如表5–3所示，前喷洗器开关端子的标准，如表5–4所示。如果不导通，则更换开关。

（2）间歇操作检查

间歇操作检查，如图5-9所示。

刮水器开关端子标准　　表5-3

开关动作	测试端子	规定状态
MIST	7(+1)-8(+B)	导通
OFF	6(+S)-7(+1)	导通
INT	6(+S)-7(+1)	导通
LO	7(+1)-8(+B)	导通
HI	8(+B)-9(+2)	导通

前喷洗器开关端子标准　　表5-4

开关动作	测试端子	规定状态
OFF		不导通
ON	4(W)-5(EW)	导通

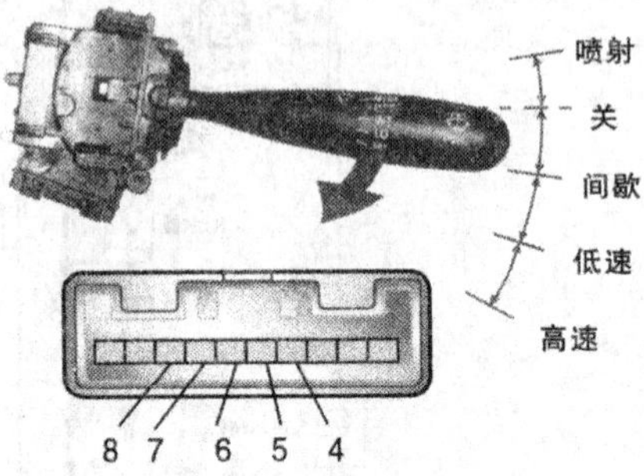

图5-8　连接器

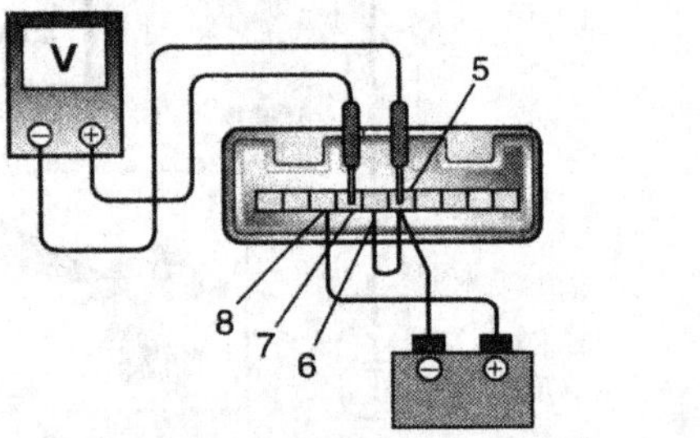

图5-9　间歇操作检查

①把伏特表正极（+）与连接器7号端子（+1），负极（-）与连接5号端子（EW）连接。

②把蓄电池正极（+）与连接器8号端子（+B）连接，负极（-）与连接器5号端子（EW）和6号端子（+S）连接。

③把刮水器开关转到INT位置。

④把蓄电池正极（+）与连接器6号端子（+S）连接，保持5s。

⑤把蓄电池负极（-）与连接器6号端子（+S）连接。使间歇刮水继电器工作，测量7号端子（+1）与5号端子（EW）之间的电压。测试标准如图5-10所示。如果不符合规定，则更换开关。

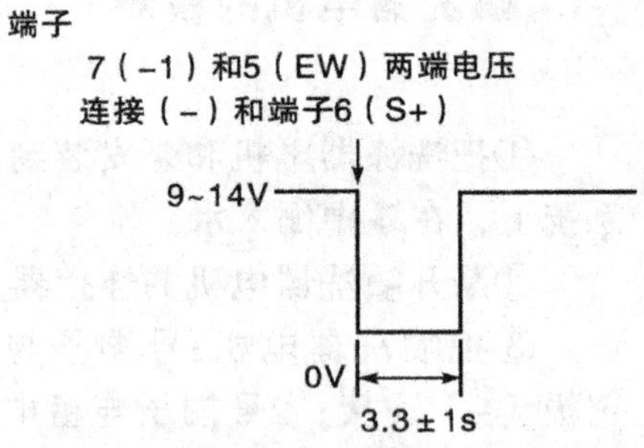

图5-10　端子测试

（3）工作检查（喷洗器开关）

①把喷洗器开关转到OFF位置。

②把蓄电池正极（+）与连接器8号端子（+B）连接，负极（-）与连接器6号端子（+S）和5号端子（EW）连接。

③把伏特表正极（+）与连接器7号端子（+1）连接，负极（-）与连接器5号端子（EW）连接。把喷洗器开关转到ON位置，再到OFF位置，测量7号端子（+1）与5号端子（EW）之间的电压。标准如图5-11所示。如果不符合规定，则更换开关。

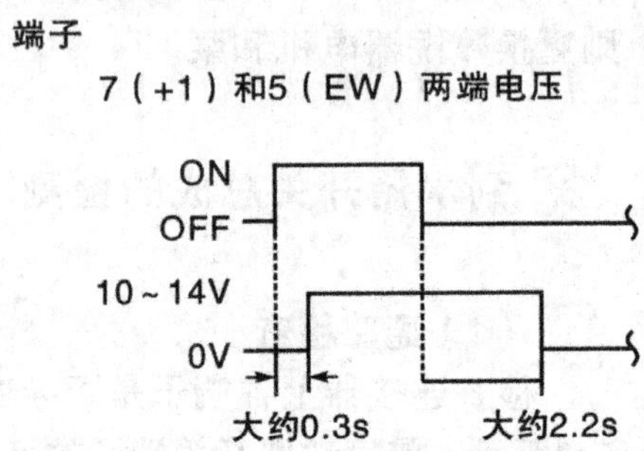

图5-11　端子测试标准

3. 刮水器电机总成的检测

（1）低速挡位检查

把蓄电池正极（+）与连接器1号端子（+1）连接，负极（-）与连接器5号端子（E）连接，检查电机在低速挡位的速度，如图5-12所示。如果不符合规定，则更换电机。

（2）高速挡位检查

把蓄电池正极（+）与连接器4号端子（+2）连接，负极（-）与连接器5号端子（E）连接，检查电机在高速挡位的速度，见图5-12。如果不符合规定，则更换电机。

（3）自动复位检查

①把蓄电池正极（+）与连接器1号端子（+1）连接，负极（-）与连接器5号端子（E）连接。

让电机在低速挡位转动，断开1号端子（+），使电机在任意位置停止转动，如图5-8所示。

②用一根导线连接1号端子（+1）和3号端子（S），蓄电池正极（+）与2号端子（B）连接，负极（-）与5号端子（E）连接，使电机在低速挡重新启动。

③检查自动复位工作是否正常。标准：如图5-13所示。如果不符合规定，则更换电机。

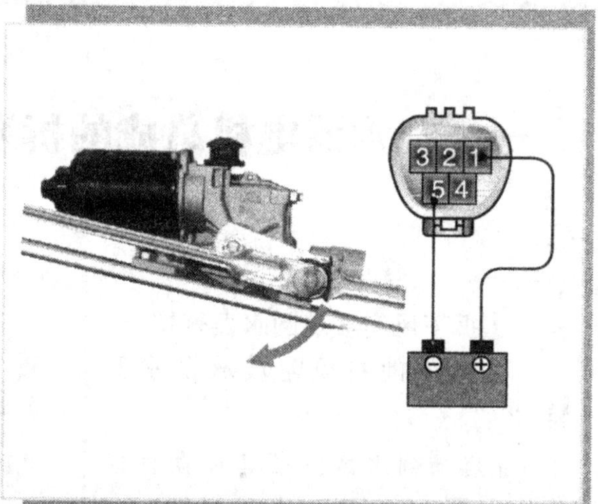

图5-12　刮水器电机检测

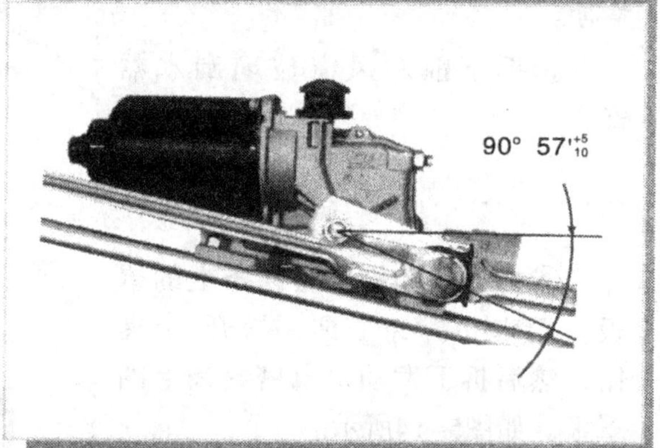

图5-13　自动复位检查

4. 刮水器装置电路检测实训指导与实操工单

详见附录六。

任务三 雨刮片、雨刮臂的更换

一、刮水器电机总成的拆装

①拆下风窗玻璃刮水器臂罩。

②拆下前右风窗玻璃刮水器臂。

a.启动刮水器，让其停在自动复位位置。

b.拆下前右风窗玻璃刮水器臂螺母。

③拆下前左风窗玻璃刮水器臂。

④拆下发动机罩密封条上的罩板。用卡扣拆卸工具，松开8个夹钳，然后拆下发动机罩密封条上的罩板，如图5-14所示。

图5-14 发动机罩板

⑤拆下发动机罩右侧通风孔百叶窗。用卡扣拆卸工具，拆下3个夹钳，松开4个卡扣，然后拆下发动机罩右侧通风孔百叶窗，如图5-15所示。

图5-15 通风孔百叶窗

⑥拆下发动机罩左侧通风百叶窗。用卡扣拆卸工具，拆下夹钳，松开4个卡扣，然后拆下发动机罩左侧通风孔百叶窗，如图5-16所示。

图5-16　百叶窗的拆卸

⑦拆下风窗玻璃刮水器连接总成，如图 5-17所示。

a.断开连接器。

b.拆下两个螺栓。

c.向车辆乘客侧滑动刮水器连接总成。松开橡皮销，拆下刮水器连接总成。

图5-17　刮水器连接总成

注意：使用前把螺丝刀的头部包裹起来。

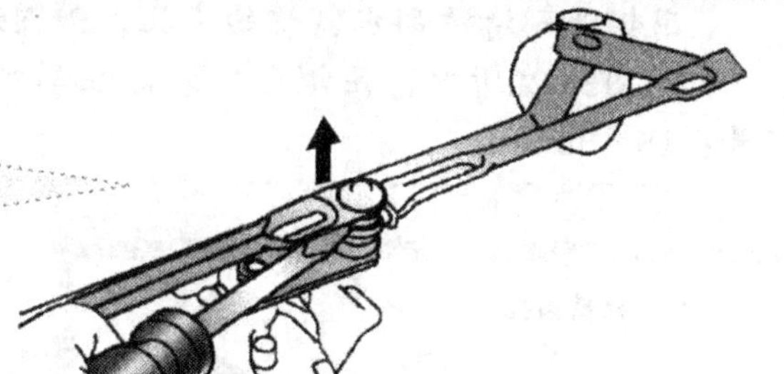
图5-18　曲轴臂

⑧拆下风窗玻璃刮水器电机总成。

a.用螺丝刀松开风窗玻璃刮水器电机总成曲轴臂转轴上的两个销子，如图5-18、图5-19所示。

b.拆下两个螺栓和风窗玻璃刮水器电机总成，如图5-20所示。

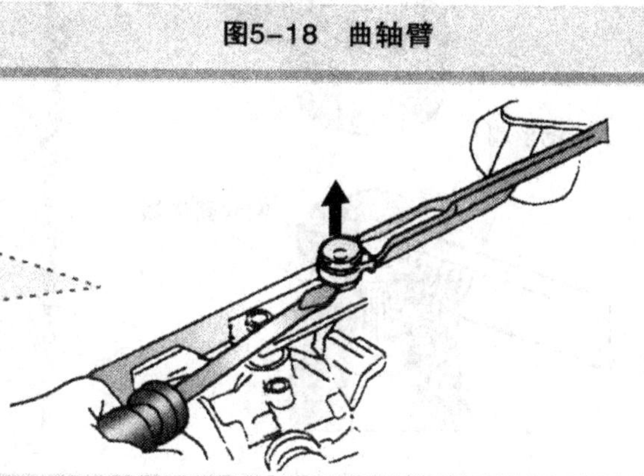
图5-19　销子

⑨安装风窗玻璃刮水器电机总成。

a.在风窗玻璃刮水器电机总成曲轴臂转轴上涂抹MP润滑油。

b.把风窗玻璃刮水器电机总成用2个螺栓装到风窗玻璃刮水器连接总成上，拧紧力矩：7.5N·m。

⑩安装风窗玻璃刮水器连接总成。

a.安装橡皮销。

b.用两个螺栓安装风窗玻璃刮水器连接总成，拧紧力矩：5.0N·m。

c.接上连接器，如图5-20所示。

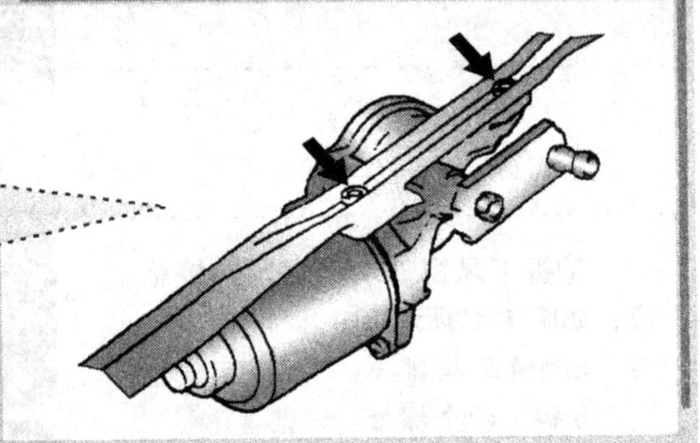

图5-20 刮水器连接总成

⑪安装前左刮水器臂。

a.启动刮水器，让其停在自动复位位置。

b.用圆形的锉刀或类似的设备刮擦刮水器臂的齿孔。

c.用钢丝刷清洁刮水器臂的齿孔，如图5-21所示。

d.如图5-22所示，用螺母安装前左刮水器臂，拧紧力矩：25N·m。安装位置记号：15～35mm。

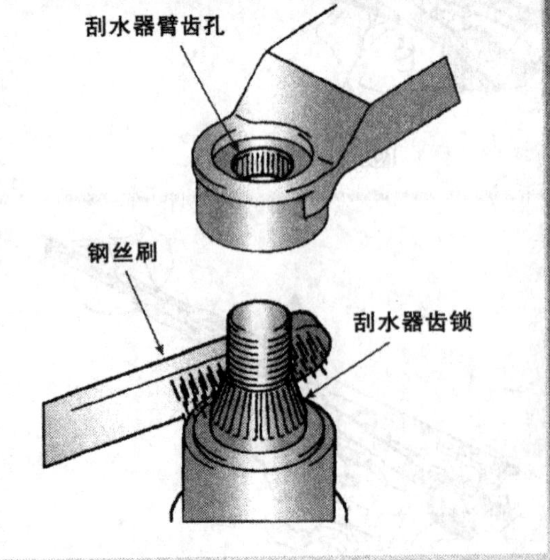

图5-21 刮水器臂齿孔

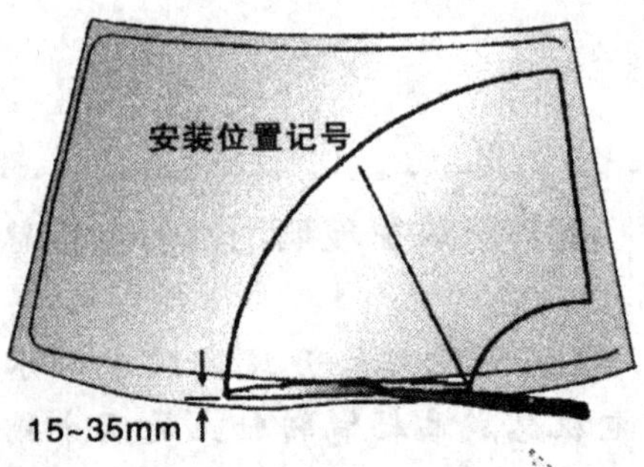

注意：用手向下扳铰链来紧固螺母。

图5-22 刮水器臂安装位置

⑫安装前右刮水器臂。

a.用圆形的锉刀或类似的设备刮擦刮水器臂的齿孔。

b.用钢丝刷清洁刮水器臂的齿孔。

c.如图5-23所示，用螺母安装前右刮水器臂，拧紧力矩：20N·m。安装位置记号：15～35mm。

d.启动刮水器，让水或者清洗液撒到玻璃上，检查刮水的状态，并且后刮水器不撞击到车身。

注意：用手向下扳铰链来紧固螺母。

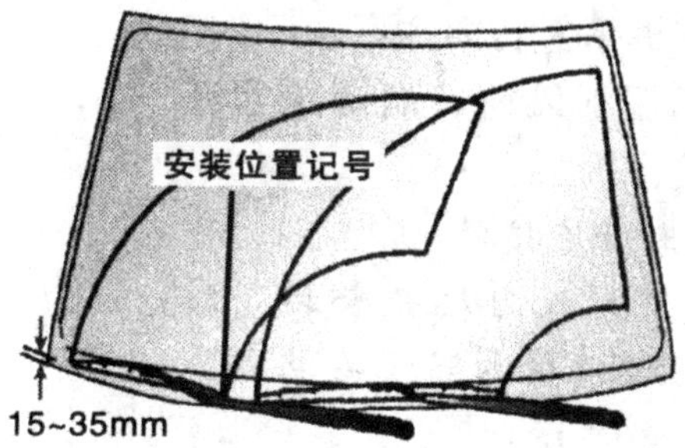

图5-23 刮水器臂安装位置

二、刮水器橡胶条的拆装

左刮水器橡胶条

①拆下左侧刮水片。从前左刮水器臂上拆下左侧刮水片。

注意：拆下刮水片时不要与刮水器臂折叠。

②拆下左侧刮水器橡胶条。

a.从前左刮水片上拆下左前刮水器橡胶条。

b.从左前刮水器橡胶条拆下两个支撑板。

③安装左侧刮水器橡胶条。

a.把两个支撑板装到左前刮水器橡胶条上，如图5-24所示。

注意：小心支撑板的方向。

b.安装左侧刮水器橡胶条，使橡胶条的头部（长的一边）朝向轴的一面，如图5-25所示。

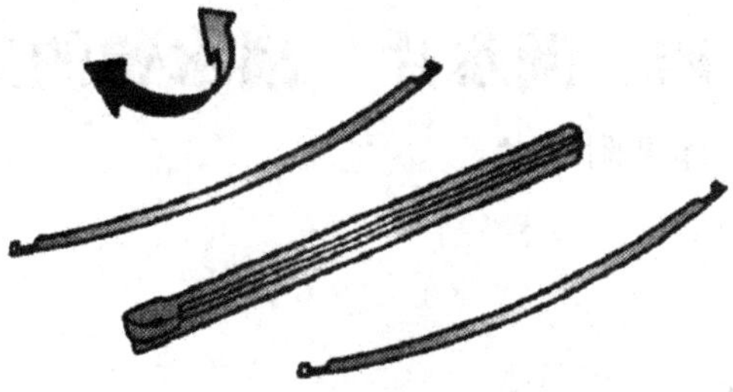

图5-24 刮水器橡胶条

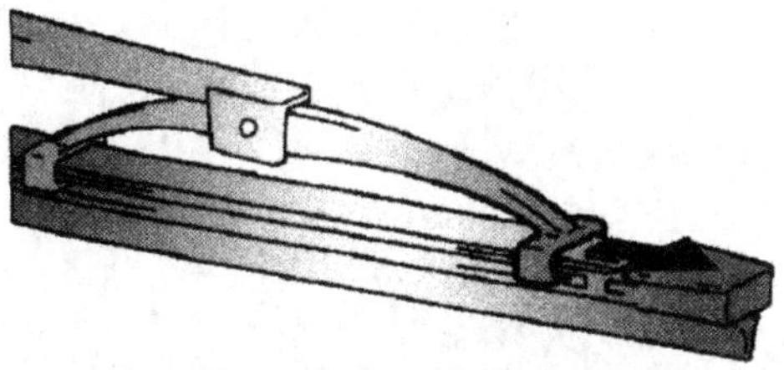

图5-25 刮水器橡胶条安装方向

注意：

◆把刮水片压进橡胶条的凹槽里使之结合牢固。

◆在放回驾驶员侧的刮水器臂之前，先把乘客侧的刮水器臂放回去。

三、风窗玻璃刮水器开关总成

①拆下上转向柱罩。

②拆下风窗玻璃刮水器开关总成。

a.断开连接器。

b.用螺丝刀松开卡扣，拉出风窗玻璃刮水器开关总成，如图5-26所示。

安装按与拆卸的相反顺序进行。

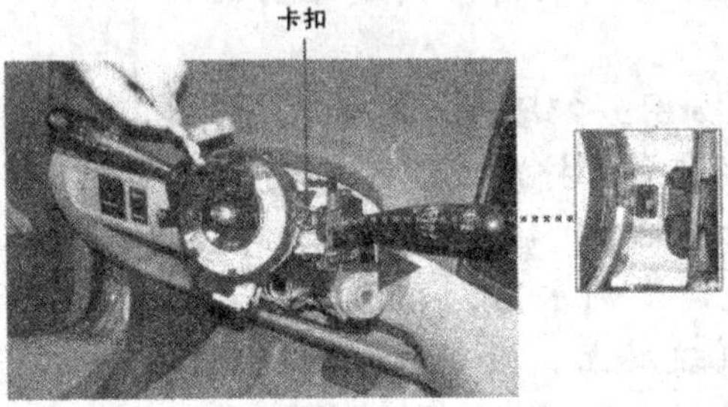

图5-26 刮水器开关总成

注意：如果用力按压，卡扣会损坏；使用前把螺丝刀的头部包裹起来。

四、刮水片、刮水臂的更换实训指导与实操工单

详见附录七。

任务四　自动刮水器控制装置的检测

一、三极管单稳态与双稳态电路

1. 三极管单稳态电路

电源接通时，一个三极管始终保持截止状态不变，另一个三极管始终保持饱和状态不变。当有外来信号触发时，原来截止的变为饱和状态，原来饱和的变为截止状态。但经过一段时间，两个三极管又恢复到原来的状态不变，这种电路只有一种稳定的状态，叫做单稳态电路，如图5-27所示。三极管单稳态电路的用途也很广，如延时电路等。

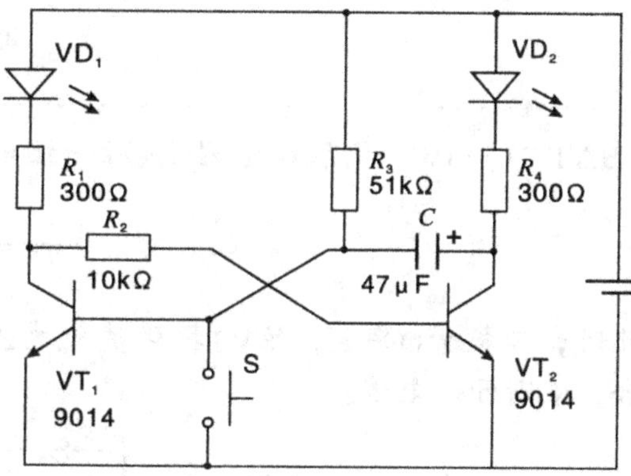

图5-27　单稳态电路

2. 三极管双稳态电路

在没有外来信号时，三极管始终保持原来的截止或饱和状态不变，当有外来信号触发时，原来截止的变为饱和状态并保持不变，原来饱和的变为截止状态也保持不变。这种电路具有两种稳定的状态，叫做双稳态电路，如图5-28所示。双稳态电路的用途很广，如用来控制直流电动机的正反转等。

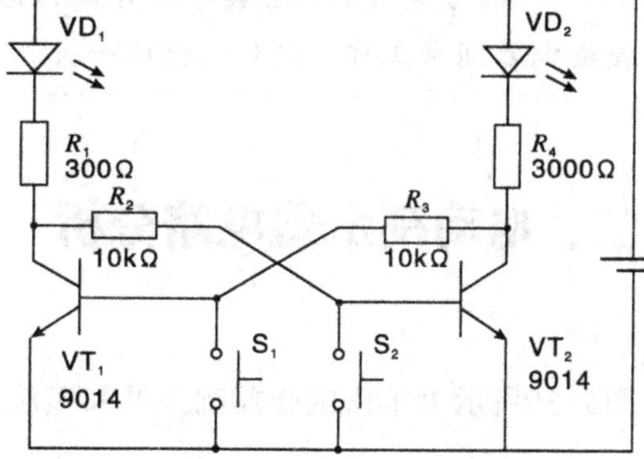

图5-28　双稳态电路

二、间歇式刮水器

汽车在小雨或雾天行驶时，使用间歇性挡，使刮水器按一定周期停止和刮拭。刮水器的间歇功能主要靠间歇继电器的控制来实现，如图5-29。刮水器开关在“INT”挡时：

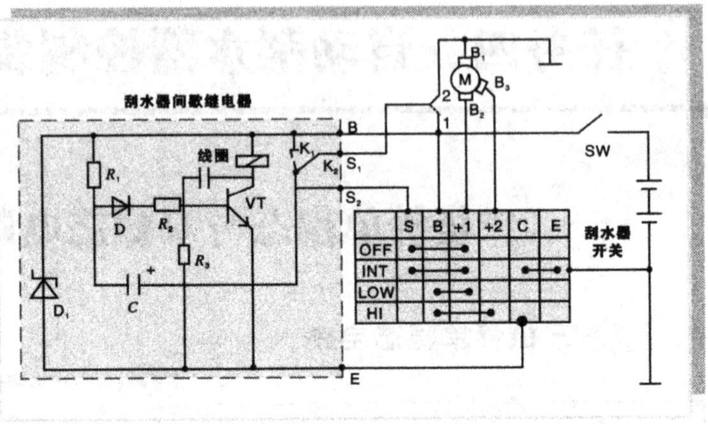

图5-29 同步间歇刮水器控制电路

BATT+→SW→间歇继电器B接柱→继电器线圈→VT集电极

→R_1→二极管D→R_2→VT基极

此时，二极管D导通，给VT提供基极电流，使VT导通，继电器线圈中有电流，则K_1闭合，K_2断开。电流：

B接柱→K_1→ { →S_2→刮水器开关S→+1→B_2电刷→B_1→－ ; →C（电容）→D→R_2→VT→－ }

电容器开始充电，同时电动机以低速运转，当接近充满电时，D左端电位下降而截止，VT截止，线圈断电，K_1断开，K_2闭合，此时刮水片应运行到位，否则即为行程开关1位闭合，由电路图可知BATT+→SW→行程开关1→继电器S_1→K_2 →S_2→开关S→+1→B_2→B_1→－。电机运转，直到复位，然后 开始放电， +→K_2→复位开关2→－→D_1→ ${}_1$→ －，随放电进行D左端电位升高，达到D导通电压时D又导通，如此，则通过放电使继电器间歇工作，约4~6s循环一次。

三、电动刮水器电路分析

图5-30所示为丰田威驰前刮水器和喷洗器电路图。电路分析如下：

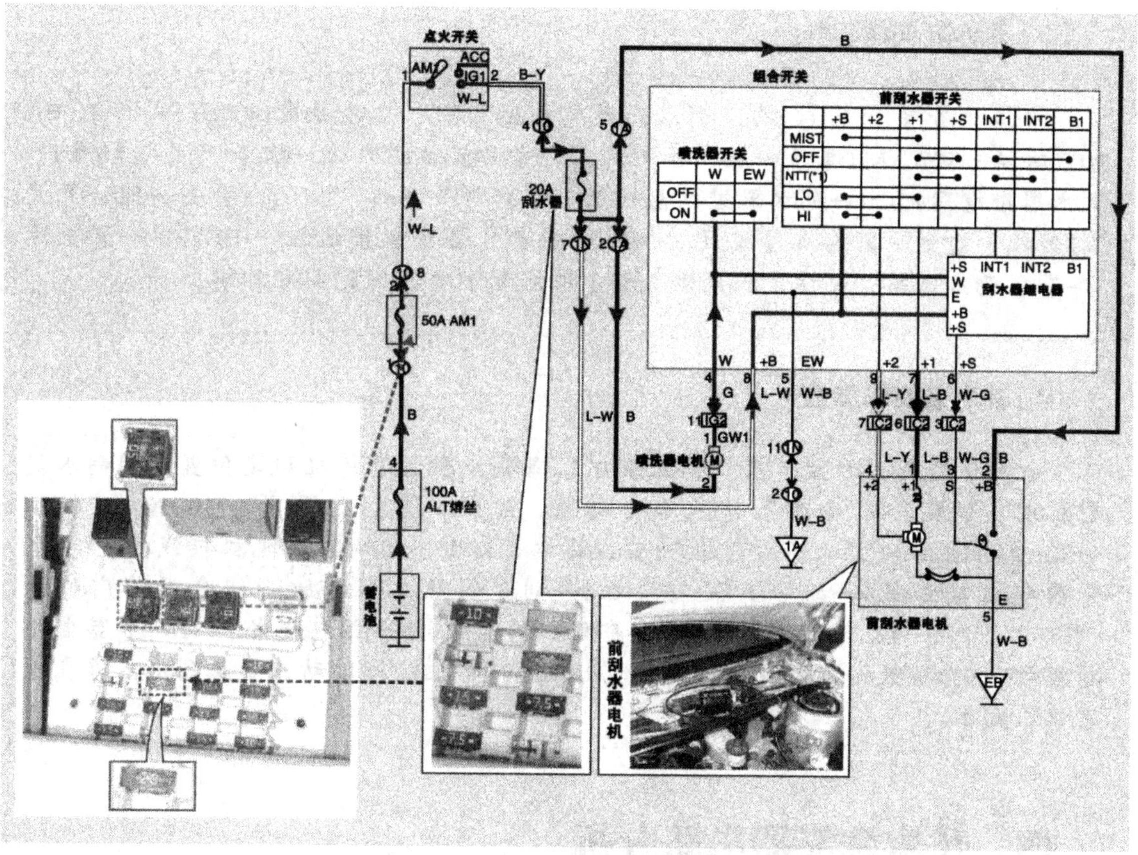

图5-30　前刮水器和喷洗器电路图

（1）刮水器低速工作

当点火开关打至IG1挡，刮水开关置低速位时，电流由蓄电池“+”→100A ALT熔丝→50A AM1熔丝→点火开关IG1挡→20A刮水器熔丝→组合开关接线柱8→低速开关→接线柱7→前刮水器电机接线柱1→电枢→前刮水器电机接线柱5→EB搭铁→蓄电池“-”，形成回路，刮水电机低速运转。

（2）刮水器高速工作

当点火开关打至IG1挡，刮水开关置高速位时，电流由蓄电池“+”→100A ALT熔丝→50A AM1熔丝→点火开关IG1挡→20A刮水器熔丝→组合开关接线柱8→高速开关→接线柱9→前刮水器电机接线柱4→电枢→前刮水器电机接线柱5→EB搭铁→蓄电池“-”，形成回路，刮水电机高速运转。

（3）刮水器间歇工作

当点火开关打至IG1挡，刮水开关置间歇位时，电流由蓄电池“+”→100A ALT熔丝→50AAM1熔丝→点火开关IG1挡→20A刮水器熔丝→组合开关接线柱8→刮水器继电器+B脚→刮水器继电器+S脚→组合开关内部“NTT”开关→组合开关7接线柱→前刮水器电机接线柱1→电枢→前刮水器电机接线柱5→EB搭铁→蓄电池“−”，形成回路，刮水电机间歇运转。刮水器继电器决定间歇时间。

（4）刮水器停机复位

当刮水器开关打至“关”挡位置时，若刮水臂没有停在规定位置，则刮水器电机内复位装置将2号端子与3号端子接通，电流由蓄电池“+”→100A ALT熔丝→50AAM1熔丝→点火开关IG1挡→20A刮水器熔丝→前刮水器电机接线柱2→前刮水器电机接线柱3→组合开关接线柱6→刮水器继电器+S脚→组合开关内部的“OFF”开关→组合开关7接线柱→前刮水器电机接线柱1→电枢→前刮水器电机接线柱5→EB搭铁→蓄电池“−”，形成回路，电机继续转动，直至刮水器停在规定的位置上。

四、风窗洗涤器电路分析

风窗洗涤器电路如图5-31所示。

当点火开关打至IG1挡，刮水洗涤开关置洗涤位时，电流由蓄电池“+”→100A ALT熔丝→50A AM1熔丝→点火开关IG1挡→20A刮水器熔丝→喷洗器电机→组合开关接线柱4→组合开关内部的喷洗器开关→组合开关接线柱5→EB搭铁→蓄电池“−”，同时，刮水器继电器被触发工作，使刮水器配合洗涤器工作一段时间。

思考与练习

一、填空题

1. 刮水器的功用是____。

2. 电动洗涤器的作用是向风窗玻璃表面喷洒________或________，在刮水片配合下，清除风窗玻璃表面的灰尘等。

二、判断题

1. 刮水器电动机大多采用永磁式结构。 (　　)

2. 洗涤泵连续工作时间应不超过2min。 (　　)

3. 刮水器的自动复位是指在作何时刻切断刮水电动机电路时，刮水片都能自动停止在风窗玻璃的下部。 (　　)

三、选择题

1. 以下关于电动刮水器，(　　)项说法是错误的?

A.电动刮水器具有变速、自动复位，间歇刮水等功能

B.自动复位装置有铜环式和凸轮式两种

C.永磁式电动机是通过改变正负电刷之间串联的线圈数，来实现变速的

D.绕线式电动机是通过改变正负电刷之间串联的线圈数，来实现变速的

2. 电动刮水器的间歇功能主要靠(　　)来实现。

A. 刮水器开关　　B. 刮水电动机　　C. 间歇继电器　　D. 蜗轮上的铜环

3. 汽车电动刮水器由(　　)驱动。

A. 发电机　　B. 发动机　　C. 微型直流电动机　　D. 启动机

附录

《汽车电路与电子系统检修》
实训指导与实操工单

附录一 前照灯电路检测实训指导与实操工单

右前照灯的拆卸

威驰轿车右前照灯单元总成的拆装如下：

（1）拆下散热器护栅附属总成

（2）拆下前保险杠盖

（3）拆下右前照灯总成

①拆下3个螺钉和螺栓，如附图1所示。

②拆下连接器。

③向前拉出前照灯总成，如附图2所示。

④拆下前照灯总成。

（4）拆下示宽灯泡

①如附图3所示，连同示宽灯插座一起，拆下示廓灯。

②从示宽灯插座上拉出示廓灯。

（5）拆下前转向信号灯灯泡

①把前转向信号灯灯泡和前转向信号灯插座一起拆下来。

②从前转向信号灯插座上拆下前转向信号灯灯泡。

（6）拆下前照灯灯罩

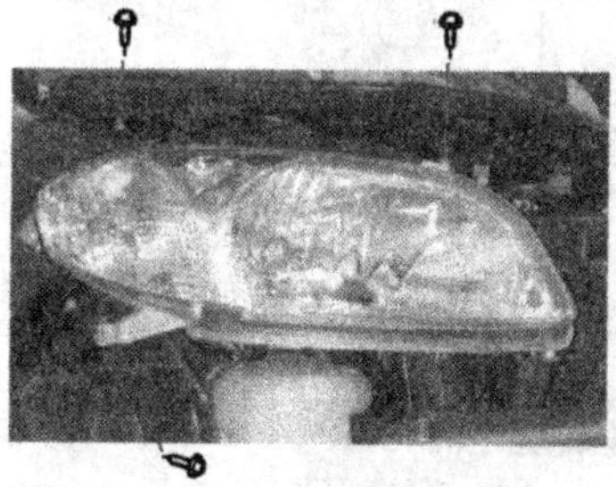

附图 1

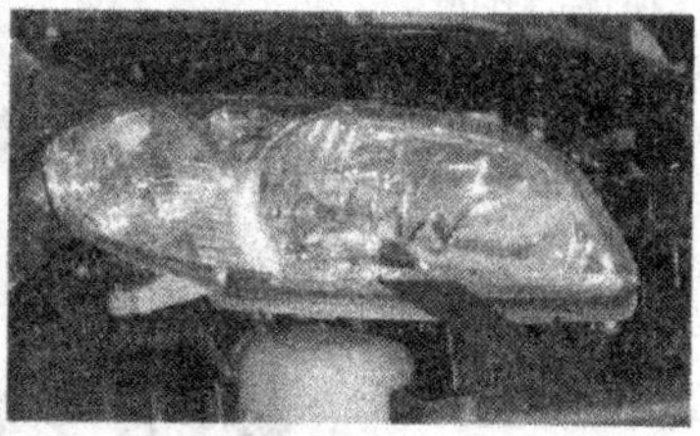

附图 2

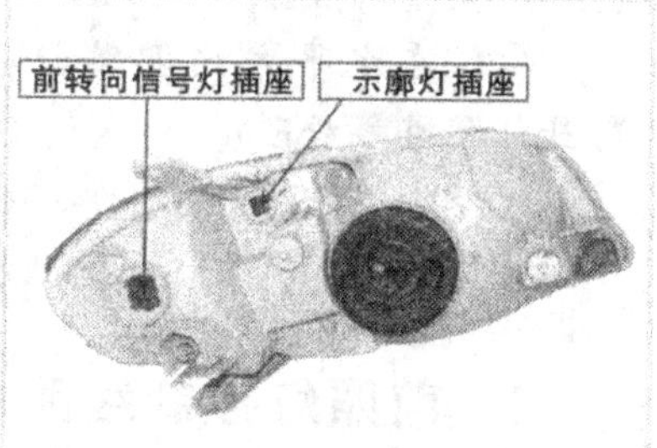

附图 3

动 手 实 操

1. 右前照灯光束的调整与安装

（1）按拆卸相反的顺序安装右前照灯

（2）调整前照灯光束

①启动发动机。

②打开前照灯。

③检查前照灯的照射位置是否符合附图4所示标准。

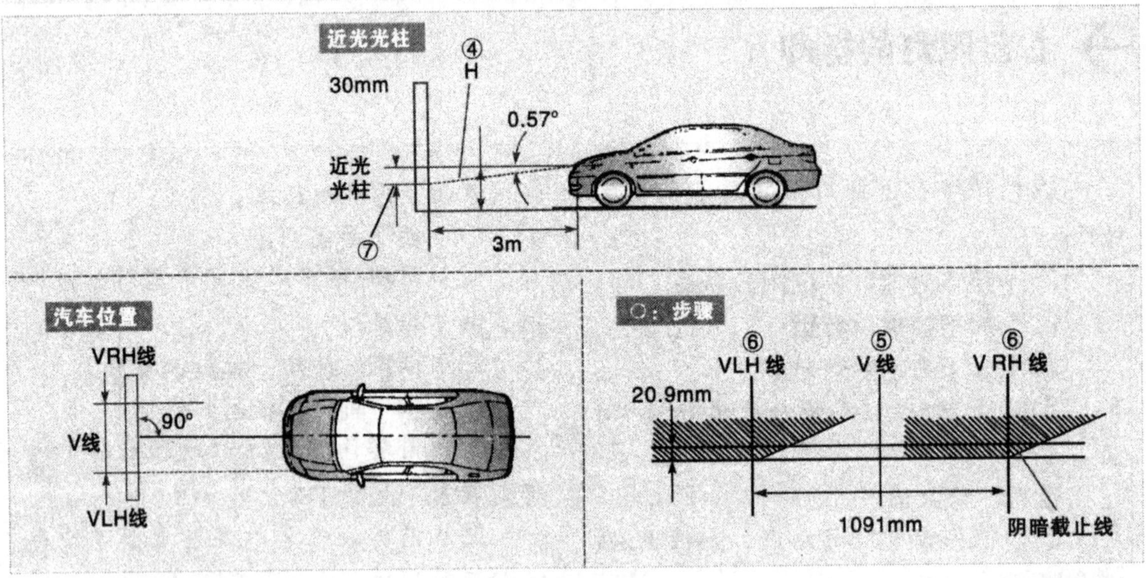

附图 4

④如果不是，调整前照灯。

⑤当在垂直方向调整时：在允许的范围内调整螺栓A，如附图5所示。

⑥当在水平方向调整时：在允许的范围内调整螺栓B。

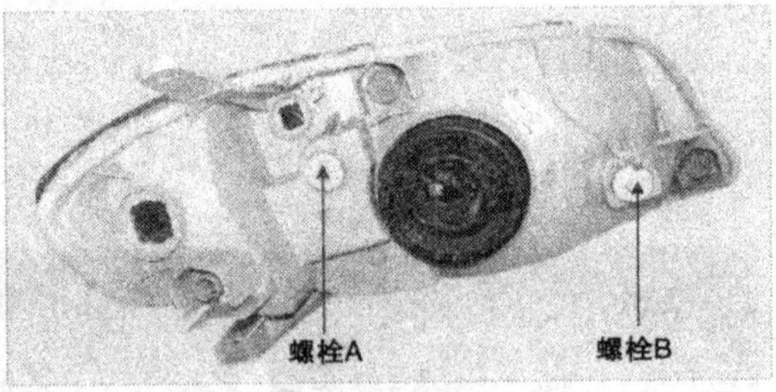

附图 5

2. 前照灯控制线路的检测

①检测大灯控制线路上的熔丝，安装位置如附图6所示。

②检测前照灯及其线路的接触。

③检查前照灯组合开关总成。

a.检查灯光控制开关是否导通，如附图7所示。按照附表1检查开关在每个位置时各端子之间是否导通。

附图 6

b.检查前照灯变光开关是否导通。

按照附表2检查开关在每个位置时各端子之间是否导通。

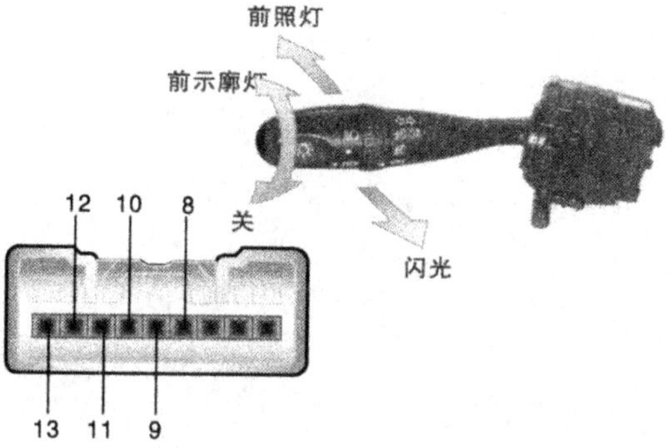

附图 7

附表 1

开关动作	测试端子	规定状态
OFF	10-11、12-13	不导通
TAIL	10-13	导通
HEAD	10-13、11-12	导通

附表 2

开关动作	测试端子	规定状态
FLASH	9-11	导通
LOW HEAM	8-11	导通
HI BEAM	9-11	导通

注：如果不符合规定，则更换开关。

注意：检查“远光灯光柱”和“近光灯光柱”时，把前照灯组合开关转到前照灯打开位置。

④检查前照灯组合开关的11脚与左侧减振块的搭铁情况，保证搭铁良好。

附录二 转向灯与危险警告灯电路检测实训指导与实操工单

转向灯的拆装

前转向灯的拆装在情境2前照灯的拆装中做了介绍，在此只介绍侧面转向信号灯的拆装。

（1）拆下侧面转向信号灯总成

①向车辆前方拉动侧面转向信号灯总成并偏转，松开卡钳，如附图8所示。

②松开插座，拆下左侧面转向信号灯总成。

（2）安装侧面转向信号灯总成

安装侧面转向信号灯总成，给侧面转向信号灯灯罩换装新的垫圈。

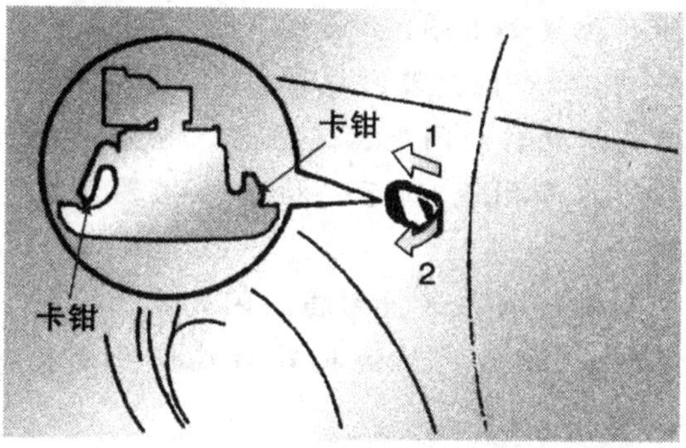

附图 8

动手实操

1. 转向信号开关及线路检测

①对于转向信号灯不亮故障，可按下安全报警开关，位置如附图9所示，观察安全报警灯是否正常。

②如果报警灯电路正常，则检查转向信号开关及转向信号灯电路。

A.检查转向信号开关，如附图10所示。按照附表3检查开关在每个位置时各端子之间是否导通。

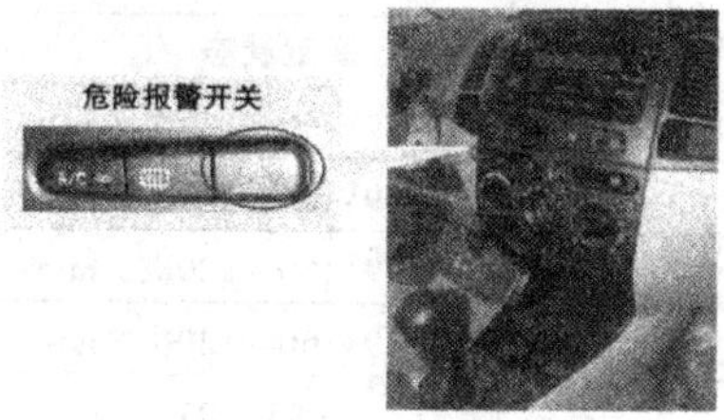

附图 9

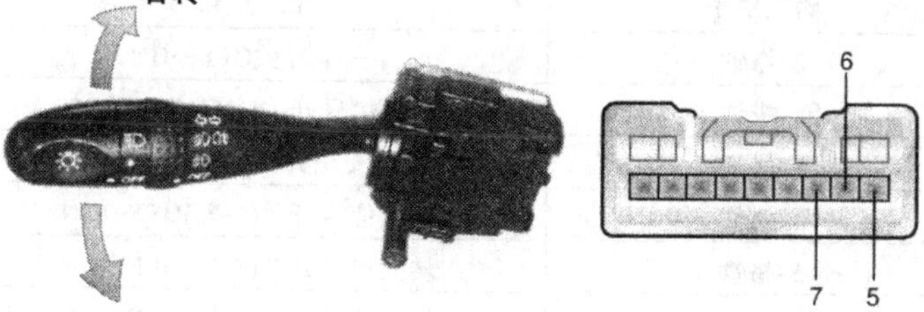

附图 10

b.检查转向信号开关5脚与闪光继电器5脚、转向信号开关7脚与闪光继电器6脚、转向信号开关6脚与左侧减振器块搭铁点之间的线束有无断路。

③如果按下安全报警开关时安全报警灯也不正常，则说明危险报警灯与转向灯的公共电路有故障。

a.检查HAZ熔丝是否烧断，HAZ熔丝的位置如附图11所示。

b.检查闪光器继电器

断开转向闪光器连接器，按照附图12所示和附表4所示，检查连接器上的端子。

把连接器连接到转向闪光器上，按照附表5所示，从连接器后端检查连接器的端子。

附表3

开关动作	测试端子	规定状态
右转	6-7	导通
空位	5-6-7	不导通
左转	6-5	导通

如果不符合规定，则更换开关

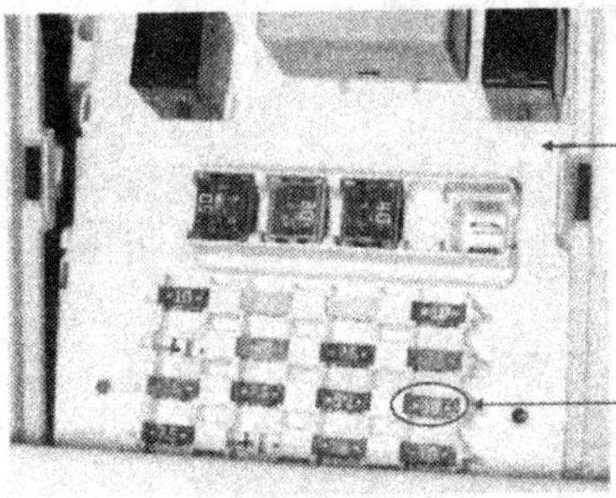

附图 11

附图 12

附表4

测试端子	状　态	规定状态
1-搭铁	点火开关ON	蓄电池正极电压
1-搭铁	点火开关OFF	没有电压
4-搭铁	常火	蓄电池正极电压
7-搭铁	常火	导通

附表5

测试端子	状　态	规定状态
2-搭铁	安全开关OFF→ON	0V→O～9V(60～120次／min)
2-搭铁	转向信号开关(右转)OFF→ON	0V→O～9V(60～120次／min)
3-搭铁	安全开关OFF→ON	0V→O～9V(60～120次／min)
3-搭铁	转向信号开关(左转)OFF→ON	0V→O～9V(60～120次／min)
5-搭铁	转向信号开关(左转)OFF→ON	大于9V→0V
6-搭铁	转向信号开关(右转)OFF→ON	大于9V→0V
8-搭铁	安全开关OFF→ON	大于9V→0V

2. 危险报警开关及线路检测

①对于危险报警灯不亮故障，可转动转向灯开关，观察转向信号灯否正常。

②如转向灯正常，则检查安全报警开关及其电路。

a.检查安全报警开关。

检查警报信号开关是否导通。检查开关工作时端子1和2之间是否导通，如附图13和附表6所示。

b.检查安全报警开关1脚与闪光继电器8脚、安全报警开关2脚与左侧减振器块搭铁点之间的线束有无断路。

③转动转向灯开关，如转向信号灯也不正常，则说明转向灯与安全报警灯的公共电路有故障。

a.检查HAZ熔断丝是否烧断。

b.检查闪光继电器是否损坏。

c.检查闪光继电器4脚到HAZ熔断丝、HAZ熔断丝到熔断丝盒4脚之间线束有无断路。

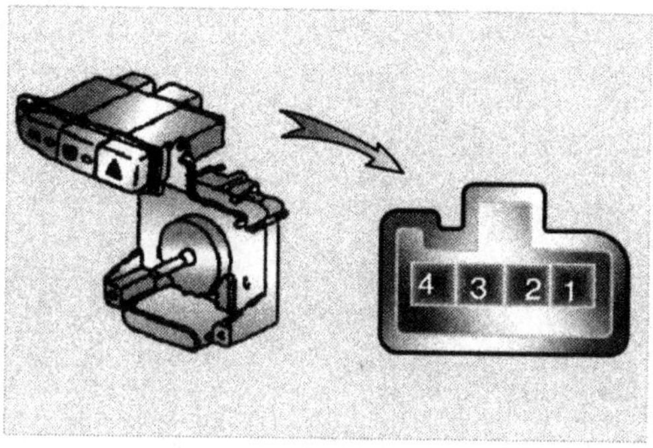

附图 13

附表6

开关动作	测试端子	规定状态
ON	1–2	导通
OFF	1–2	不导通

附录三 制动灯电路检测实训指导与实操工单

中央制动灯的拆装

以威驰轿车为例：

①如附图14所示，拉出中央制动灯总成。

②断开连接器。

③安装步骤：按拆卸步骤相反的顺序进行安装。

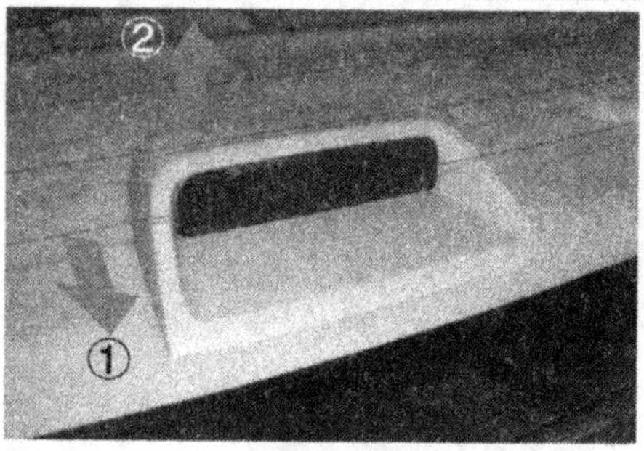

附图 14

动 手 实 操

制动灯开关总成的检测

威驰轿车制动灯开关总成的检查如下：

检查制动灯开关总成是否导通。检查开关工作时端子1和2之间是否导通，如附图15和附表7所示。

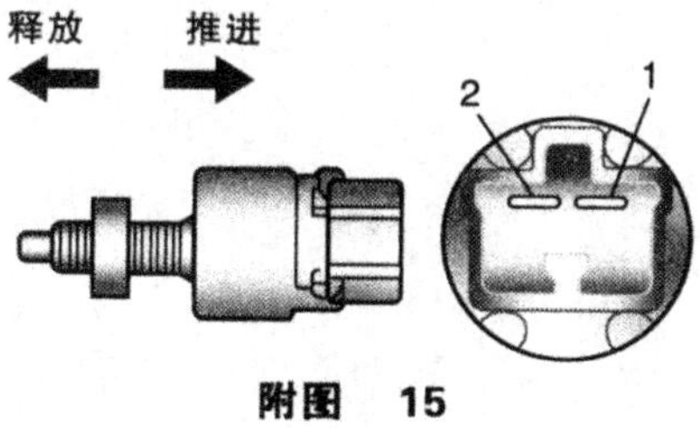

附图 15

附表 7

开关动作	测试端子	规定状态
开关销释放(踏板释放)	1-2	不导通
开关销推进(踏板推进)	1-2	导通

如果不符合规定，则更换开关

附录四 倒车灯电路检测实训指导与实操工单

倒车灯的拆装

①拆除行李箱内部装饰条。用扳手拆下两个卡钳并拆除左侧行李舱装饰条，如附图16所示。

②拆下左侧后组合灯总成。

a.拆下三个螺母，拆下后组灯连接器，如附图17所示。

b.向车辆后方拉出组合灯总成，拆下后组合灯总成。

③按拆卸相反的顺序安装后组合灯总成。

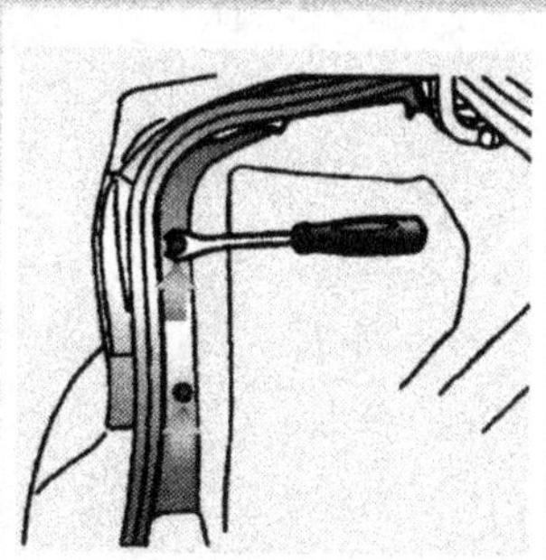

附图 16

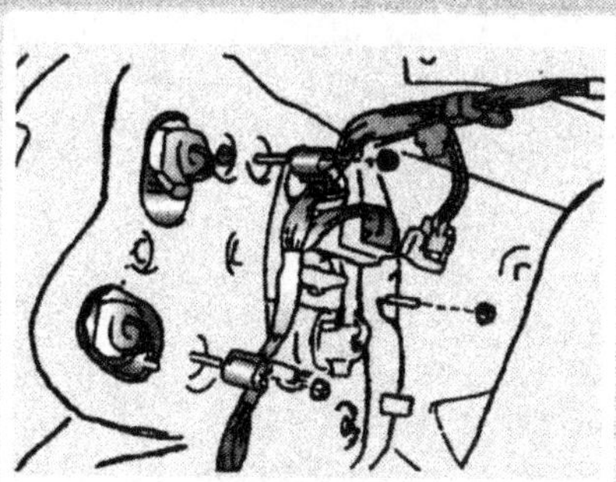

附图 17

动手实操

1. 倒车灯开关及线路检测

①检查倒车灯熔丝是否烧断，倒车灯电路熔丝如附图18所示。

②检查倒车灯开关总成是否导通。检查开关工作时端子1和2之间是否导通，如附图19和附表8所示。

附图 18

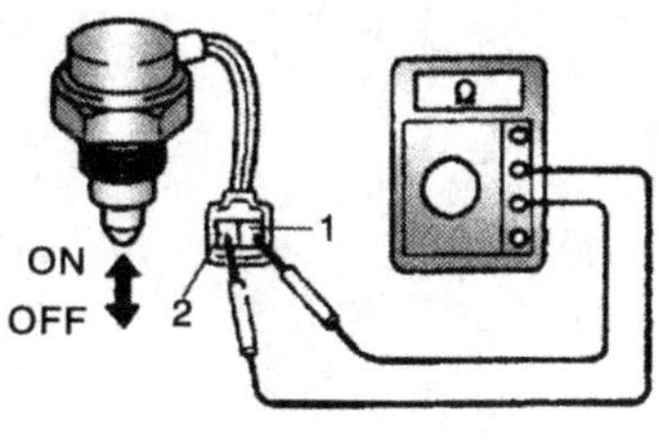

附图 19

附表 8

开关动作	测试端子	规定状态
ON	1-2	导通
OFF	1-2	不导通

如果不符合规定，则更换开关。

2. 空挡停车位置开关（自动变速器车型）的检测

检查空挡停车位置开关总成是否导通。按照附图20和附表9，在检查每个挡位时，各端子之间是否导通。

附图 20

附表 9

预选杆位置	测试端子	规定状态
P挡	4–6	不导通
R挡	1–7	导通
N挡	5–6	导通
D挡	3–6	导通
2挡	2–6	导通
L挡	6–8	导通

附录五 喇叭电路检测实训指导与实操工单

喇叭电路的检测

对于喇叭不响故障，我们可以用电压表检测喇叭电路中的各测试点。喇叭开关未按下时，X1～X8各点电压均为蓄电池电压，X9、X10点电压为0V；而按下喇叭开关时，X6、X7点电压为0V，X9、X10点电压为蓄电池电压。如不正常则检查相应电路的部件及线束。如附图21所示。

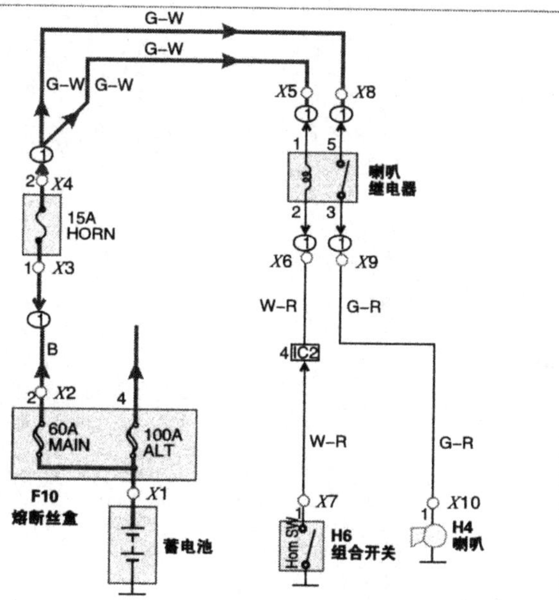

附图 21

动手实操

1. 喇叭音调的调整

音调的调整靠调整衔铁与铁芯间的气隙来实现，铁芯气隙小时，膜片的振动频率高，气隙大时，膜片的振动频率低（即音调低）。铁芯气隙值一般为0.7~1.5mm。

调整方法是：松开锁紧螺母，转动下铁芯，使上、下铁芯间的间隙调至合适量，拧紧锁紧螺母即可，电喇叭音调的调整如附图22所示。

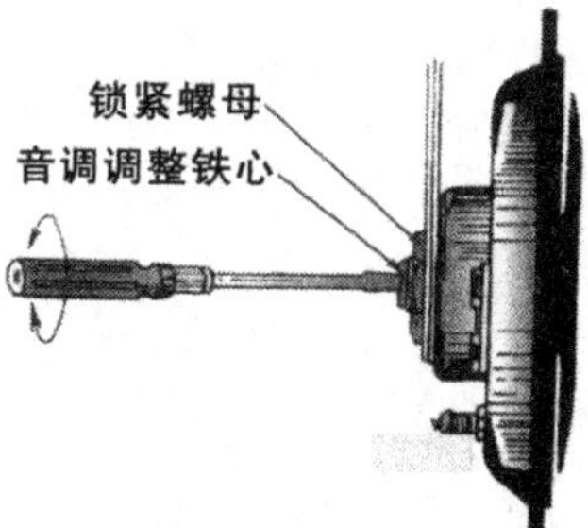

附图 22

2. 喇叭音量的调整

音量的调整靠调整喇叭内触点顶压力（即控制喇叭线圈的电流大小）来实现，触点的接触压力增大时，喇叭的音量则变大，反之音量变小，如附图23所示。

调整方法是：旋转音量调节螺钉，逆时针方向转动时，触点压力增大，音量增大，顺时针方向转动时，触点压力减小，音量减小。

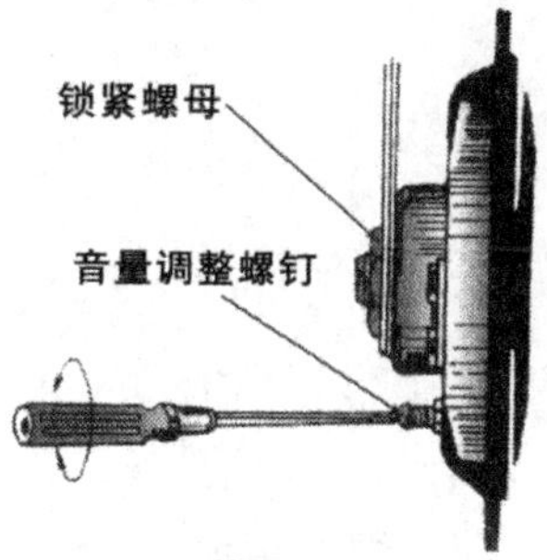

附图 23

附录六 刮水器装置电路检测实训指导与实操工单

中央制动灯的拆装

1. 喷洗器电机的检测

①把洗涤器电机和泵安装到储液罐系统上，在罐中倒入水。

②断开喷洗器电机的连接器。

③把喷洗器电机1号端子与蓄电池正极（－）连接；2号端子与蓄电池负极（+）连接。检查水是否从罐子里流出来，如附图24所示。如果没有水流出，则更换喷洗器电机和泵。

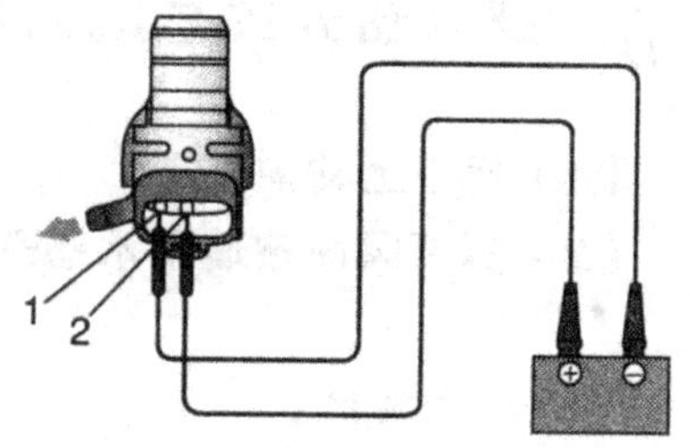

附图 24

2. 刮水器电机总成的检测

（1）低速挡位检查

把蓄电池正极（+）与连接器1号端子（+1）连接，负极（－）与连接器5号端子（E）连接，检查电机在低速挡位的速度，如图25所示。如果不符合规定，则更换电机。

附图 25

（2）高速挡位检查

把蓄电池正极（+）与连接器4号端子（+2）连接，负极（－）与连接器5号端子（E）连接，检查电机在高速挡位的速度，见附图25。如果不符合规定，则更换电机。

（3）自动复位检查

①把蓄电池正极（+）与连接器1号端子（+1）连接，负极（－）与连接器5号端子（E）连接。

让电机在低速挡位转动，断开1号端子（+），使电机在任意位置停止转动（见附图26）。

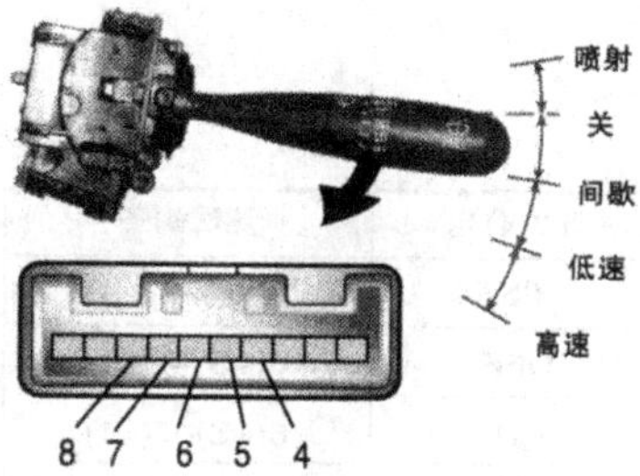

附图 26

②用一根导线连接1号端子（+1）和3号端子

（S），蓄电池正极（+）与2号端子（B）连接，负极（−）与5号端子（E）连接，使电机在低速挡重新启动。

③检查自动复位工作是否正常。标准如附图27所示。如果不符合规定，则更换电机。

附图 27

动 手 实 操

1. 刮水器开关总成的拆卸

（1）拆下上转向柱罩

（2）拆下风窗玻璃刮水器开关总成

①断开连接器。

②用螺丝刀松开卡扣，拉出风窗玻璃刮水器开关总成，如附图28所示。

注意：如果用力按压，卡扣会损坏；使用前把螺丝刀的头部包裹起来。

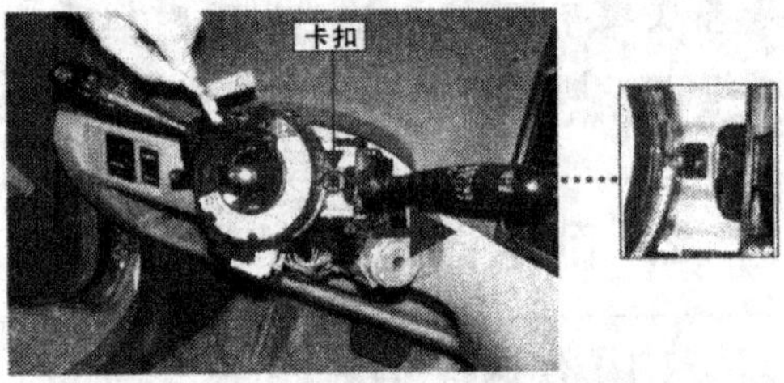

附图 28

2. 刮水器开关总成的检测

（1）通路检查

检查连接器上各端子是否导通，如附图29所示，前刮水器开关端子的标准如附表10所示，前喷洗器开关端子的标准如附表11所示。如果不导通，则更换开关。

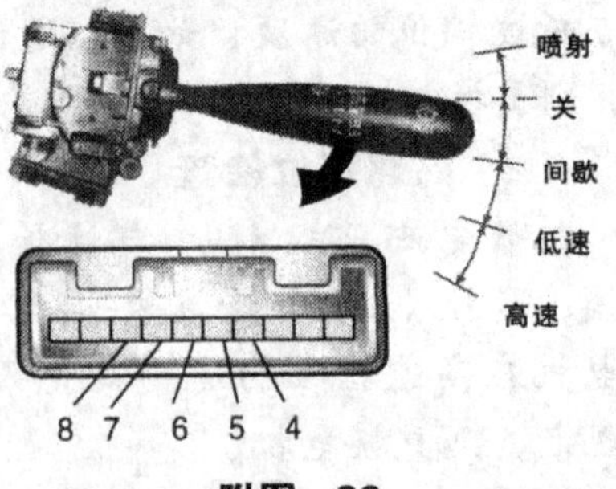

附图 29

附表 10

开关动作	测试端子	规定状态
MIST	7(+1)−8(+B)	导通
OFF	6(+S)−7(+1)	导通
INT	6(+S)−7(+1)	导通
LO	7(+1)−8(+B)	导通
HI	8(+B)−9(+2)	导通

附表 11

开关动作	测试端子	规定状态
OFF		不导通
ON	4(W)−5(EW)	导通

（2）间歇操作检查

间歇操作的检查，如附图30所示。

①把伏特表正极（+）与连接器7号端子（+1），负极（－）与连接5号端子（EW）连接。

②把蓄电池正极（+）与连接器8号端子（+B）连接，负极（－）与连接器5号端子（EW）和6号端子（+S）连接。

③把刮水器开关转到INT位置。

④把蓄电池正极（+）与连接器6号端子（+S）连接，保持5s。

⑤把蓄电池负极（－）与连接器6号端子（+S）连接。使间歇刮水继电器工作，测量7号端子（+1）与5号端子（EW）之间的电压。测试标准如附图31所示。如果不符合规定，则更换开关。

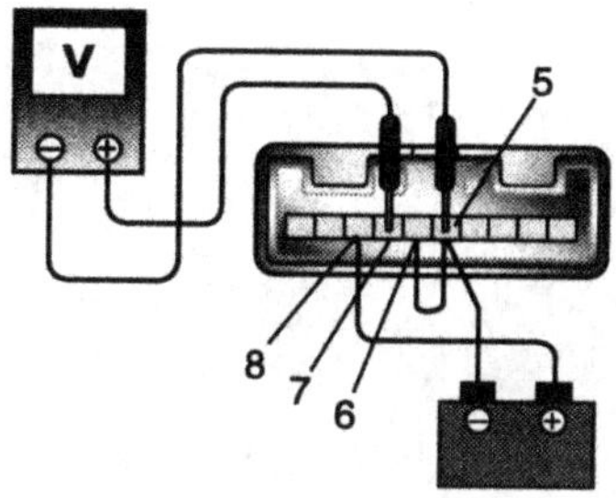

附图 30

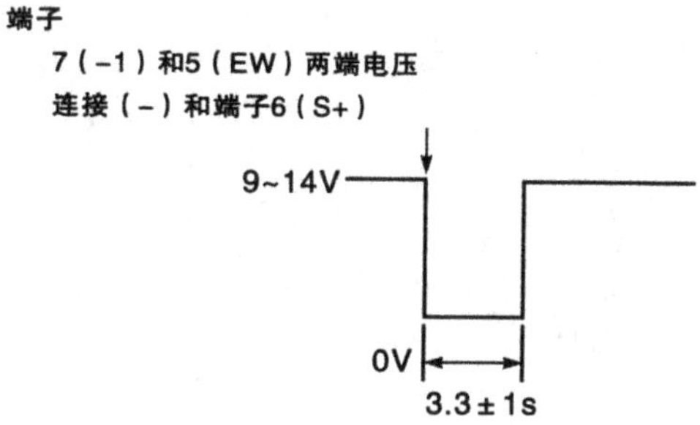

附图 31

（3）工作检查（喷洗器开关）

①把喷洗器开关转到OFF位置。

②把蓄电池正极（+）与连接器8号端子（+B）连接，负极（－）与连接器6号端子（+S）和5号端子（EW）连接。

③把伏特表正极（+）与连接器7号端子（+1）连接，负极（－）与连接器5号端子（EW）连接。把喷洗器开关转到ON位置，再到OFF位置，测量7号端子（+1）与5号端子（EW）之间的电压。标准如附图32所示。如果不符合规定，则更换开关。

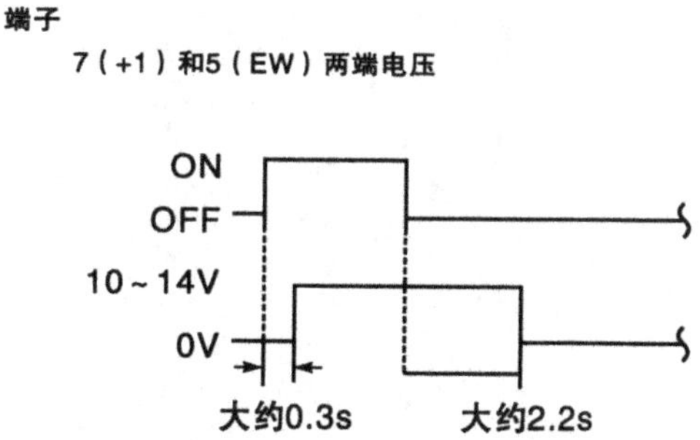

附图 32

3. 刮水器开关总成的安装

按拆卸相反的顺序进行安装。

附录七 刮水片刮水臂的更换实训指导与实操工单

动 手 实 操

1. 左刮水器橡胶条的拆装

（1）拆下左侧刮水器橡胶条

①从前左刮水片上拆下左前刮水器橡胶条。

②从左前刮水器橡胶条拆下2个支撑板。

（2）安装左侧刮水器橡胶条

①把2个支撑板装到左前刮水器橡胶条上，如附图33所示。

注意：小心支撑板的方向。

②安装左侧刮水器橡胶条，使橡胶条的头部（长的一边）朝向轴的一面，如附图34所示。

注意：

a.把刮水片压进橡胶条的凹槽里使之结合牢固。

b.在放回驾驶员侧的刮水器臂之前，先把乘客侧的刮水器臂放回去。

附图 33

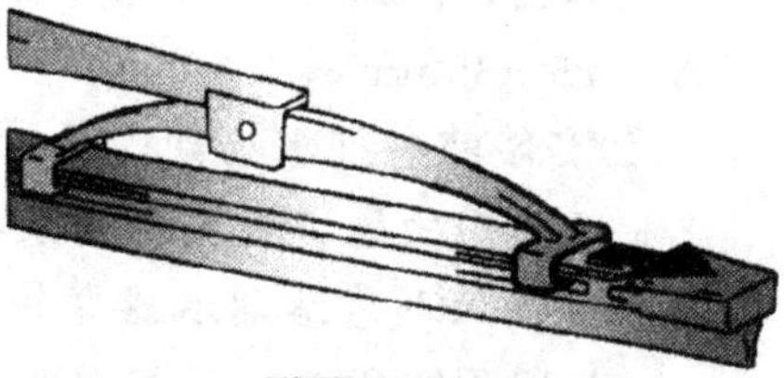

附图 34

2. 刮水臂的拆装

(1)拆卸

①拆下风窗玻璃刮水器臂端盖，拆下2个盖，如附图35所示。

②拆下前右风窗玻璃刮水器臂。

a.启动刮水器，让其停在自动复位位置。

b.拆下前左风窗玻璃刮水器臂螺母，如附图36所示。

③拆下前左风窗玻璃刮水器臂。

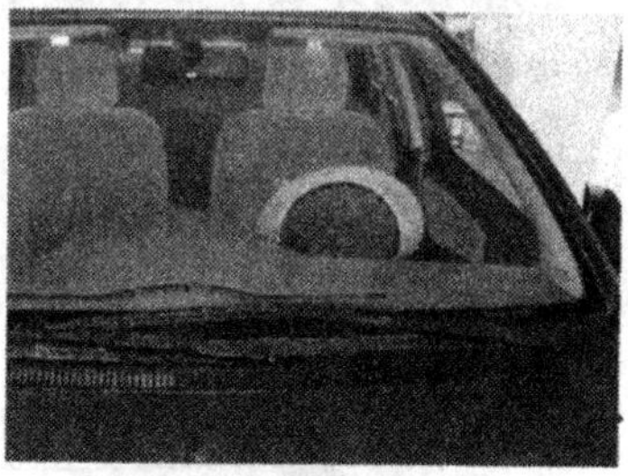

附图 35

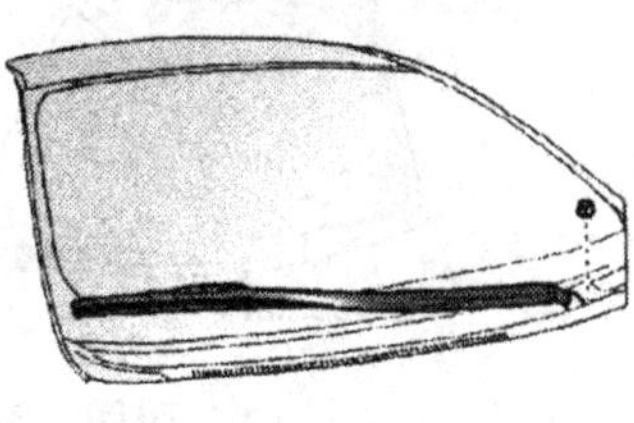

附图 36

(2)安装

①安装前左刮水器臂。

a.启动刮水器，让其停在自动复位位置。

b.用圆形的锉刀或类似的设备刮擦刮水器臂的齿孔。

c.用钢丝刷清洁刮水器臂的齿孔，如附图37所示。

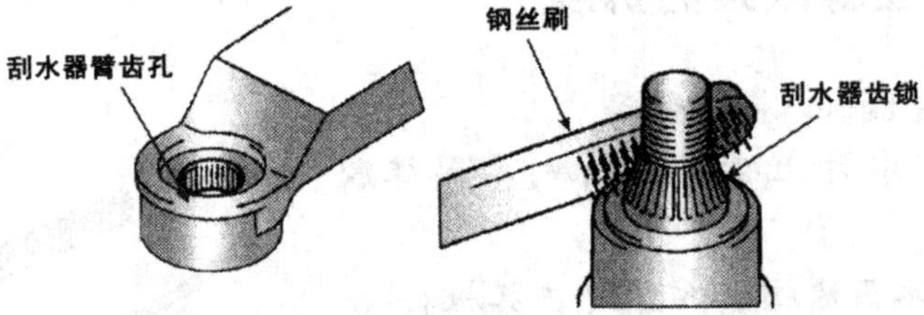

附图 37

注：用手向下扳铰链来紧固螺母。

d.如附图38所示，用螺母安装前左刮水器臂，拧紧力矩：250N·m。安装位置记号：15~35mm。

②安装前右刮水器臂。

a.用圆形的锉刀或类似的设备刮擦刮水器臂的齿孔。

b.用钢丝刷清洁刮水器臂的齿孔。

c.如附图39所示，用螺母安装前右刮水器臂，拧紧力矩：20N·m。安装位置记号：15~35mm。

d.启动刮水器，让水或者清洗液洒到玻璃上，检查刮水的状态，并且后刮水器不撞击到车身。

③安装前刮水器臂端盖。

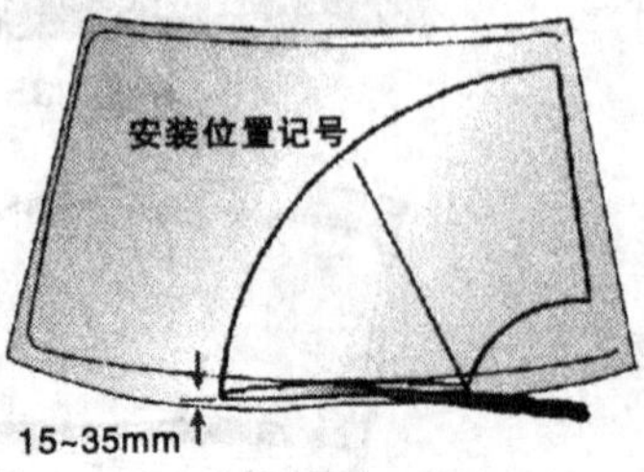

附图 38

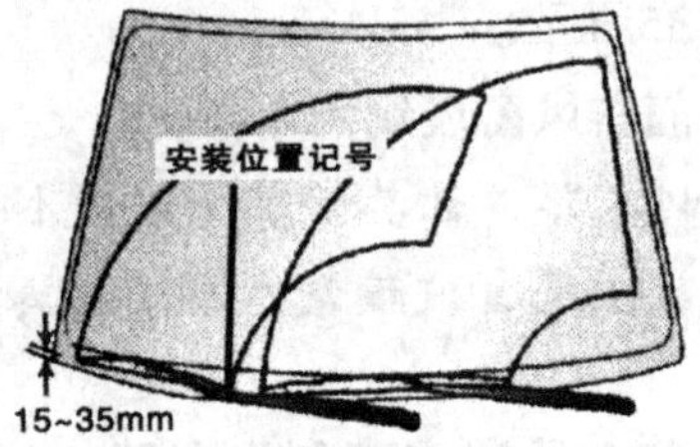

附图 39

注：用手向下扳铰链来紧固螺母。

3. 刮水片的拆装

(1) 拆下左侧刮水片

①脱开前刮水器刮水片的固定架。

②从前左刮水器臂上拆下左侧刮水片，如附图40所示。

(2) 安装刮水器片

①如附图41所示安装前刮水器刮水片。

②卡紧前刮水器刮水片的固定架。

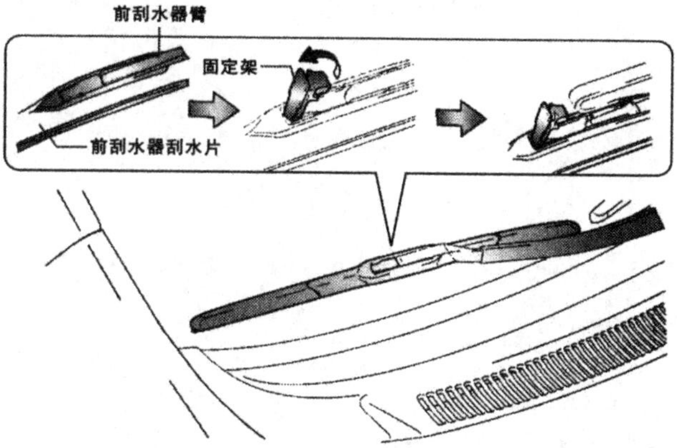

附图　40

注意：拆下前刮水器刮水片后，不要弯曲前刮水器臂，因为刮水器臂的端部可能损坏玻璃表面。

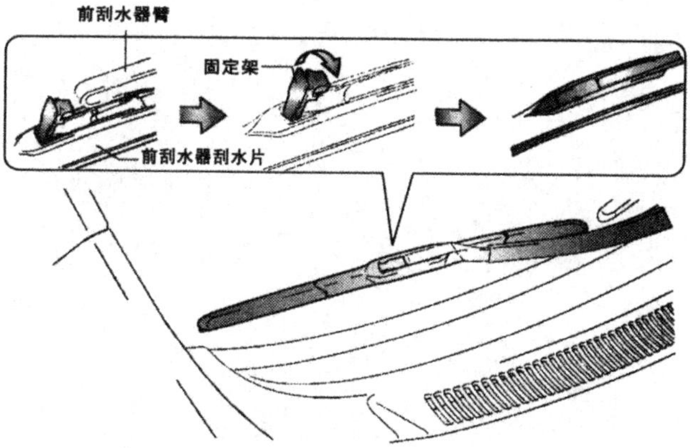

附图　41

参考文献

[1] 周国庆. 电工与电子技术基础. 北京：中国劳动社会保障出版社，2004.
[2] 朱传琴. 数字电子技术. 北京：中国电力出版社，2007.
[3] 周建平. 汽车电气设备构造与维修. 北京：人民交通出版社，2005.
[4] 毛峰. 汽车电器设备与维修. 北京：机械工业出版社，2005.
[5] 张军. 汽车舒适与安全系统检修. 北京：人民邮电出版社，2009.
[6] 宋长池. 电子技术基础.第3版. 北京：中国劳动社会保障出版社，2004.
[7] 冯渊. 汽车电工与电子技术基础. 北京：机械工业出版社，2007.
[8] 宋长池. 电工基础. 北京：中国劳动社会保障出版社，2005.
[9] Wilfried Staudt（德）. 汽车机电技术（一）. 北京：机械工业出版社，2008.
[10] 胡光辉. 汽车电器设备构造与检修. 北京：电子工业出版社，2007.
[11] 张春化，蹇小平. 汽车电器与电路. 北京：人民邮电出版社，2003.
[12] 李书堂，李永忠，王红. 电工基础. 北京：中国劳动社会保障出版社，2005
[13] 于万海. 汽车电气设备原理与检修. 北京：电子工业出版社，2005.
[14] 谭本忠，王文. 汽车电气系统结构与维修图解教程. 北京：机械工业出版社，2008.

